RUSSIAN
LEARNER'S DICTIONARY

RUSSIAN-ENGLISH / ENGLISH-RUSSIAN
Revised and updated

LIVING LANGUAGE®

RUSSIAN
LEARNER'S
DICTIONARY

RUSSIAN-ENGLISH / ENGLISH-RUSSIAN

Revised and updated

Revised by Nadya L. Peterson, Ph.D.

University of Pennsylvania

Assistant Professor of Russian

Based on the original by Aron Pressman

This work was previously published under the title *Living Language Common Usage Dictionary—Russian* by Aron Pressman, based on the dictionary developed by Ralph Weiman.

Living Language is a member of the Random House Information Group

Published in the United States by Living Language, an imprint of Random House, Inc.

www.livinglanguage.com

ISBN: 978-1-4000-2450-6

This book is available at special discounts for bulk purchases for sales promotions or premiums. Special editions, including personalized covers, excerpts of existing books, and corporate imprints, can be created in large quantities for special needs. For more information, write to Special Markets/Premium Sales, 1745 Broadway, MD 6-2, New York, New York 10019 or e-mail specialmarkets@randomhouse.com.

PRINTED IN THE UNITED STATES OF AMERICA

10 9 8 7 6 5 4 3

CONTENTS

INTRODUCTION

The *Living Language® Russian Dictionary* lists more than 15,000 of the most frequently used Russian words, gives their most important meanings, and illustrates their uses. It also includes a Russian pronunciation chart and a set of common expressions useful in everyday situations. This revised edition contains updated phrases and expressions, as well as many new entries related to business, technology, and the media. The following is a short description of the basic features of this dictionary.

1. More than one thousand of the most essential Russian words are indicated by the use of an * to their left.

2. Numerous definitions are illustrated with phrases, sentences, and idiomatic expressions. If there is no close English equivalent for a Russian word, or the English equivalent has several meanings, the context of the illustrative sentences helps to clarify the meanings.

3. Because of these useful phrases, the *Living Language® Russian Dictionary* serves as a phrase book and conversation guide. The dictionary is helpful both to beginners who are building their vocabulary and to advanced students who want to perfect their command of colloquial Russian.

4. The Russian expressions (particularly the idiomatic and colloquial ones) have been translated to their English equivalents. However, literal translations have been added to help the beginner. This dual feature also makes this dictionary useful for translation work.

RUSSIAN PRONUNCIATION CHART

Vowels

The location of a vowel within a word will determine its pronunciation. There is only one stressed syllable in any given Russian word, and the pronunciation of a vowel will change depending on its position within a word in relation to the stressed syllable.

Russian Letters	Approximate Sound in English	Phonetic Symbol	Example
A a (in the syllable before the stressed syllable, or in the stressed syllable)	(c<u>a</u>lm)	ah	банк (b<u>ah</u>nk) такси́ (t<u>ah</u>k-SEE) познако́мить (poh-zn<u>ah</u>-KAW-meet′)
A a (in any syllable following the stressed syllable)	(b<u>u</u>t)	uh	ко́шка (KAWSH-k<u>uh</u>)
A a (after a soft consonant)	(m<u>ee</u>t)	ee	чаевы́е (ch<u>ee</u>-yee-VY-yeh)
Э э (stressed)	(s<u>e</u>t)	eh	э́то (<u>EH</u>-tuh)
Э э (unstressed)	(s<u>e</u>t)	eh (shortened)	экску́рсия (<u>eh</u>k-SKOOR-see-yuh)
Ы ы*	(s<u>y</u>mpathy)	y	сын (s<u>y</u>n)
O o (stressed)	(l<u>a</u>w)	aw	ко́шка (KAWSH-k<u>uh</u>)
O o (in the first syllable of a word or the syllable before the stressed syllable)	(c<u>a</u>lm)	ah	оди́н (<u>ah</u>-DEEN) голова́ (guh-l<u>ah</u>-VAH)

* No equivalent in English. <u>Y</u> pronounced somewhere between the short **i** sound of s<u>y</u>m- and the long **ee** sound of -thy in sympathy.

ix

Russian Letters	Approximate Sound in English	Phonetic Symbol	Example
O o (in any syllable after the stressed syllable)	(b<u>u</u>t)	uh	**мя́со** (MYAH-s<u>uh</u>)
У у	(c<u>oo</u>)	oo	**у́мка** (<u>OO</u>M-kuh)
Я я (stressed)	(<u>yo</u>nder)	yah	**я́сно** (<u>YAH</u>-snuh)
Я я (unstressed)	(b<u>ee</u>)	ee	**ме́сяц** (MYEH-s<u>ee</u>ts)
E e (stressed)	(<u>ye</u>t)	yeh	**ме́сто** (M<u>YEH</u>-stuh)
E e (before stressed syllable)	(b<u>ee</u>)	ee	**метро́** (m<u>ee</u>-TRAW)
E e (after stressed syllable	(b<u>u</u>t)	uh	**мне́ние** (MNYEH-nee-<u>uh</u>)
И и	(b<u>ee</u>)	ee	**Ни́на** (N<u>EE</u>-nuh)
И и	(sympath<u>y</u>)	y	**саци́ви** (sah-TS<u>Y</u>-vy)
Ё ё	(<u>yaw</u>n)	yaw	**ёлка** (<u>YAWL</u>-kuh)
Ю ю	(<u>you</u>)	yoo	**ю́бка** (<u>YOOP</u>-kuh)

Consonants

Some consonants in Russian make more than one sound. This occurs most often when the consonant is located at the end of a word or syllable. The following list of consonants shows all the variations in pronunciation.

Russian Letters	Approximate Sound in English	Phonetic Symbol	Example
Б б	b (<u>b</u>ear)	b	бо́чка (<u>B</u>AWCH-kuh)
	p (<u>p</u>art)	p	зуб (zoo<u>p</u>)
В в	v (<u>v</u>ery)	v	вокза́л (<u>v</u>ahg-ZAHL)
	f (<u>f</u>ull)	f	авто́бус (ah<u>f</u>-TAW-boos)
Г г	g (<u>g</u>o)	g	га́лстук (<u>G</u>AHL-stook)
	k (ba<u>k</u>e)	k	до́г (daw<u>k</u>)
Д д	d (<u>d</u>are)	d	до́ктор (<u>D</u>AWK-tuhr)
	t (<u>t</u>oll)	t	ко́д (kaw<u>t</u>)
Ж ж	zh (lei<u>s</u>ure)	zh	ко́жа (KAW-<u>zh</u>eh)
	sh (<u>sh</u>ow)	sh	ло́жка (LAW<u>SH</u>-kuh)
З з	z (<u>z</u>ebra)	z	за́втра (<u>Z</u>AHF-truh)
	s (<u>s</u>ign)	s	ра́з (rah<u>s</u>)
Й й	always silent*	—	хоро́ший (khah-RAW-shee)
Ш ш	sh (<u>sh</u>ow)	sh	шу́м (<u>SH</u>OOM)
Щ щ	shch	shch	я́щик (YAH-<u>shch</u>yk)
Ъ ъ	silent hard sign (separates vowels and consonants, providing a syllable break	—	объясня́ть (ahb-yee-SNYAT′)
Ь ь	silent soft sign (softens preceding consonant)		пла́тье (PLAHT′-yeh)

* See following section, vowels combined with й

Vowels combined with й

Although **й** does not make a sound on its own, it does affect the pronunciation of vowels, when placed directly after them.

Russian Letters	Approximate Sound in English	Phonetic Symbol	Example
ой	oy (t<u>oy</u>)	oy	**мо́й** (M<u>OY</u>)
ай	ie (t<u>ie</u>)	ahy	**ма́й** (M<u>AHY</u>)
ей	yay (<u>yea</u>)	yay	**друзе́й** (droo-ZYAY)

Intonation

Russian intonation is quite different from English intonation. Here, we will briefly discuss the most common Russian intonational constructions. The first is IC-1, which is characteristic of the declarative sentence. In an IC-1 sentence, the words preceding the point of emphasis in the sentence are pronounced on a level, medium tone, smoothly and without pauses. Those words located after the point of emphasis are pronounced on a lower pitch.

Я хочу́ есть.   (yah khah-CHOO yehst′)   I want to eat.

The second intonational construction is IC-2, used in interrogative sentences that contain a question word. The stressed word in the sentence is pronounced with a slightly rising tone and strong emphasis. Those words that precede it are pronounced on a lower pitch, with a slight fall on the last syllable.

Кто́ говори́т?   (KTAW gah-vah-REET?)   Who is speaking?

IC-3 is used in interrogative sentences that do not contain a question word. As in IC-1, those words which precede the point of emphasis of the sentence are pronounced on a level, medium tone. The stressed part of the sentence is pronounced in a sharply higher tone, and the rest of the sentence is pronounced on a low pitch with a slight fall at the last syllable, as in IC-1 and IC-2.

Вы́ бы́ли в   (vy BY-lee f   Have you been to
Санкт-Петербурге?   Sawnkt Peeteerboorgi?)   St. Petersburg?

EXPLANATORY NOTES

Literal translations are in parentheses. Colloquial is abbreviated to coll.

Gender is indicated by m. for masculine, f. for feminine, n. for neuter.

Case is indicated by nom. for nominative, acc. for accusative, dat. for dative, gen. for genitive, inst. for instrumental, and prep. for prepositional case.

Imperfective verb forms are not identified as such. If a verb is shown in its perfective form, however, this is indicated as: (perf.). In aspectual pairs, the first form is the imperfective form.

Other abbreviations are:

adj.	adjective		pl.	plural
adv.	adverb		prep.	preposition
conj.	conjunction		pron.	pronoun
dim.	diminutive		refl.	reflexive verb
imp.	imperfective verb		sg.	singular
ind.	indeclinable		tr.	transitive verb
interj.	interjection		v.	verb
intr.	intransitive verb		v.i.	verb intransitive
num.	numeral		v.t.	verb transitive
perf.	perfective verb			

RUSSIAN
LEARNER'S DICTIONARY

RUSSIAN-ENGLISH / ENGLISH-RUSSIAN
Revised and updated

RUSSIAN–ENGLISH

А

*а but, and, or (first letter of alphabet)

Вот ру́чка, а вот бума́га. Here is a pen, and here is paper.

Не он, а его́ сестра́. Not he, but his sister.

Поторопи́сь, а то опозда́ешь. Hurry, or you'll be late.

абажу́р lampshade

абитурие́нт high school graduate applying to a university

абрико́с apricot

абсолю́тный absolute

абстра́ктный abstract

абсу́рд absurdity

довести́ (perf.) **до абсу́рда** to carry to the point of absurdity

абсу́рдный absurd

абсце́сс abscess

ава́нс advance

плати́ть ава́нсом to pay in advance

получа́ть ава́нс в счёт зарпла́ты to receive an advance on salary

авантю́ра adventure, gamble

а́вгуст August

в а́вгусте in August

авиа́тор aviator, pilot

авиа́ция aviation, aircraft

*а́вось perhaps, maybe

наде́яться на аво́сь to take a chance

на аво́сь on the off chance

автобиогра́фия autobiography

*авто́бус bus

автокра́тия autocracy

*автома́т automatic machine

телефо́н-автома́т pay telephone

автомати́ческий automatic

*автомоби́ль (m.) automobile, car

*автоно́мия autonomy

*а́втор author

*авторите́т authority

по́льзоваться авторите́том to use one's authority

а́вторские royalties (to an author)

а́вторское пра́во copyright

*авторучка fountain pen

автосе́рвис auto mechanic shop

аге́нт agent, factor

аге́нтство agency

агита́тор instigator

агита́ция agitation, propaganda

аго́ния agony

агресси́вный aggressive

агре́ссия aggression

агрикульту́ра agriculture

агробиоло́гия agricultural biology

ад hell

адвока́т lawyer

адвокату́ра legal profession, the bar

занима́ться адвокату́рой to be a practicing attorney

*администра́тор administrator; manager

администра́ция administration, management

*а́дрес address

адресова́ть (imp., perf.) to address, direct

аза́ртно recklessly

аза́ртно игра́ть to gamble

*а́збука alphabet

азо́т nitrogen

за́кись азо́та nitrous oxide

о́кись азо́та nitric oxide

акаде́мия academy

акваре́ль (f.) watercolor

акварели́ст water-color painter

акко́рд chord

аккордео́н accordion

аккура́тность (f.) accuracy, carefulness, punctuality

аккура́тный careful, neat, punctual

акт act

выпускно́й акт graduation ceremony

обвини́тельный акт indictment

актёр actor

активизи́ровать (imp., perf.) to make more active, stir up

*акти́вно actively

актри́са actress

актуа́льность (f.) topicality

аку́ла shark

акуше́р, акуше́рка obstetrician (m., f.), midwife

акце́нт accent

акционе́р stockholder

а́кция share

а́кции па́дают shares go down (in value)

а́лгебра algebra

алкого́ль (m.) alcohol

алкого́льный напи́ток alcoholic beverage, strong drink

алкало́ид alkaloid

алле́я lane, path

алта́рь (m.) altar

алфави́т alphabet

по алфави́ту in alphabetical order

альбо́м album

альтруи́зм altruism, unselfishness

алюми́ний aluminum

амби́ция ambition, self-love, pride

амбулато́рия clinic

Аме́рика America

америка́нец, америка́нка American (m., f.)

америка́нский American (adj.)

*****ана́лиз** analysis, test

сде́лать (perf.) **ана́лиз кро́ви** to take a blood test

анало́гия analogy

анана́с pineapple

анато́мия anatomy

а́нгел angel

англи́йский English

англи́йская була́вка safety pin

по-англи́йски in English

англича́нин (m.) Englishman

англича́нка (f.) Englishwoman

анекдо́т anecdote, joke

анке́та questionnaire, survey

запо́лнить (perf.) **анке́ту** to fill in a form

анкети́рование polling, surveying, evaluation

анса́мбль musical group

антагони́ст antagonist

антагонисти́ческий antagonistic

антипа́тия antipathy, aversion

пита́ть антипа́тию к чему́-нибу́дь to feel an aversion for something

почу́вствовать (perf.) **антипа́тию к кому́-нибу́дь** to take a dislike to someone

антрополо́гия anthropology

анчо́ус anchovy

аншла́г the "sold out" notice

Пье́са идёт с аншла́гом. The house (play) is sold out every night.

апельси́н orange

аплоди́ровать to applaud, cheer

*****аппара́т** apparatus, instrument

фотоаппара́т camera

*****аппети́т** appetite

прия́тного аппети́та bon appetit

аппети́ти́ный appetizing, tempting

апре́ль (m.) April

*****апте́ка** drugstore, pharmacy

аранжи́ровать to arrange

арбу́з watermelon

аргуме́нт argument (in conversation)

ве́ский аргуме́нт significant or telling argument

аре́нда lease

взять в аре́нду to take on a lease

*****аре́ст** arrest

взять под аре́ст to arrest

*****арифме́тика** arithmetic

*****а́рмия** army

арома́т aroma, fragrance, perfume

арома́тный aromatic, scented

арти́ст, арти́стка artist, master, actor (m., f.)

артисти́ческий artistic

археоло́гия archeology

архите́ктор architect

аспира́нт postgraduate student

аспири́н aspirin

ассортиме́нт selection, assortment

ассоциа́ция association

по ассоциа́ции by association of ideas

а́тлас atlas

атле́т athlete

атмосфе́ра atmosphere

а́томный atomic

а́томная эне́ргия atomic energy

аттеста́т зре́лости high school diploma

аукцио́н auction

продава́ть с аукцио́на to sell by auction

аутотре́нинг self-training

афи́ша poster, bill, placard

ах! oh!, ah!

а́хать (а́хнуть) to exclaim, gasp, sigh

он и а́хнуть не успе́л   before he knew where he was (he didn't even have time to gasp)

аэродро́м   airfield

Б

ба́бочка   butterfly

*__ба́бушка__   grandmother

бага́ж   baggage

ручно́й бага́ж   hand or small luggage

у́мственный бага́ж   store of knowledge

ба́за   base, basis

ба́за да́нных   data base

подводи́ть (подвести́) ба́зу под что́-нибудь   to give good grounds for something

сырьева́я ба́за   source of raw materials

экономи́ческая ба́за   economic basis

*__база́р__   market

устро́ить (perf.) база́р   to create an uproar

бази́роваться   to be based on, rest on, depend

бакале́йный   grocer

бакале́йная ла́вка   grocery store

бакала́вр   holder of Bachelor of Arts degree

сте́пень бакала́вра   Bachelor of Arts degree

баклажа́н   eggplant

бактериоло́гия   bacteriology

*__бал__   dancing party, ball

бала́нс   balance

бале́т   ballet

*__балко́н__   balcony

бало́ванный   spoiled (by indulgence)

*__балова́ть__   to spoil, indulge

ба́ловень   pet (about a person), favorite

быть о́бщим ба́ловнем   to be everyone's favorite

бана́н   banana

*__банк__   bank

*__ба́нка__   jar

бараба́н   drum

бараба́нная перепо́нка   eardrum

бара́нина   mutton, lamb

бара́нина жа́реная   roast lamb

ба́рхат   velvet

барье́р   barrier

бассе́йн   basin

бассе́йн для пла́вания   swimming pool

бассе́йн реки́   river basin

*__бастова́ть__   to strike, to go on strike

*__башма́к__   shoe

быть под башмако́м у жены́   to be henpecked

ба́шня   (f.) tower

*__бе́гать, бежа́ть__   to run

бежа́ть бего́м (спеши́ть)   to hurry

Его́ глаза́ бе́гают.   He has roving eyes.

бе́гло   fluently, superficially

Он бе́гло говори́т по-ру́сски.   He speaks Russian fluently.

Я бе́гло просмотре́л кни́гу.   I looked the book over quickly.

бего́м   running, double-quick

Беги́ бего́м!   Hurry! (Come on the double!)

*__беда́__   misfortune, trouble

Быть беде́!   Look out for trouble!

В то́м-то и беда́.   That's just the trouble.

Не беда́.   It doesn't matter.

бедне́ть (обедне́ть)   to become poor

*__бе́дность__   (f.) poverty

Бе́дность не поро́к.   Poverty is not a vice.

бе́дность по́чвы   poverty of the soil

бе́дный   poor, unfortunate

бедня́га, бедня́жка   poor fellow, poor thing (m., f.)

бедро́   thigh

*__бе́дствие__   calamity, disaster

*__без__   without (prep. with gen.)

безбе́дно   comfortably

жить безбе́дно   to be fairly well off financially

безболе́зненный   painless

безви́нный   innocent, guiltless

безвку́сие   lack of taste
безвку́сный   tasteless
безво́лие   lack of will
безвре́дный   harmless, innocuous
безвре́менно   untimely
безвре́менье   hard times
*безгра́мотность   illiteracy
безгра́мотный   illiterate
безда́рный   untalented
безда́рность   (f.) mediocrity, lack of talent
бездействие   inactivity
безде́льничать   to idle, loaf
безду́шный   heartless, callous
безжи́зненный   lifeless, insipid
*беззабо́тный   carefree, lighthearted
беззако́нный   lawless, unlawful
беззасте́нчивый   shameless, impudent
беззащи́тный   defenseless, unprotected
беззву́чный   soundless, silent
*безнадёжность   (f.) hopelessness
безнадзо́рность   (f.) neglect
*безнра́вственность   (f.) immorality
безнра́вственный   immoral, dissolute
*безобра́зие   outrage, disgrace
Там творя́тся безобра́зия.
Disgraceful things are going on there.
Что за безобра́зие!   It's scandalous!
*безопа́сность   (f.) safety, security
безотве́тственность   (f.) irresponsibility
*безрабо́тица   unemployment
безразли́чие   indifference
безразли́чно   indifferently
Мне соверше́нно безразли́чно.
It's all the same to me.
безу́мец   madman
безу́мие   folly, insanity
люби́ть до безу́мия   to be madly in love
безу́мно   madly, terribly
быть безу́мно уста́лым   to be terribly tired
люби́ть безу́мно   to love madly
*безусло́вно   undoubtedly, absolutely

безуспе́шно   unsuccessfully
безыску́сственный   unaffected, simple
бейсболи́ст   baseball player
бейсбо́льный   baseball (adj.)
беко́н   bacon
бе́лка   squirrel
беллетри́ст   fiction writer
беллетри́стика   fiction
белоку́рый   blond, fair-haired
белоку́рая же́нщина   blonde (woman)
*бе́лый   white
бельё   linen
ни́жнее бельё   underwear
посте́льное бельё   bedclothes
бензи́н   benzine, gasoline
бе́рег   shore, coast, bank
берёза   birch tree
бере́менная   pregnant
бере́чь (сбере́чь)   to guard, save, take care of
бере́чь своё вре́мя   to make the most of one's time
бере́чь своё здоро́вье   to take care of one's health
бере́чь та́йну   to keep a secret
бес   demon, devil
бесе́да   conversation, talk
бесе́довать   to converse, talk
бесконе́чно   infinitely, endlessly
бесконе́чность   (f.) endlessness, eternity
беспа́мятность   (f.) forgetfulness
беспа́мятство   unconsciousness, frenzy
*беспла́тно   free of charge, gratis
бесподо́бный   matchless, incomparable
*беспоко́ить   to worry, to disturb
беспоко́иться   to be anxious, to worry about
Не беспоко́йтесь.   Don't trouble yourself. Don't worry.
беспоко́йный   troubled, uneasy
бесполе́зность   (f.) uselessness
*беспо́мощность   helplessness
*беспоря́док   disorder, confusion
беспричи́нно   without cause, without reason
беспу́тный   dissipated, dissolute

6

бессерде́чность (f.) heartlessness, callousness

бесси́льный feeble, weak, helpless

бессме́ртный immortal

бессмы́сленно senselessly, foolishly

бессо́вестный dishonest, unscrupulous

бессты́дный shameless

беста́ктный tactless

бестсе́ллер best-seller

бесце́льный aimless

бесце́нный priceless, invaluable, beloved

бесче́стить (обесче́стить) to disgrace, dishonor

бесчу́вственный unfeeling, insensible

  бесчу́вственный человек unfeeling person

  находи́ться в бесчу́вственном состоя́нии to be unconscious

бе́шенство fury, rage

  довести́ (perf.) **до бе́шенства** to drive wild

библиоте́ка library

Би́блия Bible

бизнесме́н businessman

бикарбона́т bicarbonate

биле́т ticket

биллио́н billion

бино́кль binoculars

бинт bandage

бинтова́ть (забинтова́ть) to bandage

*****биогра́фия** biography

био́лог biologist

биоло́гия biology

биосвя́зь ESP

биохи́мик biochemist

биохи́мия biochemistry

биполя́рность (f.) bipolarity

би́ржа stock exchange, stock market

бирю́к lone wolf, morose fellow

  смотре́ть бирюко́м to look sullen

бис encore

бисульфа́т bisulphate

*****бить (поби́ть)** to beat, hit, struggle against

  бить в цель to hit the mark

  бить в ладо́ши to clap hands

  бить ключо́м to be in full swing

  бить на эффе́кт to strike for effect

  бить трево́гу to sound the alarm

би́ться to fight with, hit, strike, beat

  би́ться над зада́чей to struggle with a problem

  как он ни би́лся no matter how he tried

  Се́рдце си́льно бьётся. The heart is beating hard.

*****бифште́кс** steak

  бифште́кс натура́льный regular steak

  бифште́кс ру́бленый chopped steak

бла́го blessing, good

  Жела́ю вам всех благ. I wish you every happiness.

*****благодари́ть (поблагодари́ть)** to thank

благода́рность (f.) gratitude, thanks

благода́рный grateful

благодаря́ thanks to (with dat.)

  благодаря́ тому́, что thanks to the fact that

благоду́шие good humor, placidity

благонра́вие good behavior

*****благополу́чно** all right, well

  Всё ко́нчилось благополу́чно. Everything ended happily.

благослове́ние blessings

благотвори́тель (m.) philanthropist, benefactor

блаже́нство bliss, felicity

  на верху́ блаже́нства in perfect bliss

бледне́ть (побледне́ть) to grow pale

  бледне́ть от стра́ха to blanch with terror

*****бле́дность** (f.) pallor, colorlessness

блеск luster, brilliance

*****блесну́ть** (perf.) flash, make a brilliant display

  Блесну́ла мо́лния. Lightning flashed.

  У меня́ блесну́ла мысль. An idea flashed across my mind.

Он лю́бит блесну́ть свои́м умо́м.
He likes to show off his wit.
*блесте́ть   shine, glitter, sparkle
глаза́ блестя́т   eyes sparkle
Он ниче́м не бле́щет.   He does
not shine in anything.
блестя́ще   brilliantly
Дела́ иду́т блестя́ще.   Things are
going excellently.
*близ   near (prep. with gen.)
бли́зиться   to draw near, to
approach
бли́зкий   near, close, similar (to)
бли́зкий ро́дственник   close
relative
бли́зкий по ду́ху челове́к
kindred spirit
*бли́зко (от)   near
близнецы́   twins
*близору́кий   nearsighted
бли́нчики   pancakes
*блонди́н, блонди́нка   blond or
fair-haired person (m., f.)
*блу́зка   blouse
блю́до   dish, course
его́ люби́мое блю́до   his favorite
dish
обе́д из трёх блюд   three-course
dinner
*Бог   God
не дай Бог   God forbid
ра́ди бо́га   for God's sake
богате́ть (разбогате́ть)   to grow
rich
бога́тство   wealth
есте́ственные бога́тства   natural
resources
*бога́тый   rich, wealthy
*бо́дрый   cheerful, brisk
боже́ственный   divine
*бо́йкий   smart, sharp, ready
бо́йкий ум   ready wit
*бок   side
сбо́ку   from the side
на боку́   sideways
*бо́лее   more
боле́знь   (f.) illness, disease
*боле́ть (заболе́ть)   to ache, hurt
У меня́ боли́т голова́.   I have a
headache.
У него́ боля́т зу́бы.   His teeth
ache. He has a toothache.

боль   (f.) pain, heartache
душе́вная боль   mental suffering
*больни́ца   hospital
*бо́льно   painful
Ему́ бо́льно.   He is in pain.
ему́ бо́льно, что   it grieves him
that
больно́й   sick
больно́е воображе́ние   morbid
imagination
больно́й вопро́с   sore subject
*бо́льше   more
бо́льше всего́   most of all
бо́льше никогда́   never again
Он бо́льше не живёт там.   He
doesn't live there anymore.
болта́ть   to chatter, babble
болта́ть глу́пости   to talk
nonsense
болту́н, болту́нья   chatterbox
(m., f.)
*большинство́   majority
большо́й   big
Большо́е спаси́бо.   Thanks a lot.
бормота́ть (пробормота́ть)   to
mutter, mumble
бо́рный   boric
бо́рная кислота́   boric acid
*борода́   beard
*боро́ться   to fight, contend,
struggle
боро́ться с сами́м собо́й   to
struggle with oneself
*борьба́   struggle, fight, wrestling
*босико́м   barefooted
*бося́к   hobo
*боти́нок   boot
боя́знь   (f.) dread, fear
*боя́ться   to fear
Бою́сь сказа́ть.   I am afraid to say.
Бою́сь, что он не придёт.   I am
afraid he won't come.
Не бо́йся.   Don't worry. Don't be
afraid.
*брак   marriage, wedlock; defective
goods
*брат   brother
двою́родный брат   first cousin
*брать (взять)   to take
брать взаймы́   to borrow
брать на себя́ сме́лость   to take
the liberty

брать себя́ в ру́ки   to pull oneself together

бра́ться (взя́ться)   to undertake, begin

бра́ться за чте́ние   to begin to read

Он взя́лся за э́ту рабо́ту.   He undertook the work.

бред   delirium

бриллиа́нт   diamond

бри́тва   razor

бри́тый   clean-shaven

*бри́ться (побри́ться)   to shave (oneself)

бровь   (f.) eyebrow

броди́ть   to wander, roam, rove (only by foot)

бром   bromide

бро́мистый ка́лий   potassium bromide

*броса́ть (бро́сить)   to throw, cast

броса́ть взгля́д   to cast a look

броса́ть ка́мни   to throw stones

броса́ть кури́ть   to give up smoking

броса́ть семью́   to desert one's family

броса́ться (бро́ситься)   to throw oneself, to dash

броса́ться на по́мощь   to rush to help

броса́ться на ше́ю кому́-нибудь   to throw one's arms around someone's neck

брошю́ра   pamphlet

*брю́ки   trousers

*брюне́т, брюне́тка   dark-haired person, brunet, brunette

*бу́дет   that will do, that's enough

Бу́дет тебе́ пла́кать!   Stop crying!

буди́льник   alarm clock

*буди́ть (разбуди́ть)   to awaken

*бу́дто   as if, as though, apparently

Говоря́т, бу́дто он уе́хал.   It seems (they say) that he has gone away.

У вас тако́й вид, бу́дто вы не по́няли.   You look as if you did not understand.

бу́дущее   (noun) the future

в бу́дущем   in the future

бу́дущий   future

на бу́дущей неде́ле   next week

*бу́ква   letter (of the alphabet)

буква́льно   literally, word for word

*бу́лка   roll (bread)

бульва́р   avenue, boulevard

*бума́га   document, paper

бума́жник   wallet

бума́жный   cotton, paper

бума́жная мате́рия   cotton material

бу́рный   stormy

*бу́ря   tempest, bad storm

*бутербро́д   sandwich

*буты́лка   bottle

*быва́ть   to be sometimes

быва́ет, что   it happens that

Ве́чером он быва́ет до́ма.   He is at home in the evenings.

Он когда́-то ча́сто быва́л у них.   At one time he visited them often.

*бы́вший   former

бы́вший президе́нт   former president

*бы́стро   rapidly

быстрота́   speed

бы́стрый   quick, rapid

бытовы́е отхо́ды   household refuse

*быть   to be

бюдже́т   budget

В

*в   to, into—direction (with acc.) in, at—location (with prep.)

в 1944 году́   in 1944

в слу́чае, е́сли   if, in case

в три часа́   at three o'clock

в четве́рг   on Thursday

в январе́   in January

Я иду́ в го́род.   I am going to the city.

Я живу́ в го́роде.   I live in the city.

*ваго́н   railway car

ва́жничать   to put on airs

ва́жно   importantly

Ва́жно, что он пойдёт.   It is important that he go.

*ва́жный   important, pompous

ва́за   vase, bowl

*ва́кансия vacancy
вальс waltz
*ва́нна bath
  приня́ть ва́нну to take a bath
ва́нная bathroom
ва́режки mittens
варёный boiled, cooked
*варе́нье jam, preserves
вариа́ция variation
*вари́ть (свари́ть) boil, cook
вари́ться (свари́ться) to be
  cooking
*ваш, ва́ша, ва́ше, ва́ши your, yours
*вбира́ть to absorb
введе́ние introduction, preface
вводи́ть (ввести́) to introduce
  ввести́ зако́н в де́йствие to
    implement a law
  вводи́ть кого́-нибу́дь в
    заблужде́ние to lead someone
    astray
  вводи́ть мо́ду to introduce a
    fashion
*вдво́е double, twice
  вдво́е бо́льше twice as much
  вдво́е ме́ньше half as much
  Мы вдвоём пошли́. The two of
    us went.
вдова́ widow
вдове́ц widower
*вдоль along (prep. with gen.)
вдохнове́ние inspiration
*вдруг suddenly
вду́мчивость (f.) thoughtfulness
ведро́ (с му́сором) trash can
веду́щий leading, chief
  веду́щий (телепереда́чи) TV-
    show host, anchor
ведь but, indeed, of course
*ве́жливость (f.) politeness,
  courtesy
ве́жливый polite, courteous
*везде́ everywhere
*век century, epoch
  Век живи́, век учи́сь. Live and
    learn.
ве́ксель (m.) promissory note, bill
  of exchange
*вели́кий great, big
*великоду́шно generously,
  magnanimously
*великоле́пно splendidly, fine

*велосипе́д bicycle
*ве́на vein
вентиля́тор ventilator, fan
*венча́ть (повенча́ть) to marry (in
  church)
*ве́ра faith, belief
*верёвка rope, cord, string
ве́рить (пове́рить) to believe, trust
*ве́рно right, correctly
  ве́рно говори́ть to speak
    correctly
  ве́рно петь to sing on key
  соверше́нно ве́рно quite right
*верну́ть(ся) — see возвраща́ть(ся)
ве́рный correct, right, faithful
  ве́рный друг true friend
вероя́тность (f.) probability
  по всей вероя́тности in all
    probability
вертика́льно vertically
*верх top, head
  е́здить верхо́м to ride horseback
  одержа́ть (perf.) верх to gain the
    upper hand
верши́на top, summit
*вес weight, influence
  изли́шек ве́са overweight
  име́ть большо́й вес to be very
    influential
  приба́вить (perf.) в ве́се to put
    on weight
  уде́льный вес specific weight or
    gravity
весели́ться to enjoy oneself
*весёлый cheerful, gay
*весна́ spring
  весно́й in the spring
*вести́, води́ть (повести́) to lead,
  conduct
  вести́ войну́ to carry on a war
  вести́ дом to manage a household
  вести́ собра́ние to conduct a
    meeting
  Куда́ ведёт э́та доро́га? Where
    does this road lead?
  Он о́чень пло́хо ведёт себя́. He
    behaves badly.
*весь, вся, всё, все all, the whole
  во весь го́лос at the top of one's
    lungs
  всего́ хоро́шего all of the best
  всё же all the same

всё-таки́ nevertheless
весьма́ very, extremely
*ве́тер wind, breeze
ве́тхий decrepit, dilapidated
ве́тхое пла́тье threadbare clothes
*ве́чер evening, evening party
ве́чером in the evening
*вечери́нка evening party
*ве́чный eternal, everlasting
*ве́шалка clothes stand, hanger
*ве́шать (пове́сить) to hang up
ве́шать го́лову to hang one's head, be dejected
*вещь (f.) thing
Вот э́то вещь! That's something like it!
Это хоро́шая вещь. That's a good thing.
взад и вперёд to and fro
взаи́мно mutually
взаи́мная по́мощь mutual aid
взаперти́ locked up
жить взаперти́ to live in seclusion
взволно́ванно with emotion, with agitation
*взгляд look, stare, glance
бро́сить взгляд to cast a glance
на мой взгляд in my opinion
на пе́рвый взгляд on first sight
*вздор nonsense
вздох deep breath, sigh
*вздыха́ть (вздохну́ть) to breathe, heave a sigh, yearn for
*взро́слый grown-up, adult
взрыв explosion, outburst
взрыв сме́ха outburst of laughter
*взять—see брать
*вид appearance, view
вид из окна́ view from the window
име́йте в виду́ keep in mind, take notice (imperative)
У вас уста́лый вид. You look tired.
видеомагнитофо́н VCR
*ви́деть (уви́деть) to see
ви́димо apparently
*ви́дно visible, clear
всем бы́ло ви́дно, что it was clear to everyone that
визи́т call, visit

прийти́ (perf.) с визи́том к кому́-нибу́дь to pay someone a visit
*ви́лка fork
электри́ческая ви́лка electric plug
вина́ fault, guilt
Ва́ша вина́. It's your fault.
свали́ть (perf.) вину́ на кого́-ли́бо to put the blame on someone
ви́ндсерфинг wind-surfing
*вино́ wine
*винова́тый guilty
Я винова́т. It's my fault.
виногра́д grapes
*висе́ть to hang, be suspended
Пальто́ виси́т в шкафу́. The coat is hanging in the closet.
витри́на display window
*ви́шня cherry
вкла́дывать (вложи́ть) to put in, insert
вкла́дывать в конве́рт to enclose in an envelope
вкла́дывать всю ду́шу во что́-ли́бо to put one's whole soul into something
*включа́ть (включи́ть) to include, insert
включа́ть ра́дио to switch on the radio
*вкус taste
быть го́рьким на вкус to taste bitter
одева́ться со вку́сом to dress tastefully
челове́к со вку́сом a man of taste
Это не по моему́ вку́су. That's not to my taste.
вку́сный tasty
владе́ть to own, possess, control
владе́ть аудито́рией to hold one's audience
владе́ть свое́й те́мой to be master of one's subject
владе́ть собо́й to control oneself
*власть (f.) power, authority, rule
*влия́ние influence, authority
влия́ть (повлия́ть) to influence
влюблённый in love
влюблённая па́ра loving couple

*влюбля́ться (влюби́ться)   to fall in love

вме́сте   together

*вме́сто   instead of (prep. with gen.)

вме́шиваться (вмеша́ться)   to implicate, interfere

    вме́шиваться в чужи́е дела́   to meddle with other people's business

*внача́ле   at first, in the beginning

*вне   outside (prep. with genitive)

    вне зако́на   illegal

    вне себя́ от ра́дости   beside oneself with joy

    вне сомне́ния   without a doubt

вне́шний   outward, outer

    вне́шний вид   outer appearance

    вне́шняя поли́тика   foreign policy

вниз   down, downward

    спуска́ться вниз   to go down, descend

*внизу́   below

    Он внизу́.   He is down below.

*внима́ние   attention

    обрати́ть внима́ние   to pay attention

внима́тельно   carefully, attentively

*внук   grandson

вну́тренний   inner, internal

    вну́тренние боле́зни   internal diseases

    вну́тренние причи́ны   intrinsic causes

*внутри́   inside, within (prep. with gen.)

*во вре́мя   during (prep. with gen.)

во́время   on time

*во́все   quite

    во́все не   not at all

*вода́   water

    как с гу́ся вода́   like water off a duck's back

*води́ть, вести́ (повести́)   to lead, conduct

*во́дка   vodka

водоворо́т   whirlpool

водоро́д   hydrogen

возбужда́ть (возбуди́ть)   to excite, arouse

    возбужда́ть аппети́т   to stimulate the appetite

возбужда́ть наде́жды   to raise hopes

возбуждённый   excited

*возвраща́ть (верну́ть)   to return, give back

возвраща́ться (верну́ться)   to return, come back

*во́здух   air

возду́шный   airy

    возду́шные за́мки   castles in the air

    возду́шный ша́рик   balloon

*вози́ть, везти́   to carry, transport (by conveyance)

*возмо́жно   possible, it may be likely

    возмо́жно скоре́е   as soon as possible

    ско́лько возмо́жно   as much as possible

возмо́жность   (f.) possibility, opportunity

    материа́льные возмо́жности   means (financial)

во́зраст   age

    одного́ во́зраста   of the same age

*война́   war

    «Война́ и мир»   "War and Peace"

*войти́—see входи́ть

*вокза́л   railway station

*вокру́г   round, around (prep. with gen.)

    верте́ться вокру́г да о́коло   to beat around the bush

*волна́   wave

волне́ние   agitation, emotion

    быть в волне́нии   to be agitated

    На о́зере волне́ние.   The lake is rough.

*во́лосы   hair

*во́льность   (f.) liberty, freedom

    позволя́ть себе́ во́льности   to take liberties

    поэти́ческая во́льность   poetic license

вольфра́м   tungsten

*во́ля   will

    име́ть си́лу во́ли   to have will power

    Он на во́ле.   He is free (from captivity).

    по до́брой во́ле   voluntarily

*воображáть (вообразѝть) to imagine, fancy

воображéние imagination

вообразѝть—see воображáть

*вообщé in general, altogether

  вообщé говоря́ generally speaking

  Он вообщé такóй. He is always like that.

*вопрóс question

  вопрóс жѝзни и смéрти matter of life or death

  Вопрóс не в э́том. That is not the question.

  остáться (perf.) под вопрóсом to remain undecided

  спóрный вопрóс moot point

*ворóта gates

*воротнѝк collar

восемнáдцать eighteen

восемнáдцатый eighteenth

вóсемь eight

восклицáть (восклѝкнуть) to exclaim

воскресéние resurrection

*воскресéнье Sunday

воспитáние upbringing, training

воспѝтывать (воспитáть) to bring up, educate, train

воспóльзоваться (perf.) to take advantage of, profit by

  воспóльзоваться слýчаем to take advantage of the opportunity

воспоминáние recollection, reminiscence

  Остáлось однó воспоминáние. All that is left is memory.

воспрещáть(ся) (воспретѝть) to prohibit

  вход воспрещáется no admittance

  курѝть воспрещáется no smoking

востóк east

востóрг delight, enthusiasm

  быть в востóрге to be in raptures

*восхитѝтельный delightful, exquisite

восьмидеся́тый eightieth

восьмóй eighth

*вот here is, here are

  Вот как! Is that so!

  вот почемý that's why

  Вот примéр. Here is an example.

впервы́е for the first time, first

*вперёд forward, in the future

  платѝть вперёд to pay in advance

  Часы́ идýт вперёд. The clock is fast.

впередѝ in front, before

  У негó ещё цéлая жизнь впередѝ. His whole life is before him.

*впечатлéние impression, effect

вполгóлоса in an undertone, under one's breath

вполнé quite, fully

  вполнé достáточно quite enough

  вполнé заслужѝть fully deserve

  вполнé успокóенный fully reassured

впускáть (впустѝть) to let in, admit

*враг enemy, foe

*врач physician, doctor

*врéдно harmful, injurious

  Емý врéдно курѝть It's bad for him to smoke.

*врéмя time

  вóвремя on time

  во все временá at all times

  врéмя гóда season

  Врéмя покáжет. Time will tell.

  всё врéмя all the time

  в скóром врéмени soon

  за послéднее врéмя lately

всевозмóжный all kinds of, every possible sort

  всевозмóжные срéдства every possible means

всегдá always

всерьёз seriously, in earnest

всё-таки all the same, nevertheless

вскáкивать (вскочѝть) to jump onto, leap up

  вскочѝть нá ноги to jump to one's feet

вскипáть (вскипéть) to boil up

*вслух aloud

*вспоминáть (вспóмнить) to recollect, recall

вспóмнить—see вспоминáть

вспотéть—see потéть

вставáть (встать) to get up, rise

Встал вопро́с. The question arose.

встать гру́дью за что́-нибудь to stand up staunchly for something

встать на но́ги to become independent

встать—see **встава́ть**

*****встре́ча** meeting, reception

при встре́че с ке́м-нибудь on meeting someone

оказа́ть раду́шную встре́чу to give a hearty welcome to

встре́тить(ся)—see **встреча́ть(ся)**

встреча́ться (встре́титься) to meet

встреча́ть госте́й to welcome one's guests

встреча́ть ла́сковое отноше́ние to meet with kindness

встреча́ться с затрудне́ниями to meet with difficulties

*****вступа́ть (вступи́ть)** to enter, join

вступа́ть в до́лжность to assume office

вступа́ть в спор to enter into an argument

вступа́ть в си́лу to come into effect

вступи́ть—see **вступа́ть**

*****вся́кий** any, every

во вся́кое вре́мя at any time

во вся́ком слу́чае at any rate

Вся́кое быва́ет. Anything is possible.

вся́кий раз each time

на вся́кий слу́чай just in case

вта́йне in secret

вта́лкивать (втолкну́ть) to push, shove (into something)

втолкну́ть—see **вта́лкивать**

*****вто́рник** Tuesday

во вто́рник on Tuesday

по вто́рникам every Tuesday, on Tuesdays

*****второ́й** second

*****вход** entrance

пла́та за вход admission fee

*****входи́ть (войти́)** to enter, go or come in (on foot)

войти́ в исто́рию to go down in history

входи́ть в долги́ to get into debt

входи́ть в привы́чку to become a habit

входи́ть в соглаше́ние to enter into an agreement

*****вчера́** yesterday

иска́ть вчера́шнего дня to run a wild-goose chase

въезд entrance, entry

въезжа́ть (въе́хать) to drive in, enter (by vehicle)

въе́хать—see **въезжа́ть**

*****вы** you (plural, or polite form)

*****выбира́ть (вы́брать)** to choose, select

вы́брать—see **выбира́ть**

вы́бор choice, selection

У него́ нет вы́бора. He has no choice.

*****выбра́сывать (вы́бросить)** to throw out, reject

вы́бросить из головы́ to put out of one's head

вы́бросить това́р на ры́нок to throw goods on the market

вы́годно advantageously, it is profitable

выдава́ть (вы́дать) to distribute give out

выделе́ние isolation (chem.)

вы́делить(ся)—see **выделя́ть(ся)**

выделя́ть(ся) (вы́делить(ся)) to single out, to isolate

вы́держать—see **выде́рживать**

выде́рживать (вы́держать) to sustain, endure

вы́держать экза́мен to pass an examination

вы́держать хара́ктер to stand firm

Он не вы́держал и запла́кал. He broke down and cried.

Он не мог э́того бо́льше вы́держать. He could not stand it any longer.

вы́держка self-control, endurance

вы́думанный made-up, invented

выду́мывать (вы́думать) to invent, fabricate

вы́звать—see **вызыва́ть**

вызыва́ть (вы́звать) to call, send for, challenge

вы́звать на дуэ́ль   to challenge to a duel

вызыва́ть из ко́мнаты   to call out of the room

вы́звать любопы́тство   to provoke curiosity

вы́играть—see выи́грывать

выи́грывать (вы́играть)   to win

вы́играть де́ло   to win one's case

От э́того он то́лько вы́играет. He will only benefit from that.

вы́йти—see выходи́ть

вы́кройка   sewing pattern

вылива́ть (вы́лить)   to pour out, empty

вы́лить see вылива́ть

вынима́ть (вы́нуть)   to pull out, draw out

вы́нуть—see вынима́ть

вы́нудить—see вынужда́ть

вынужда́ть (вы́нудить)   to compel, make

вынужда́ть призна́ние   to force admission or recognition

выпа́ривание   evaporation, steaming

вы́парить—see па́рить

вы́пить—see пить

выполне́ние   fulfillment, realization

вы́полнить—see выполня́ть

*выполня́ть (вы́полнить)   to carry out, fulfill

выполня́ть жела́ния   to fulfill wishes

выполня́ть свои́ обя́занности   to carry out one's duties

вы́пуск   graduating class

выпускни́к   senior (in high school), graduate

выраба́тывать (вы́работать)   to manufacture, work out

вы́работать—see выраба́тывать

*выража́ть(ся) (вы́разить(ся))   to express (oneself), voice

выража́ть слова́ми   to put into words

Мне тру́дно выража́ться по-ру́сски.   It is difficult to express myself in Russian.

мя́гко выража́ясь   to put it mildly

выраже́ние   expression

идиомати́ческое выраже́ние idiomatic expression

Он знал по выраже́нию её лица́. He knew by her look.

вы́разить(ся)—see выража́ть(ся)

выраста́ть (вы́расти)   to grow up, increase

выраста́ть на 20%   to increase by 20%

вы́расти—see выраста́ть

выска́кивать (вы́скочить)   to jump out, leap out

вы́скочить—see выска́кивать

высо́кий   (adj.) high, tall

высо́кий челове́к   tall fellow

высо́кие це́ли   lofty aims

*высоко́   (adv.) high

высота́   height

вы́ставка   exposition, display

вы́стирать—see стира́ть

вы́стрел   shot

высу́шивать (вы́сушить)   to dry

вы́сушить—see высу́шивать

*вы́сший   highest

вы́тереть—see вытира́ть

вытира́ть (вы́тереть)   to wipe dry

выу́чивать (вы́учить)   to learn, teach

вы́учить наизу́сть   to learn by heart

вы́учить—see выу́чивать

*вы́ход   exit, way out, coming out

вы́ход на у́лицу   exit to street

по́сле вы́хода кни́ги   after the book had appeared

У него́ не́ было друго́го вы́хода. He had no other way out.

выходи́ть (вы́йти)   to go out (on foot)

вы́йти из мо́ды   to go out of fashion

вы́йти в отста́вку   to resign, retire

вы́йти за́муж   to get married (of women)

выходи́ть и́з дому   to go out of the house

Из э́того ничего́ не вы́йдет. Nothing will come of it.

Кни́га уже́ вы́шла.   The book was already published.

Окно́ выхо́дит в сад.   The window faces the garden.

выходно́й день   day off
вычита́ние   subtraction
вяза́ть (связа́ть)   to knit, crochet, bind up
вя́ло   limply, sluggishly

Г

гада́лка   fortune-teller
га́дость   (f.) filth, muck
  сде́лать (perf.) га́дость кому́-либо   to play a dirty trick on someone, double-cross
газ   gas, gauze, gossamer
газе́та   newspaper
газоли́н   gasoline
гала́нтный   gallant
газо́н   lawn, grass
га́йка   nut (screw)
галере́я   gallery
галло́н   gallon
гало́ша   overshoes, rubbers (pl.)
га́лстук   necktie
гара́ж   garage
гаранти́ровать   to guarantee
гара́нтия   guarantee, security
гардеро́б   wardrobe
гармо́ния   harmony
гармони́ст   accordion player
гарни́р   garnish, vegetables served with main course
гастроно́м   grocery store
*****где́**   where–location
  где́-то   somewhere
  где́-нибудь   anywhere
гениа́льность   (f.) genius, greatness
*****ге́ний**   (noun, m.) genius
геогра́фия   geography
геоме́трия   geometry
*****геро́й**   (noun, m.) hero
ги́бкий   flexible, pliant
ги́бнуть (поги́бнуть)   to perish
гига́нтский   gigantic
  дви́гаться гига́нтскими шага́ми   to progress at a great rate
гипно́з   hypnosis
*****гита́ра**   guitar
*****глава́**   head, chief; chapter
  глава́ прави́тельства   head of the government

стоя́ть во главе́   to be at the head of
*****гла́вный**   main, chief
*****глаго́л**   verb
*****гла́дить (погла́дить)**   to iron, press, caress
гла́дкий   smooth, even, sleek
  гла́дкая доро́га   smooth road
  гла́дкий материа́л   solid-color material
*****глаз**   eye
*****глота́ть**   to swallow, gulp
  глота́ть слёзы   to choke down one's tears
глото́к   one swallow, mouthful
*****глубо́кий**   deep
  занима́ться до глубо́кой но́чи   to work until late at night
  глубо́кая печа́ль   deep sorrow
  глубо́кая таре́лка   soup plate
глубоко́   deeply, profoundly
*****глу́пость**   (f.) foolishness
глу́пый   foolish, stupid
*****глухо́й**   deaf
  глухо́й лес   dense forest
  глуха́я ночь   still night
  Он глух к мои́м про́сьбам.   He is deaf to my entreaties.
  Он соверше́нно глух.   He is completely deaf.
гляде́ть (погляде́ть)   to look at, gaze at
гнев   anger, ire
гнездо́   nest
гнуть (согну́ть)   to bend, drive
  гнуть спи́ну перед ке́м-либо   to kowtow to someone
  Я ви́жу, куда́ он гнёт.   I see what he is driving at.
*****говори́ть (сказа́ть)**   to say, tell
  говори́ть по-ру́сски   to speak Russian
  говоря́т   they say
  Он говори́т, что он бо́лен.   He says he is ill.
  Он сказа́л, что он бо́лен.   He said he is ill.
*****год**   year
годи́ться   to be fit for, serve
  ни на что́ не годи́тся   not fit for anything

Он не годи́тся в учителя́. He is not suited to be a teacher.

годовщи́на anniversary

*__голова́__ head, mind

Мне пришла́ в го́лову мысль. A thought occurred to me.

потеря́ть (perf.) **го́лову** to lose one's head

челове́к с голово́й a man with sense

*__го́лод__ hunger

умира́ть с го́лоду to starve to death

голо́дный hungry

*__го́лос__ voice

в оди́н го́лос unanimously

пра́во го́лоса the right to vote

го́лый naked, bald

го́лые но́ги bare legs

спать на го́лом полу́ to sleep on the bare floor

гоня́ть to drive, chase

*__гора́__ mountain

ходи́ть по гора́м to climb mountains

*__гора́здо__ much, by far

гора́здо лу́чше much better

го́рдый proud

*__го́ре__ grief, misfortune

*__горе́ть (сгоре́ть)__ to burn, shine

горе́ть в жару́ to burn with fever

горе́ть жела́нием to burn with desire

дом гори́т. The house is burning.

горизонта́льно horizontally

*__го́рло__ throat

во всё го́рло at the top of one's lungs

*__го́род__ town, city

за́ город out of town (direction)

за го́родом out of town (location)

гороско́п horoscope

горо́шек peas

горчи́ца mustard

*__го́рький__ bitter

*__горя́чий__ hot, passionate (objects or emotions)

горя́чее жела́ние ardent wish

горя́чий ко́фе hot coffee

горя́чее сочу́вствие heartfelt sympathy

го́спиталь (m.) hospital

господи́н Mr., sir

госпожа́ Mrs., lady

гости́ная living room

гости́ница hotel

*__гость__ (m.) guest

У нас сего́дня го́сти. We have company today.

ходи́ть в го́сти to visit

госуда́рство state

*__гото́вить (пригото́вить)__ to prepare, make ready, cook

гото́вить кни́гу к печа́ти to prepare a book for the press

гото́вить уро́к to do a lesson

Она́ хорошо́ гото́вит. She is a good cook.

гото́виться (пригото́виться) to prepare oneself

гото́вый ready, prepared

гото́вое пла́тье ready-made clothes

Обе́д гото́в. Dinner is ready.

Он гото́в на всё. He is ready to do anything.

гра́дус degree

у́гол в 60 гра́дусов angle of 60 degrees

Сего́дня 10 гра́дусов тепла́. The temperature is 10 degrees above zero today.

граждани́н, гражда́нка citizen (m., f.)

грамма́тика grammar

гра́мотность (f.) literacy

грани́ца boundary, border

вы́йти из грани́ц to overstep the limits

за грани́цу abroad

грацио́зный gracefully

гребешо́к comb

*__греть (согре́ть)__ to warm up, heat

греть суп to warm up the soup

*__грех__ sin

гре́шный sinful

гриб mushroom

*__гроза́__ thunderstorm, tempest

гро́зный terrible, threatening

грома́дный enormous

гро́мкий loud

*__гро́мко__ loudly

гру́бый rough, coarse

гру́бая мате́рия coarse material

гру́бая оши́бка   flagrant error
гру́бый вкус   bad taste
гру́бое сло́во   rude word
*__грудь__ (f.) breast, chest, bosom
__гру́ппа__ group
*__грусти́ть__ to be sad, melancholy
__гру́стный__ sad, melancholy
У него́ гру́стное настрое́ние. He is in low spirits.
__гру́ша__ pear
__гря́зный__ dirty, muddy
*__грязь__ (f.) dirt, filth
*__губа́__ lip
*__гуля́ть (погуля́ть)__ to walk, take a stroll
__гуманита́рный__ humanitarian
*__густо́й__ thick, dense
густы́е бро́ви   bushy eyebrows
густо́й лес   dense forest
густы́е сли́вки   heavy cream
густо́й тума́н   heavy fog

Д

*__да__ yes
__да__ and, but
да ещё   and what is more
он да я   he and I
Он охо́тно сде́лал бы э́то, да у него́ нет вре́мени. He would gladly do it, but he has no time.
__дава́й, дава́йте__ let us (with inf.)
*__дава́ть (дать)__ to give, allow
дава́ть своё согла́сие   to give one's consent
дать конце́рт   to give a concert
дать ме́сто   to make room for
Ему́ не да́ли говори́ть. They didn't let him speak.
__давле́ние__ pressure
высо́кое давле́ние   high pressure
ока́зывать давле́ние   to put pressure on
под давле́нием   under pressure
*__давно́__ long ago, for a long time
__давны́м-давно́__ long ago
Уже́ давно́ пора́ уходи́ть. It is high time to go.
*__да́же__ even
__далёкий__ distant, remote

далёкое про́шлое   remote past
Они́ далёкие друг дру́гу лю́ди. They have little in common.
*__далеко́__ far
далеко́ за по́лночь   long after midnight
Он далеко́ не дура́к. He is far from being a fool.
*__дальнозо́ркий__ farsighted
*__да́льше__ farther
*__да́ма__ lady
__да́нные__ data
__дар__ gift
__дари́ть (подари́ть)__ to give a present
*__да́ром__ gratis, in vain
Весь день да́ром пропа́л. The whole day has been wasted.
Он э́того и да́ром не возьмёт. He wouldn't even have it as a gift.
*__дать__—see __дава́ть__
*__да́ча__ country house, summer cottage
е́хать на да́чу   to go to the country
на да́че   in the country
__два, две__ two
ка́ждые два дня   every other day
__два́дцать__ twenty
__двадца́тый__ twentieth
__двена́дцать__ twelve
__двена́дцатый__ twelfth
*__дверь__ (f.) door
поли́тика откры́тых двере́й   open-door policy
при закры́тых дверя́х   in private, closed hearing
__две́сти__ two hundred
__дви́гатель__ (m.) motor
*__дви́гат(ся) (дви́нуть(ся))__ to move, set in motion
*__движе́ние__ motion, movement, traffic
мно́го движе́ния на доро́ге   a lot of traffic on the road
Он ве́чно в движе́нии. He is always on the move.
рабо́чее движе́ние   working class movement
__дви́нуть(ся)__—see __дви́гать(ся)__
__дво́е__ two (collective)
Их дво́е. There are two of them.

двойно́й double, twofold
**двою́родный брат, двою́родная
сестра́** first cousin (m., f.)
двуспа́льная крова́ть double bed
*де́вочка** little girl
*де́вушка** young girl (unmarried)
девяно́сто ninety
девяно́стый ninetieth
девятна́дцать nineteen
девятна́дцатый nineteenth
де́вять nine
девятьсо́т nine hundred
девя́тый ninth
*де́душка** (m.) grandfather
де́душка моро́з Santa Claus
(Grandfather Frost)
дежу́рить to be on duty
*де́йствие** action, act, effect
Де́йствие происхо́дит в Москве́.
The action takes place in Moscow.
ока́зывать де́йствие to have an
effect on
приводи́ть в де́йствие to put into
action
пье́са в трёх де́йствиях play in
three acts
*действи́тельно** really, actually
де́йствовать (поде́йствовать) to
act, operate, function
де́йствовать на не́рвы to get on
one's nerves
Как де́йствовать да́льше? What
is to be done next?
Лека́рство уже́ де́йствует. The
medicine is already taking effect.
дека́брь (m.) December
декольте́ low-necked (dress)
де́лать (сде́лать) to do, make
де́лать вид, что to pretend
де́лать визи́т to pay a visit
де́лать докла́д to make a report
де́лать кого́-либо счастли́вым
to make someone happy
де́лать рабо́ту to do work
де́лать шля́пы to make hats
не́чего де́лать nothing to do
де́латься (сде́латься) to become,
grow
Там де́лаются стра́нные ве́щи.
Strange things happen there.
Что с ним сде́лалось? What has
happened to him?

деле́ние division
делика́тность (f.) gentleness, fact
*дели́ть (раздели́ть)** to divide
дели́ть попола́м to divide in half
раздели́ть два́дцать на пятц to
divide twenty by five
дели́ться (раздели́ться) to divide
(into), share
дели́ться впечатле́ниями to
share impressions, compare notes
Она́ всём де́лится со мной. She
shares everything with me.
Река́ де́лится на два рукава́. The
river divides into two arms.
*де́ло** matter, business
В том-то и де́ло. That's the point.
В чем де́ло? What's the matter?
говори́ть по де́лу to speak about
business
де́ло в том, что the fact is, that
де́ло ми́ра cause of peace
Как дела́? How are things?
на са́мом де́ле as a matter of fact
У меня́ мно́го дел. I have many
things to do.
Это моё де́ло. That is my affair.
*день** (m.) day
в два часа́ дня at two o'clock in
the afternoon
в оди́н прекра́сный день one
fine day
день рожде́ния birthday
днём in the daytime
со дня на́ день from day to day
че́рез день every other day
*де́ньги** (pl.) money
дереве́нский village, country (adj.)
*дере́вня** village, country
в дере́вне in the country
*де́рево** tree
деревя́нный wooden
*держа́ть** to hold, keep
держа́ть в ку́рсе собы́тий to
inform about a current situation
держа́ть в та́йне to keep a secret
держа́ть кого́-нибудь за́ руку to
hold someone by the hand
держа́ть пари́ to make a bet
держа́ть сло́во to keep one's word
держа́ть экза́мен to take an
exam
держа́ться to hold on, stick to

держа́ться на нога́х   to keep on one's feet
держа́ться того́ взгля́да   to hold to the opinion
Держи́сь! Hold steady!
Пу́говица де́ржится на ни́точке. The button is hanging by a thread.
де́рзкий   impudent, insolent, daring, fresh
де́рзость   (f.) impudence, insolence
десе́рт   dessert
деся́тка   ten-ruble bill
де́сять   ten
деся́тый   tenth
*дета́ль   (f.) detail
дета́льно   in detail
детекти́в   mystery (film, book); detective
*де́ти   children
де́тский   child's, children's
де́тский городо́к   playground
детский сад   kindergarten
*де́тство   childhood
впада́ть в де́тство   to be in one's second childhood
с де́тства   from childhood
дефе́кт   defect, blemish
*дёшево   cheaply
дёшево отде́латься   to get off cheap
Это дёшево сто́ит. It is worth little.
дешёвый   inexpensive
джентльме́н   gentleman
диа́гноз   diagnosis
диагона́льно   diagonally
диале́кт   dialect
дива́н   divan, sofa
дие́та   diet
соблюда́ть дие́ту   to be on a diet
ди́кий   wild, savage
дикто́вка   dictation
писа́тьподдикто́вку   to take dictation
ди́ктор   announcer
дисково́д для ги́бких ди́сков   floppy disk drive
*дире́ктор   director, manager
дирижёр   conductor of an orchestra
дирижи́ровать   to conduct an orchestra
дисбала́нс   imbalance

диску́ссия   discussion, debate
*дисципли́на   discipline
*длина́   length
дли́нный   long (distance)
*для   for, intended for (prep. with gen.)
дно   bottom
*до   as far as, until, up to, before (with genitive)
до сих пор   until this time
до свида́ния   goodbye
от ... до ...   from ... to ...
доба́вить—see добавля́ть
добавле́ние   addition, supplement
*добавля́ть (доба́вить)   to add to, supplement
*добро́   good
де́лать кому́-либо добро́   to be good to someone
Он жела́ет вам добра́. He wishes you well.
*доброво́лец   volunteer
доброво́льно   voluntarily, by one's own will
доброде́тель   (f.) virtue
*доброду́шный   good-natured
доброта́   kindness, goodness
*до́брый   good, kind
бу́дьте добры́   would you be so kind
всего́ до́брого   all the best
добрый ве́чер   good evening
до́брый день   good afternoon
до́брое у́тро   good morning
*дове́рие   faith, confidence, trust
дове́рить—see доверя́ть
дове́рчивость   (f.) trustfulness
доверя́ть (дове́рить)   to entrust, commit
*дово́льно   enough, rather
Дово́льно! Enough! That will do.
Он дово́льно хорошо́ говори́т. He speaks rather well.
дово́льный   satisfied, pleased with
*догада́ться—see дога́дываться
дога́дываться (догада́ться)   to guess, surmise
*догна́ть—see догоня́ть
договори́ться   (perf.) to come to an understanding
*догово́р   agreement, contract, treaty

догоня́ть (догна́ть) to catch up, gain on

*__доезжа́ть (дое́хать)__ to get as far as, reach (by vehicle)

 Он не дое́хал до го́рода. He didn't reach the city.

дое́хать—see **доезжа́ть**

*__дождеви́к__ raincoat

*__дождь__ (m.) rain

 Дождь идёт. It is raining.

до́за dose

доказа́тельство proof, evidence

доказа́ть—see **дока́зывать**

*__дока́зывать (доказа́ть)__ to prove, show

 счита́ть дока́занным to take for granted

 Это дока́зывает его́ вину́. This proves his guilt.

*__докла́д__ lecture, paper, report

 де́лать докла́д to make a report, give à talk

до́ктор doctor

документа́льный documentary (film)

*__долг__ debt

 брать в долг to borrow

 входи́ть в долги́ to get into debt

 долг че́сти debt of honor

 плати́ть долг to pay a debt

*__до́лго__ for a long time

*__до́лжен, должна́, должно́, должны́__ to owe, have to, be obliged to, must

 должно́ быть probably

 Ско́лько мы вам должны́? How much do we owe you?

 Я должна́ написа́ть пи́сьма. I must write letters.

до́ллар dollar

*__дом__ house, home

 до́ма at home

 Дом моде́лей house of couture

 домо́й homeward (direction toward)

 и́з дому out of the house

дополни́тельный additional, supplementary

*__доро́га__ road, way

 в доро́ге on a trip

 да́льняя доро́га long journey

желе́зная доро́га railroad

 Нам с ва́ми по доро́ге. We go the same way.

 по доро́ге туда́ on the way there

до́рого expensively

*__дорого́й__ dear, expensive

 дорого́й мой my dear

 Она́ ему́ дорога́. She is dear to him.

доса́да vexation, annoyance

 с доса́ды out of vexation

доска́ board, blackboard

 от доски́ до доски́ from cover to cover

*__достава́ть (доста́ть)__ to get, obtain, reach

доста́точно enough

доста́ть—see **достава́ть**

достига́ть (дости́гнуть) to reach, attain (with genitive)

 достига́ть бе́рега to reach land

 достига́ть свое́й це́ли to attain one's objectives

дости́гнуть—see **достига́ть**

*__достиже́ние__ achievement

досто́инство dignity, value

 моне́та ма́лого досто́инства a coin of small denomination

 чу́вство со́бственного досто́инства self-respect

досто́йный deserving, worthy

досу́г leisure

 на досу́ге at leisure

до́сыта to one's heart's content

 нае́сться (perf.) **до́сыта** to eat one's fill

*__дохо́д__ profit, return

*__дочь__ (f.) daughter

драгоце́нность (f.) jewel, treasure

драгоце́нный precious

*__дра́ма__ drama

*__дра́ться__ (imp.) to fight

дрема́ть to dose, drowse

дрова́ (pl.) firewood

*__дрожа́ть__ (imp.) to quiver, shake

 дрожа́ть за кого́-либо to tremble for someone's safety

 дрожа́ть от ра́дости to thrill with joy

 дрожа́ть от хо́лода to shiver with cold

*__друг__ friend

друг дрýга   each other
друг дрýгу   to each other
друг о дрýге   about each other
*__другóй__   other, another, different
другúми словáми   in other words
и тот и другóй   both
одúн за другúм   one after another
Он мне казáлся другúм.   He seemed different to me.
с другóй стороныí   on the other hand
*__дрýжба__   friendship
дрýжескнй   friendly
по-дрýжески   in a friendly way
*__дýмать (подýмать)__   to think, believe
дурáк   fool
дýрно   badly
дурнóй   evil, ill
*__дуть__   (imp.) to blow
Вéтер дýет.   It's windy.
Здесь дýет.   There's a draft here.
*__дух__   spirit, courage
быть не в дýхе   to be out of spirits
злой дух   evil spirit
не в моём дýхе   not to my taste
пáдать дýхом   to lose courage
духú   perfume, scent
духóвка   oven
духóвный   spiritual
духóвная жизнь   spiritual life
душ   shower
*__душá__   soul
в глубинé душú   at heart
всей душóй   with all one's heart and soul
говорúть с душóй   to speak with feeling
скóлько душé угóдно   to one's heart's content
дýшно   stuffy
дуэ́т   duet
*__дым__   smoke
Нет ды́ма без огня́.   Where there's smoke there's fire.
ды́ня   melon
дырá, ды́рка   hole
дыхáние   breathing
*__дышáть__   (imp.) to breathe
*__дю́жина__   dozen
*__дя́дя__   (m.) uncle

Е Ё

европéйский   European
*__егó, её, егó__   his, hers, its
*__едá__   food
во врéмя еды́   while eating
*__едвá__   hardly, just
Он едвá нáчал говорúть.   He had just begun to speak.
Он едвá не упáл.   He nearly fell.
Он едвá подня́л э́то.   He could hardly lift it.
единообрáзие   uniformity
едúнственно   only
едúнственно возмóжный спóсоб   the only possible way
*__едúнственный__   only, sole
ежегóдно   annually
ежеднéвно   daily
*__éздить, éхать__   (imp.) to go (ride, travel)
ёлка   fir tree, Christmas tree
ёлочный базáр   Christmas tree market
ерундá   nonsense!
*__éсли__   if
*__естéственный__   natural
*__есть (съесть)__   to eat
Я хочý есть.   I want to eat.
*__есть__   to be (present tense), is, are
éхать—see **éздить**
*__ещё__   more, still, yet
Ещё бы!   And how!
ещё по стакáнчику   another glass each
ещё раз   once again
Он ещё не ел.   He hasn't eaten yet.
Он покá ещё остáнется здесь.   He'll stay here for the time being.
Хотúте ещё кóфе?   Would you like more coffee?
Что ещё?   What else?

Ж

жáдный   greedy
жáжда   thirst, craving
возбуждáть жáжду   to make thirsty

жа́жда зна́ний   thirst for knowledge

*жале́ть (пожале́ть)   to regret, be sorry

жа́лкий   pitiful, wretched

жа́лоба   complaint

жа́лованье   salary

*жа́ловаться (пожа́ловаться)   to complain

жа́лость   (f.) pity

*жаль   It is a pity.

Ему́ жаль куска́ хле́ба.   He grudges a bit of bread.

Как жаль!   What a shame!

Очень жаль.   It's a great pity.

жар   heat, fever

говори́ть с жа́ром   to speak with fervor

У него́ жар.   He has a fever.

жара́   heat

жа́реный   fried

жа́рить(ся)   to fry

жа́ркий   hot, ardent

жа́ркий кли́мат   hot climate

жа́ркий спор   heated discussion

*жа́рко   hot (of weather or room temperature)

жарко́е   roast meat, pot roast

*ждать (подожда́ть)   to wait

Вре́мя не ждёт.   There's no time to be lost.

Она́ его́ ждёт.   She is waiting for him.

жела́ние   desire, wish

*жела́ть (пожела́ть)   to wish, covet

железа́   gland

*желе́зный   ferrous

желе́зная доро́га   railroad

желе́зная дисципли́на   iron discipline

желе́зо   iron

желто́к   egg yolk

жёлтый   yellow

желу́док   stomach

же́мчуг   pearl

*жена́   wife

жена́тый   married (of men)

*жени́ться (пожени́ться)   to marry (of men)

же́нский   feminine, womanish

*же́нщина   woman

же́ртва   sacrifice, victim

жест   gesture

жесто́кий   cruel, brutal

жесто́кость   (f.) cruelty

жечь (сжечь)   to burn (down, up)

жи́во   vividly, with animation

*живо́й   live, animated, vivacious

жив и здоро́в   safe and sound

живо́й ум   lively wit

живо́й язы́к   living language

живы́е кра́ски   vivid colors

живы́е цветы́   natural flowers

жи́вопись   (f.) painting

живо́тное   (noun) animal

жи́дкий   liquid, fluid (adj.)

жи́дкость   (f.) liquid, fluid

жи́зненность   (f.) vitality

*жизнь   (f.) life

борьба́ за жизнь   struggle for existence

вопро́с жи́зни и сме́рти   matter of life or death

о́браз жи́зни   way of life

проводи́ть что́-либо в жизнь   to put something into practice

*жили́ще   dwelling, living quarters

жир   fat, grease

*жи́рный   fat, greasy, rich

жи́рная земля́   rich soil

жи́рное пятно́   grease spot

жи́тель   inhabitant, resident

*жить   to live

жре́бий   fate, destiny, lot

Жре́бий пал на него́.   The lot fell to him.

тяну́ть жре́бий   to draw lots

жу́лик   rogue, swindler

журна́л   periodical, magazine

журнали́ст   journalist

З

*за   for, behind, beyond—direction (with acc.) behind, beyond, after; for—location (with instrumental)

бежа́ть за ке́м-либо   to run after someone

боро́ться за свобо́ду   to fight for freedom

быть за мир   to be for peace

день за днём   day after day

За вáше здорóвье   To your health (toast)

за обéдом   during dinner

за послéднее врéмя   recently

Кóшка былá за шкáфом.   The cat was behind the bureau.

купить за дéсять рублéй   to buy for ten rubles

Онá пошлá за ýгол.   She went around the corner.

Онá сидит за столóм.   She is sitting at the table.

Он счáстлив за неё.   He is happy for her sake.

Он уéхал зá город.   He went out of town.

Они живýт зá городом.   They live out of town.

послáть (perf.) **за дóктором**   to send for the doctor

садиться за стол   to sit down at the table

забáва amusement

забáвный amusing, funny

забастóвка strike

*****заблудиться** to get lost, lose oneself

заблуждáться to err, be mistaken

*****заболéть** (perf.) to fall ill

забóта anxiety, trouble

*****забывáть (забыть)** to forget

забыть—see **забывáть**

завéдовать to manage, to head

Он завéдует шкóлой.   He heads the school.

завидовать (позавидовать) to envy

Я не завидую вам.   I don't envy you.

зависеть to depend (on)

Это зависит от обстоятельств.   It depends on circumstances.

зависимость (f.) dependence

завистливый envious

зáвисть (f.) envy

завлекáть (завлéчь) to entice, seduce

завлéчь—see **завлекáть**

*****завóд** plant, works, factory

*****зáвтра** tomorrow

*****зáвтрак** breakfast

на зáвтрак   for breakfast

зáвтракать (позáвтракать) to have breakfast

*****завязáть**—see **завязывать**

завязывать (завязáть) to tie up, knot.

*****загáдка** riddle

загáр suntan, sunburn

зáговор plot, conspiracy

заговорить (perf.) to start to talk

загорáть to sunbathe

загорéть (perf.) to get a tan

*****заграница** foreign countries

загрязнéние окружáющей среды pollution of the environment

*****задавáть (задáть)** to give, set

задавáть вопрóс   to ask a question

задавáть тон   to set the fashion

задáть—see **задавáть**

задáние task, mission

*****задáча** problem

задержáть—see **задéрживать**

задéрживать (задержáть) to detain, delay

Егó задержáли.   He was delayed.

задержáть дыхáние   to hold one's breath

задержáть уплáту   to hold back payment

*****зáдний** back, hind

задóлго long in advance

задýмчивость (f.) pensiveness

задýматься (perf.) to become thoughtful

зажéчь—see **зажигáть**

заживáть (зажить) to heal

*****зажигáть (зажéчь)** to light, set fire to

зажигáлка cigarette lighter

зажить—see **заживáть**

заинтересовáться (perf.) to become interested in

зайти—see **заходить**

*****закáз** order

*****закáзывать (заказáть)** to order something to be made or done

заказáть—see **закáзывать**

*****закáт** sunset

закипáть (закипéть) to begin to boil

закипéть—see **закипáть**

заключа́ть (заключи́ть) to conclude, infer

заключа́ть догово́р to conclude a treaty

заключа́ть речь to finish a speech

из ва́ших слов я заключа́ю from what you say I can conclude

Из чего́ вы заключа́ете? What makes you think that?

заключа́ться to consist of

тру́дность заключа́ется в том, что the difficulty lies in the fact that

заключе́ние conclusion, inference

заключи́ть—see заключа́ть

*зако́н ruling, law

вне зако́на unlawful

Её сло́во для него́ зако́н. Her word is law with him.

по зако́ну according to law

зако́нный legal, legitimate

закружи́ть (perf.) to turn, send whirling

закружи́ть кому́-либо го́лову to turn someone's head

закружи́ться—see кружи́ться

*закрыва́ть (закры́ть) to shut, close

закры́ть лицо́ рука́ми to cover one's face with one's hands

закры́ть на ключ to lock

закры́ть собра́ние to close the meeting

закры́ть шко́лу to close down the school

закры́ть—see закрыва́ть

закры́тый closed

заку́пка purchase

де́лать заку́пки to buy supplies

закури́ть to light up a cigarette or pipe

заку́сывать (закуси́ть) to have a bite to eat

закуси́ть—see заку́сывать

зал hall, reception room

зама́нчивый tempting, alluring

*заме́на replacement, substitution

замени́ть—see заменя́ть

*заменя́ть (замени́ть) to substitute

замени́ть мета́лл де́ревом to substitute wood for metal

Не́кому его́ замени́ть. There is no one to take his place.

*замерза́ть (замёрзнуть) to freeze

Река́ замёрзла. The river has frozen up.

замёрзнуть—see замерза́ть

*замести́тель (m.) substitute

замести́ть—see замеща́ть

заме́тить—see замеча́ть

*заме́тно noticeably, it is noticeable

Заме́тно, как он постаре́л. It is noticeable how he has aged.

Он заме́тно постаре́л. He looks much older.

*замеча́ние remark, observation, reproof

сде́лать замеча́ние to reprove

*замеча́тельно remarkable, out of the ordinary

замеча́тельный remarkable

замеча́ть (заме́тить) to notice, observe

замеща́ть (замести́ть) to act as substitute for

замо́к lock

запере́ть на замо́к to lock up

*замолча́ть (perf.) to become silent

замо́лкнуть (perf.) to become silent

заморо́женный frozen

заморо́женные проду́кты frozen foods

*за́муж married (of women)

быть за́мужем за ке́м-либо to be married to someone

вы́ти (perf.) за́муж за кого́-либо to get married to someone

за́мужем to be married

за́навес curtain

*занима́ть (заня́ть) to occupy, take up, borrow

Его́ занима́ет вопро́с. He is preoccupied with the question.

занима́ть до́лжность to fill a position

занима́ть кварти́ру to occupy an apartment

занима́ть мно́го ме́ста to take up a lot of room

занима́ть пе́рвое ме́сто to take first place

*занима́ться (заня́ться) to be occupied with, to study

занима́ться спо́ртом to go in for sports

занима́ться хозя́йством to be occupied with one's household duties

Она́ занима́ется. She is studying.

*заня́тие occupation, employment

за́нятый busy

заня́ть(ся)—see занима́ть(ся)

заостри́ть—see заостря́ть

заостря́ть (заостри́ть) to sharpen, emphasize

заостри́ть каранда́ш to sharpen a pencil

заостря́ть противоре́чия to emphasize the contradictions

за́пад west

за́падный western

*запа́с fund, supply

большо́й запа́с слов large vocabulary

быть в запа́се to be in the military reserve

проверя́ть запа́с to take stock

*за́пах smell, odor

запере́ть—see запира́ть

*запира́ть (запере́ть) to lock

*запи́ска note

запи́ски notes, memoirs

запи́сывать(ся) (записа́ть(ся)) to write down, record; to sign up

записа́ться в кружо́к to join a club

записа́ться к врачу́ to make an appointment with the doctor

запи́сывать на плёнку/пласти́нку to record

запи́сывать ле́кцию to take notes on a lecture

записа́ть(ся)—see запи́сывать(ся)

запла́кать (perf. of пла́кать) to burst into tears, begin to cry

заплати́ть—see плати́ть

заполня́ть (запо́лнить) to fill in, occupy

заполня́ть анке́ту to fill in a questionnaire

заполня́ть вре́мя to occupy time

запо́лнить—see заполня́ть

запомина́ть (запо́мнить) to memorize

запо́мнить—see запомина́ть

запрети́ть—see запреща́ть

*запреща́ть (запрети́ть) to forbid, prohibit

запреща́ется it is forbidden

запута́ть—see пу́тать

*зараба́тывать (зарабо́тать) to earn

зараба́тывать мно́го де́нег to earn a lot of money

зарабо́тать—see зараба́тывать

*зара́нее beforehand

заре́зать to stab to death

зарубе́жный foreign

заря́ daybreak, dawn

заслу́живать (заслужи́ть) to deserve, merit

заслужи́ть чьё-либо дове́рие to earn someone's confidence

заслужи́ть—see заслу́живать

засмея́ться (perf.) to burst out laughing

засну́ть—see засыпа́ть

заста́вить—see заставля́ть

*заставля́ть (заста́вить) to force, compel

Он заста́вил его́ замолча́ть. He silenced him.

Он заста́вил нас ждать. He made us wait.

засте́нчивость (f.) shyness, bashfulness

засте́нчивый shy, bashful

засчита́ть—see засчи́тывать

засчи́тывать (засчита́ть) to take into consideration

*засыпа́ть (засну́ть) to fall asleep

*зате́м thereupon, subsequently

зате́рянный lost

*зато́ on the other hand

*затрудне́ние difficulty, embarrassment

вы́йти (perf.) из затрудне́ния to get out of difficulty

де́нежное затрудне́ние financial difficulty

заходи́ть (зайти́) to call on, drop in, stop in on the way

захоте́ть to begin wanting something, suddenly want to, get a desire to

захоте́ться—see **хоте́ться**

*****заче́м** why, wherefore, what for

зачёркивать (зачеркну́ть) to cross out

зашто́пать—see **што́пать**

защити́ть—see **защища́ть**

*****защища́ть (защити́ть)** to defend, protect

защища́ть диссерта́цию to defend one's thesis

*****звать** (imp.) to call

Как вас зову́т? What is your name?

звать на по́мощь to cry for help

*****звезда́** star

звезда́ пе́рвой величины́ star of the first magnitude

звезда́ экра́на film star

па́дающие звёзды falling stars

звёздочка asterisk, little star

*****зверь** (m.) wild animal, beast

звон peal, ringing

звон в уша́х ringing in the ears

*****звони́ть (позвони́ть)** to ring

Вы не туда́ звони́те. You've got the wrong number.

звони́ть по телефо́ну to telephone

зво́нкий ringing, clear

*****звоно́к** ring

Я жду ва́шего звонка́. I am waiting for your phone call.

*****звук** sound

гла́сный звук vowel

не издава́ть ни зву́ка to never utter a sound

пусто́й звук merely a name

согла́сный звук consonant

зву́чно loudly, sonorously

зда́ние building

здесь here

зде́шний of this place, local

Он не зде́шний. He is a stranger here.

здоро́ваться (поздоро́ваться) to greet, to say, "Hello"

здо́рово well done! magnificently

Мы здо́рово порабо́тали. We have done good work.

здоро́вый healthy, strong

здоро́вый кли́мат healthful climate

здоро́вая пи́ща wholesome food

Он здоро́вый ма́льчик. He's a healthy youngster.

*****здоро́вье** health

пить за здоро́вье кого́-либо to drink to someone's health

*****здра́вствуйте** hello, how do you do

зева́ть (зевну́ть) to yawn

зевну́ть—see **зева́ть**

зелёный green

зе́лень (f.) greens, vegetables

*****земля́** earth, land, soil

*****зе́ркало** mirror

*****зерно́** grain, seed, kernel

*****зима́** winter

зимо́й in the winter

Ско́лько лет, ско́лько зим! I haven't seen you in ages!

зли́ться to be in a bad temper, to be angry

зло evil, harm

злой wicked, vicious, angry

змея́ snake, serpent

знак sign, symbol

вопроси́тельный знак question mark

дать знак to give a signal

де́нежный знак bank note

знак ра́венства sign of equality

*****знако́миться (познако́миться)** to become acquainted with

знако́мый (noun or adj.) acquaintance or familiar

Он мой знако́мый. He is an acquaintance of mine.

У него́ знако́мое лицо́. He has a familiar face.

знамени́тый famous

зна́ние knowledge

знато́к expert

*****знать** to know

дава́ть себя́ знать to make itself felt

дать (perf.) **знать кому́-либо** to let someone know

знать в лицо́ to know by sight

наско́лько я зна́ю as far as I know

не знать поко́я to know no rest

значе́ние significance, meaning

  име́ть ва́жное значе́ние to have particular importance

значи́тельно considerably, significantly

зна́чить to mean, signify

  Что э́то зна́чит? What does that mean?

зо́лото gold

золото́й golden, gilded

зо́нтик umbrella

зре́ние sight

  поле́ зре́ния field of vision

  сла́бое зре́ние weak eyesight

  то́чка зре́ния point of view

*зуб tooth

зубно́й dental

  зубно́ врач dentist

И Й

*и and, also

  и...и... both...and...

  и так да́лее and so forth

иго́лка needle

  сиде́ть как на иго́лках to be on pins and needles

иглотерапи́я acupuncture

*игра́ game, acting performance

  аза́ртная игра́ game of chance

  за игро́й at play

  игра́ приро́ды freak of nature

*игра́ть (сыгра́ть) to play, perform

  игра́ть в ка́рты, в мяч to play cards, play ball

  игра́ть на роя́ле, на скри́пке to play the piano, the violin

  игра́ть роль to play a part

  Это не игра́ет ро́ли. It is of no importance.

*игру́шка toy

идеалисти́ческий idealistic

идеа́льный perfect, ideal

иде́йный lofty, high-principled

*иде́я idea, conception

  генна́льная иде́я brilliant idea

  иде́я рома́на theme of a novel

  навя́зчивая иде́я fixed idea

*идти́, ходи́ть to go, walk

Вот он идёт. Here he comes.

Де́ло хорошо́ идёт. Business is going well.

Дождь идёт. It is raining.

идти́ как по ма́слу to go swimmingly

идти́ пешко́м to go by foot

Иду́т перегово́ры. Negotiations are going on.

Лес идёт до реки́. The forest goes as far as the river.

О чём идёт речь? What are you talking about?

По́езд идёт в пять. The train leaves at five o'clock.

Фильм идёт. A movie is playing.

Этот цвет вам идёт. That color becomes you.

*из from, out of (with gen.)

из-за because of, from behind

из-под from under

из стра́ха out of fear

лу́чший из всех best of all

оди́н из его́ друзе́й one of his friends

пить из стака́на to drink from a glass

приезжа́ть из Москвы́ to arrive from Moscow

сде́лано из де́рева made of wood

изба́вить—see **избавля́ть**

избавля́ть (изба́вить) to save, deliver from

  изба́ви Бог! God forbid!

  избавля́ть от сме́рти to save from death

  Изба́вьте меня́ от ва́ших замеча́ний. Spare me your remarks.

избало́ванный spoiled (child)

избега́ть (избе́гнуть) to avoid, shun

избе́гнуть—see **избега́ть**

избра́ние election

и́збранный selected

изве́стие news, information

изве́стно it is known

  ему́ изве́стно he is aware

  наско́лько мне изве́стно as far as I know

изве́стность (f.) reputation, fame

изве́стный well-known, famous

извине́ние apology

извини́ть(ся) — see **извиня́ть(ся)**
*извиня́ть(ся) (извини́ть(ся)) to forgive, pardon (apologize)
   Она́ извини́лась. She apologized.
издава́ть (изда́ть) to publish
и́здали from far away
изда́ние publication, edition
изда́ть — see **издава́ть**
издёрганный harried, worried, run-down
изжо́га heartburn
*из-за from behind, because of
   вста́ть из-за стола́ to get up from the table
   из-за до́ма from behind the house
   Из-за ле́ни она́ не ко́нчила рабо́ту. Out of laziness she didn't finish her work.
излече́ние recovery, cure
изле́чивать (излечи́ть) to cure
излечи́ть — see **изле́чивать**
изли́шек surplus, excess
изли́шество overindulgence
изло́манный broken
измене́ние change, alteration
измени́ть — see **изменя́ть**
изменя́ть (измени́ть) to change, alter, betray
изнаси́ловать — see **наси́ловать**
изобража́ть (изобрази́ть) to depict, portray, imitate
изобрази́ть — see **изобража́ть**
изоли́рованный isolated
и́зредка now and then, seldom
изуми́тельный amazing, wonderful
изумле́ние amazement, consternation
изуча́ть (изучи́ть) to study, learn
изучи́ть — see **изуча́ть**
изю́м raisins
изя́щный refined, elegant, graceful
ико́на icon, sacred image
икра́ roe, caviar
икс-лучи́ X-rays
*и́ли or
   и́ли … и́ли … either … or …
иллю́зия illusion
иллюстра́тор illustrator
имби́рь (m.) ginger
име́ние estate
и́менно namely, exactly, just

Вот и́менно! Exactly!
Вот и́менно э́то он и говори́л. That's exactly what he was saying.
и́менно потому́ just because
*име́ть to have, bear (in mind)
   име́йте в виду́, что keep in mind that
   име́ть большо́е значе́ние to matter very much
   име́ть бу́дущность to have a future
   име́ть возмо́жность to be a possibility
   име́ть де́ло с ке́м-либо to deal with someone
   име́ть успе́х to be a success
и́мидж image
иму́щество property, belongings
*и́мя name
   и́мя прилага́тельное adjective
   и́мя существи́тельное noun
   челове́к с и́менем a well-known man
*и́наче differently, otherwise
инде́йка turkey
индивидуали́ст individualist
индивидуа́льность (f.) individuality
инжене́р engineer
инжи́р fig
инициати́ва initiative
*иногда́ sometimes
ино́й different, other
   ины́ми слова́ми in other words
   не кто ино́й, как no other than
   тот и́ли ино́й one or another
инопланетя́нин alien (n.)
иностра́нец foreigner
институ́т institute
инстру́ктор instructor
инструме́нт instrument
интеллиге́нтный cultured, educated
интервью interview
интере́с interest
интере́сный interesting, attractive
   Она́ о́чень интере́сная же́нщина. She is a very attractive woman.
интересова́ться(заинтересова́ться) to be interested in
инти́мность (f.) intimacy
иро́ния irony

*искáть   to seek, search
исключáть (исключи́ть)   to exclude, eliminate
исключе́ние   exception
исключи́тельно   exceptionally
исключи́ть—see исключáть
ископáемое   fossil, mineral
и́скра   spark
и́скренний   sincere, frank, unaffected
искуси́тель   (m.) tempter
искуси́ть—see искушáть
иску́сственный   artificial
иску́сство   art, skill
искушáть (искуси́ть)   to tempt, seduce
искуше́ние   temptation
испáнец, испáнка   Spaniard (m., f.)
испáнский   Spanish
испари́ться   (perf.) to evaporate
испе́чь—see печь
и́споведь   (f.) confession
исполне́ние   fulfillment, execution
исполни́тель   performer
испо́лнить—see исполня́ть
исполня́ть (испо́лнить)   to carry out, fulfill, to perform
испо́ртить(ся)—see по́ртить(ся)
испо́рченный   spoiled, rotten
исправить(ся)—see исправля́ть(ся)
исправля́ть(ся) (испра́вить(ся))   to correct, repair, improve
*испу́г   fright, scare
испугáть(ся)—see пугáть(ся)
исслéдование   investigation, research
исслéдовать   (imp., perf.) to investigate, explore
и́стина   truth
и́стинно   truly
истори́ческий   historical
*исто́рия   history, story, tale
истрáтить—see трáтить
исчезáть (исчéзнуть)   to disappear, vanish
исчéзнуть—see исчезáть
итальянец, итальянка   Italian (m., f.)
итальянский   Italian (adj.)
и т. п. (и тому́ подо́бное)   and the like, etc.

*их   their, theirs, them (gen. and acc. of они́)
ию́ль   (m.) July
ию́нь   (m.) June

К

к   to, toward, for (with dat.)
  заходи́ть к кому́-либо   to call on someone
  к вáшим услу́гам   at your service
  к сожалéнию   unfortunately
  к счáстью   fortunately
  к тому́ же   moreover
  Он добр к ней.   He is kind to her.
  он нашёл к свое́й рáдости, что   he found to his joy that
  Это ни к чему́.   It's of no use.
кабине́т   study, consulting room
каблу́к   heel
  быть у кого́-либо под каблуко́м   to be under someone's thumb
кавале́р   partner, admirer
кавы́чки   quotation marks
*кáждый   every, each
*казáться (показáться)   to seem, appear
  Кáжется, бу́дет дождь.   It looks like rain.
  казáлось бы   one would think
  кáжется, что   it seems that
  мне кáжется   it seems to me
  Он кáжется у́мным.   He seems to be intelligent.
*как   how, what, as, like
  Бу́дьте как до́ма.   Make yourself at home.
  Вот как!   Is that so!
  как бу́дто бы   as if
  как бы не так   nothing of the sort
  Как вас зову́т?   What is your name?
  как ви́дно   as can be seen
  как до́лго   how long
  Как он э́то сдéлал?   How did he do it?
  как то́лько   as soon as
  с тех пор, как   since
  широ́кий как мо́ре   wide as the sea

Это как раз то, что мне ну́жно.
That's exactly what I need.

как-нибу́дь   somehow, anyhow

како́й   what, what a, what kind of

Кака́я краси́вая де́вушка!   What a pretty girl!

Како́й он у́мный!   How clever he is!

како́й-то   a certain

Каку́ю кни́гу вы чита́ете?   What book are you reading?

какофо́ния   cacophony, noise

*****ка́к-то**   somehow

Он ка́к-то устро́ился.   He arranged it somehow.

календа́рь   (m.) calendar

ка́менный   stony, hard

ка́мень   (m.) stone, rock

драгоце́нный ка́мень   precious stone

моги́льный ка́мень   tombstone

се́рдце как ка́мень   heart of stone

У него́ ка́мень лежи́т на се́рдце.   A weight lies heavy on his heart.

ка́мерный   chamber

ка́мерная му́зыка   chamber music

ками́н   fireplace, chimney

кандида́т   candidate

кани́кулы   (only pl.) vacation, school holiday

кану́н   eve

кану́н но́вого го́да   New Year's Eve

канцеля́рия   office

капита́л   capital

капита́н   captain

*****ка́пля**   drop

похо́жи как две ка́пли воды́   like two peas in a pod

после́дняя ка́пля   the last straw

капри́з   whim, caprice

капри́зничать   to be naughty, cranky

*****капу́ста**   cabbage

цветна́я капу́ста   cauliflower

*****каранда́ш**   pencil

карма́н   pocket

карнава́л   carnival

ка́рта   card, map, chart

коло́да карт   pack of playing cards

карти́на   picture

карто́фель   (m.) potatoes

карто́фельное пюре́   mashed potatoes

ка́рточка   card, photograph

ка́рточка вин   wine list

креди́тная ка́рточка   credit card

карье́ра   career

каса́ться (косну́ться)   to touch, concern

что каса́ется меня́   as far as I am concerned

Это его́ не каса́ется.   That is not his business.

ка́сса   box office, cashier's office, window

кассе́ты   cassettes (tapes)

кастрю́ля   pot, pan, saucepan

катало́г   catalogue

ката́ться (поката́ться)   to ride, drive (for pleasure)

ката́ться на конька́х   to skate

категори́чески   categorically

катего́рия   category

кача́ние   rocking, swinging

кача́ть (качну́ть)   to rock, swing

Ве́тер кача́ет дере́вья.   The wind shakes the trees.

Он кача́л голово́й.   He shook his head.

ка́чество   quality, virtue

в ка́честве наблюда́теля   in the capacity of an observer

высо́кого ка́чества   of high quality

качну́ть—see кача́ть

*****ка́ша**   cereal, porridge, jumble

гре́чневая ка́ша   buckwheat cereal

завари́ть (perf.) ка́шу   to stir up trouble

У него́ каша во рту́.   He mumbles.

ка́шель   (m.) cough

*****ка́шлять**   to cough

квадра́т   square

квалифика́ция   qualification

квалифици́рованный   qualified, skilled

кварта́л   block, quarter of the year

*****кварти́ра**   apartment

ке́ды   (pl.) canvas high-tops

кейс   attaché case
кекс   cake
ке́пка   cap
кероси́н   kerosene
киломе́тр   kilometer
кино́   movies
кио́ск   kiosk, stand
   кни́жный кио́ск   book stand
кипе́ние   boiling
   то́чка кипе́ния   boiling point
кипе́ть   (imp.) to boil, seethe
   кипе́ть зло́бой   to boil with hatred
   Рабо́та кипи́т.   Work is in full swing.
кипято́к   boiling water
кисе́ль   (m.) jellylike pudding, dessert
кислоро́д   oxygen
кислота́   acid, sourness
   кисло́тные дожди́   acid rain
ки́слый   sour
кита́ец, китая́нка   Chinese (m., f.)
кита́йский   Chinese (adj.)
кичли́вый   conceited
кла́дбище   cemetery
кла́няться (поклони́ться)   to bow, greet
класс   class
классифика́ция   classification
класси́ческий   classical
*класть (положи́ть)   to lay, put (in a horizontal position)
   класть на ме́сто   to put something in its place
   класть са́хар в чай   to put sugar in one's tea
   класть фунда́мент   to lay a foundation
   положи́ть коне́ц чему́-либо   to put an end to something
   положи́ть себе́ на таре́лку   to help oneself to food
клевета́   slander
кле́ить   to glue, paste
кле́йкий   sticky
кли́мат   climate
кли́чка   nickname
клуб   club
клубни́ка   strawberry
клю́ква   cranberry
ключ   key, clue

*кни́га   book
ковёр   rug
*когда́   when
   когда́-нибудь   sometime
   когда́-то   once, formerly
ко́е-ка́к   haphazardly
ко́жа   skin
коке́тка   coquette
коке́тничать   (imp.) to flirt, pose, show off
ко́лба   retort (chemical)
*колбаса́   sausage
коле́но   knee
колесо́   wheel
коли́чество   quantity, number, amount
колле́га   colleague
колле́дж   college
ко́локол   bell
колосса́льный   colossal
*колхо́з   collective farm
колхо́зник   collective farmer
колыбе́ль   (f.) cradle
кольцо́   ring
   кольцо́ ды́ма   ring of smoke
   обруча́льное кольцо́   wedding ring
колю́чий   prickly, thorny
кома́нда   team
кома́ндовать   to give orders, command
комбина́т   industrial complex
комбина́ция   combination
коме́дия   comedy (play)
коми́ссия   committee, commission
кома́р   mosquito
коммерса́нт   business person
комме́рция   commerce, trade
комме́рческий   commercial
*ко́мната   room
комо́д   chest of drawers
компане́йский   sociable
компа́ния   company
   весёлая компа́ния   lively crowd
компенса́ция   compensation
комплиме́нт   compliment
компози́тор   composer
компо́т   compote
компроми́сс   compromise
компью́тер   computer
конве́рт   envelope

*конец end
  в конце дня at the close of the day
  в конце концов in the end
  приходить к концу to come to an end
  Пришёл конец. It was the end. The end came.
  сводить концы с концами to make both ends meet
*конечно of course, certainly
конкретный concrete, specific
конкурент rival, competitor
конкуренция competition
консервативный conservative
конспект summary, synopsis
конституция constitution
конструктивный constructive
консул consul
консульство consulate
консультант consultant
континент continent
контора office
контракт contract, agreement
контраст contrast
контроль (m.) control
  под контролем under the control
конфета candy
конфирмация confirmation (church)
конфликт conflict
конфузиться (сконфузиться) to become embarrassed
концентрат concentrated product
  пищевые концентраты food concentrates
концерт concert
концертант concert performer
*кончать (кончить) to end, finish
  кончать работу to finish one's work
  кончать университет to finish college, to graduate
  плохо кончить to come to a bad end
  кончаться (кончиться) to end, finish
  кончиться ничем to come to nothing
  на этом всё и кончилось and that was the end of it

Школа кончается в середине мая. School is over in the middle of May.
кончено enough, finished
  Всё кончено. All is over.
кончик tip
кончить(ся) — see кончать(ся)
конь (m.) horse, steed
  Дарёному коню в зубы не смотрят. Never look a gift horse in the mouth.
коньки (pl.) skates
коньяк cognac
кооператив cooperative (n.)
кооператор cooperator, member of a cooperative
*копейка kopeck
  до последней копейки to the last penny
  копейка в копейку exactly
копирка carbon paper
копировать (скопировать) to copy, imitate
копия duplicate, copy
  снимать копию чего-либо to make a copy of something
кора crust, bark
корабль (m.) ship, vessel
коренной житель native
*корень (m.) root
  в корне fundamentally
  вырывать с корнем to tear up by the roots
  квадратный корень square root
  краснеть до корней волос to blush to the roots of one's hair
  пустить корни to take root
  смотреть в корень чего-либо to get at the root of something
корзина basket
  корзина для бумаги wastepaper basket
коридор corridor
коричневый brown
кормить (накормить) to feed
  Здесь хорошо кормят. The food is good here.
  кормить обещаниями to feed with promises
коробка box
корова cow
коронка crown

ста́вить коро́нку на зуб   to put a crown on a tooth

коро́ткий   short

   в коро́ткий срок   in a short time

   коро́ткая волна́   short wave

   коро́ткий путь   short cut

ко́ротко   briefly

коро́че   shorter

   коро́че говоря́   in short

ко́рпус   body

   дипломати́ческий ко́рпус   diplomatic corps

   пода́ться всем ко́рпусом вперёд   lean forward

корре́ктор   proofreader

корреспонде́нт   correspondent, reporter

корыстолю́бие   self-interest, greed

коры́то   trough

коря́вый   rough, uneven

коса́   braid; scythe

   заплета́ть ко́су   to braid one's hair

косме́тика   cosmetics

   космети́ческий кабине́т   beauty parlor

косну́ться—see каса́ться

косо́й   slanting, oblique, cross-eyed

костёр   bonfire, campfire

кость   (f.) bone

   игра́ть в ко́сти   to play or throw dice

   промо́кнуть (perf.) до косте́й   to get drenched to the skin

   слоно́вая кость   ivory

костю́м   suit

костя́к   skeleton

кот   tomcat

   котёнок   kitten

котле́та   cutlet

*кото́рый   which, who

   в кото́ром часу́   at what time

   его́ мать, кото́рая живёт далеко́   his mother who lives far away

   кото́рый из них   which of them

   Кото́рый час?   What time is it?

   кни́га, кото́рая лежи́т на столе́   the book lying on the table

ко́фе   coffee

кофе́йник   coffeepot

ко́фта, кофто́чка   woman's jacket

ко́шка   cat

кошма́р   nightmare

кра́жа   theft, larceny

край   (m.) border, edge

   на са́мом краю́   on the very brink

   по края́м   along the edges

   по́лный до краёв   filled to the brim

кра́йне   (adv.) extremely

*кра́йний   extreme, the last

   в кра́йнем слу́чае   at the worst

   кра́йности   extremes

   кра́йняя необходи́мость   urgency

   по кра́йней ме́ре   at least

краса́вец, краса́вица   handsome man, handsome woman

краси́вый   beautiful, handsome

кра́сить(ся) (покра́сить(ся))   to color, paint

кра́ситься   to put on make-up

кра́ска   paint, dye

   акваре́льная кра́ска   water colors

   ма́сляная кра́ска   oil paint

   писа́ть кра́сками   to paint

красне́ть (покрасне́ть)   to redden, blush

кра́сный   red

красота́   beauty

красть (укра́сть)   to steal

кра́ткий   short, brief

крахма́л   starch

кра́шеный   painted, colored

креве́тка   shrimp

крем   cream

   крем для бритья́   shaving cream

Кремль   Kremlin

*кре́пкий   strong, firm

   кре́пкое здоро́вье   robust health

   кре́пкая ткань   strong cloth

   кре́пкий чай   strong tea

кре́пко   fast, strong

   Держи́тесь кре́пко!   Hold tight!

   кре́пко заду́маться   to fall into deep thought

   кре́пко спать   to sleep soundly

кре́сло   armchair

крест   cross

крести́ть (окрести́ть)   to baptize

криво́й   crooked, curved

кри́зис   crisis

крик   cry, shout

   после́дний крик мо́ды   last word in fashion

кри́кнуть—see крича́ть
криста́лл crystal
кристаллиза́ция crystallization
кри́тика criticism
  ни́же вся́кой кри́тики beneath criticism
крити́ческий critical
*крича́ть (кри́кнуть) to shout, scream
кров shelter
крова́ть (f.) bed
кровь (f.) blood
*кро́ме besides, except (with gen.)
  кро́ме того́ besides that
  кро́ме шу́ток joking aside
кроссо́вки running shoes, tennis shoes, sneakers
круг circle
  в семе́йном кругу́ in the family circle
  круг знако́мых circle of acquaintances
  пло́щадь кру́га area of a circle
  прави́тельственные круги́ government circles
кру́глый round
  в кру́глых ци́фрах in round numbers
  кру́глый год the whole year round
круго́м (adj.) around, round
  Вы круго́м винова́ты. You alone are to blame.
  Он круго́м до́лжен. He owes money all around.
  поверну́ться круго́м to turn around
кружи́ться (закружи́ться) to spin, go round
  У него́ кру́жится голова́. He feels dizzy.
кру́пный large-scale, big
крути́ть to twist, roll up
круто́й steep
крыло́ wing
  подреза́ть кры́лья кому́-либо to clip someone's wings
крыльцо́ porch
кры́тый sheltered, covered
  кры́тый мост covered bridge
кры́ша roof
кста́ти (adv.) by the way

Замеча́ние бы́ло сде́лано кста́ти. The remark was to the point.
  Кста́ти, как его́ здоро́вье? By the way, how is he?
*кто who
  кто́-нибудь anyone
  кто́-то someone
ку́бики children's playing blocks
*куда́ where, in which direction, where to (answer should be in accusative case)
кудря́вый curly
кузе́н, кузи́на cousin (m., f.)
ку́кла doll
  теа́тр ку́кол puppet show
кукуру́за corn
кула́к fist
*культу́ра culture
культу́рный educated, cultured
купа́льный bathing
купа́льник bathing suit
*купа́ться (искупа́ться) to bathe
  купа́ться в зо́лоте to roll in money
купи́ть—see покупа́ть
куре́ние smoking
кури́ть to smoke
ку́рица hen, chicken
куро́рт health resort
курс course
куса́ть to bite off, sting
*кусо́чек, кусо́к piece
ку́хня kitchen
*ку́шать to eat or take some food
  Пожа́луйста, ку́шайте пиро́г. Please have some pie.
куше́тка couch

Л

лаборато́рия laboratory
лавр laurel
  лавро́вый лист bay leaf
  пожина́ть ла́вры to reap laurels
  почи́ть (perf.) на ла́врах to rest on one's laurels
ла́герь (m.) camp
*ла́дно very well, all right
лакони́ческий laconic, short-spoken

ла́мпа   lamp

ла́ндыш   lily of the valley

ла́ска   caress, endearment

ласка́тельный   caressing, endearing

  ласка́тельное и́мя   pet name (diminutive)

ласка́ть   to caress, fondle, pet

  ласка́ть себя́ наде́ждой   to flatter oneself with hope

ла́сковый   affectionate, tender, sweet

ла́ять   to bark

лгать   to lie

лев   lion

*__ле́вый__   left

  встать (perf.) **с ле́вой ноги́**   to get up on the wrong side of the bed

*__лёгкий__   light, easy

  лёгкая инду́стрия   light industry

  лёгкая просту́да   slight cold

  лёгкая рабо́та   light work

  лёгкий слог   easy style

легко́   lightly, easily

  Он легко́ отде́лался.   He got off easy.

легкомы́сленно   thoughtlessly, light-mindedly

легкомы́сленность   (f.) lightness, thoughtlessness

ле́гче   easier, lighter

лёд   ice

  Лёд разби́т.   The ice is broken.

ледени́ть   to freeze, chill

*__лежа́ть__   to lie

  Го́род лежи́т на берегу́ мо́ря.   The town is by the seashore.

  Он лежи́т в посте́ли.   He lies in bed.

лека́рство   medicine

ле́ктор   lecturer

ле́кция   lecture

лени́вый   lazy

ле́нта   ribbon

лентя́й, лентя́йка   lazy person (m., f.)

лень   (f.) laziness, idleness

лес   forest, woods

ле́стница   stairway, stairs, ladder

ле́стный   flattering, complimentary

лесть   (f.) flattery

лета́   years

  Они́ одни́х лет.   They are the same age.

  Ско́лько вам лет?   How old are you?

*__лета́ть, лете́ть__   to fly

  лете́ть на всех пара́х   to rush at full speed

ле́тний   summer (adj.)

*__ле́то__   summer

  ле́том   in the summer

  на всё ле́то   for the whole summer

лету́чий   flying (adj.)

  лету́чая мышь   bat

лётчик   pilot

лече́ние   medical treatment

  на лече́нии   undergoing medical treatment

лечи́ть   to treat medically

лечь—see **ложи́ться**

ли   whether, if

  ли … ли …   whether … or …

  сего́дня ли, за́втра ли   whether today or tomorrow

  Он не по́мнит, ви́дел ли он его́.   He doesn't remember whether he has seen him.

  Посмотри́, там ли де́ти.   Go and see if the children are there.

ли́бо   or

  ли́бо … ли́бо …   either … or …

лигату́ра   alloy

ли́лия   lily

лило́вый   lilac, violet (color)

лимо́н   lemon

  лимо́нная кислота́   citric acid

лине́йка   ruler

ли́ния   line

  крива́я ли́ния   curved line

  ли́ния поведе́ния   line of policy

  ли́ния наиме́ньшего сопротивле́ния   the path of least resistance

лири́ческий   lyrical

лист   leaf, sheet

  дрожа́ть как лист   to tremble like a leaf

  загла́вный лист   title page

литера́тор   writer, man of letters

литерату́ра   literature

*__лить (нали́ть)__   to pour, run (of liquid)

Дождь льёт как из ведра́. The rain is coming down in buckets.

лить слёзы to shed tears

лифт elevator

лифчик brassiere

лихора́дочный feverish

*****лицо́** face

в лице́ кого́-либо in the person of someone

де́йствующие ли́ца cast (of a play)

знать в лицо́ to know by sight

исче́знуть (perf.) с лица́ земли́ to disappear from the face of the earth

Э́то ему́ к лицу́. This becomes him.

ли́чно personally

ли́чность (f.) personality

переходи́ть на ли́чности to become personal

ли́чный personal

лиша́ть (лиши́ть) to deprive, rob

лиша́ть кого́-либо насле́дства to disinherit someone

Он лишён чу́вства ме́ры. He lacks a sense of proportion. He doesn't know when to stop.

лише́ние deprivation

лиши́ть—see **лиша́ть**

ли́шний extra, superfluous, unnecessary

лоб forehead

*****лови́ть (пойма́ть)** to catch

лови́ть ка́ждое сло́во to devour every word

лови́ть моме́нт to seize an opportunity

лови́ть ры́бу to fish

ло́вкий adroit, deft

логи́ческий logical

ло́дка boat

ложи́ться (лечь) to lie down

ложи́ться спать to go to bed

На него́ ложится обя́занность. It is his duty.

ло́жка spoon

столо́вая ло́жка tablespoon

ча́йная ло́жка teaspoon

ложь (f.) lie, falsehood

ло́коть (m.) elbow

лома́ть (слома́ть) to break

ло́паться (ло́пнуть) to break, burst

чуть не ло́пнуть (perf.) со́ сме́ху to burst one's sides laughing

ло́пнуть—see **ло́паться**

лососи́на salmon

лотере́я lottery

ло́шадь (f.) horse

луг meadow

лу́жа puddle, pool

сесть (perf.) в лу́жу to get into a mess, to blunder

лужа́йка lawn

лук onion

луна́ moon

луч ray, beam

*****лу́чше** better

как нельзя́ лу́чше never better

лу́чше всего́ best of all

Лу́чше оста́ться здесь. It is better to stay here.

Мне лу́чше. I am better.

тем лу́чше so much the better

лу́чший better, best

всего́ лу́чшего all the best

к лу́чшему for the better

лы́жи skis

лы́сина bald spot

лы́сый bald, bald-headed

любе́зность (f.) courtesy, kindness

любе́зный polite, amiable, obliging

люби́мец pet, favorite

люби́мый favorite, loved one

люби́тель (m.) amateur, fancier

люби́тельский спекта́кль amateur performance

Он люби́тель цвето́в. He loves flowers.

люби́ть to like, to love

Он её лю́бит. He loves her.

Он лю́бит, когда́ она́ поёт. He likes her singing.

любова́ться to admire

любо́вный loving, amorous

*****любо́вь** (f.) love

любозна́тельный inquisitive, curious

любо́й every, any

любо́е вре́мя at any time

любопы́тство curiosity

любопы́тный curious

лю́бящий loving, affectionate

*лю́ди (nom. pl. of челове́к)
  people, men and women
  лю́ди у́мственного труда́ white-
    collar workers
  лю́ди физи́ческого труда́ blue-
    collar workers
  лю́стра chandelier
  лягу́шка frog

M

маг magician
*магази́н store, shop
  магази́н гото́вого пла́тья ready-
    made clothing store
  универса́льный магази́н
    department store
магни́т magnet
магнитофо́н tape recorder
ма́зать (imp.) to grease, lubricate,
    spread
  ма́зать хлеб ма́слом to butter the
    bread
мазу́т fuel oil
мазь (f.) ointment
*май (m.) May
ма́йка T-shirt, tank top
майоне́з mayonnaise
ма́кси long skirt
максима́льный maximum, highest
    possible
ма́ксимум maximum, upper limit
  вы́жать (perf.) ма́ксиму́м из to
    get the most out of
ма́ленький small, little
мали́на raspberries
*ма́ло little, few
  ма́ло изве́стный little-known
  ма́ло наро́ду few people
  ма́ло того́ moreover
  ма́ло того́, что it is not enough
    that
  Мы его́ ма́ло ви́дим. We see little
    of him.
малоду́шие faintheartedness
малоизве́стный little-known, not
    popular
малоле́тний juvenile, under-age
ма́ло-пома́лу gradually, little by
    little

ма́лый small
  Зна́ния его́ сли́шком малы́. His
    knowledge is scanty.
  ма́лый ро́стом short
  са́мое ма́лое the least
*ма́льчик boy, lad
ма́ма mama
манеке́нщица model
мане́ра manner, style
  У него́ хоро́шие мане́ры. He has
    good manners.
ма́рка stamp, mark; make, brand
ма́ркетинг marketing
мармела́д fruit jelly
март March
маршру́т route, itinerary
масли́на olive
*ма́сло butter, oil
  всё идёт, как по ма́слу. Things
    are going swimmingly.
  писа́ть ма́слом to paint in oils
ма́сса mass, a large amount
  в ма́ссе as a whole
  ма́сса рабо́ты a lot of work
ма́стер master
  быть ма́стером своего́ де́ла to
    be an expert at one's job
ма́стерски (adv.) skillfully
матема́тик mathematician
матема́тика mathematics
материа́л material, stuff, fabric
  строи́тельные материа́лы
    building materials
  Э́то хоро́ший материа́л для
    кинокарти́ны. That would be
    good material for a film.
материали́зм materialism
мате́рия cloth, fabric; matter
матра́с mattress
матро́с sailor
мать (f.) mother
маха́ть (махну́ть) to wave, flap
  махну́ть руко́й to give up as
    hopeless
  Он махну́л мне руко́й. He waved
    his hand to me.
махну́ть—see маха́ть
маши́на car; machine, engine
машина́льно absentmindedly,
    mechanically
машини́стка typist (woman)
маши́нка typewriter

машинопи́сный typewritten
машиностро́ение mechanical engineering
мгла haze
мгнове́ние instant, moment
ме́бель (f.) furniture
меблиро́ванный furnished
мёд honey
медве́дь (m.) bear
медици́на medicine (field of)
ме́дленно slowly
ме́длить to linger, hesitate, be slow
ме́дный copper (adj.)
медо́вый honeyed
  медо́вый ме́сяц honeymoon
  медо́вые ре́чи honeyed words
медсестра́ nurse
медь (f.) copper
***ме́жду** between, among (with inst.)
  ме́жду двумя́ и тремя́ between two and three o'clock
  ме́жду на́ми говоря́ just between us
  ме́жду о́кнами between the windows
  ме́жду про́чим by the way
  ме́жду тем meanwhile
  чита́ть ме́жду строк to read between the lines
междунаро́дный international
мезони́н attic
мел chalk
меланхоли́ческий melancholy (adj.)
меланхо́лия melancholy
ме́лкий small, petty, shallow
  ме́лкие де́ньги small change
  ме́лкий дождь drizzling rain
  ме́лкий челове́к petty person
мелоди́ческий melodious
мело́дия melody
ме́лочность (f.) meanness, pettiness
ме́лочь (f.) small things, small change, details
мель (f.) shoal, shallow
мелька́ть (мелькну́ть) to flash, gleam
  У него́ мелькну́ла мысль. An idea flashed across his mind.
мелькну́ть—see **мелька́ть**

ме́неджер manager
ме́нее less
  бо́лее и́ли ме́нее more or less
  Ему́ ме́нее сорока́ лет. He is not forty yet.
  ме́нее всего́ least of all
  тем не ме́нее nevertheless
***ме́ньше** smaller, less
  не бо́льше не ме́ньше как neither more nor less than
ме́ньший lesser, younger
  ме́ньшая часть lesser part
меньшинство́ minority
меню́ menu
меня́ть(ся) (поменя́ть(ся)) to change; to switch
  меня́ть де́ньги to change one's money
  меня́ть пла́тье to change one's clothes
  меня́ть своё мне́ние to change one's opinion
  меня́ться роля́ми to switch roles
ме́ра measure
  в значи́тельной ме́ре in a large measure
  ме́ры длины́ linear measure
  не знать ме́ры to be immoderate, to know no limits
  по кра́йней ме́ре at least
  реши́тельные ме́ры drastic measures
  соблюда́ть ме́ру to keep within limits
мерза́вец villain
мёрзлый frozen
мёрзнуть (замёрзнуть) to freeze
ме́рить (приме́рить, сме́рить) to measure
  приме́рить пла́тье to try on a dress
  сме́рить взгля́дом to measure with one's eyes, to give a dirty look
мероприя́тие arranged event
мёртвый dead, lifeless
  мёртвая тишина́ dead silence
  мёртвая то́чка standstill
  мёртвый язы́к dead language
  спать мёртвым сном to be sound asleep, to sleep like a rock

ме́стный local
  ме́стный жи́тель inhabitant
*****ме́сто** place, seat, locality
  знать своё ме́сто to know one's place
  иска́ть ме́ста to look for a job
  Нет ме́ста. There is no room.
  уступа́ть ме́сто кому́-либо to give up one's place to someone
  хоро́шее ме́сто для до́ма an excellent site for a house
местоиме́ние pronoun
*****ме́сяц** month, moon
мета́лл metal
металлу́рг metallurgist
металлурги́я metallurgy
метла́ broom
ме́тод method
мето́дика methods
методи́ческий systematic, methodical
метр meter
метро́ subway
механиза́ция mechanization
механизи́рованный mechanized
меха́ник engineer
меха́ника mechanics
механи́ческий mechanical
меч sword
меч-ры́ба swordfish
мечта́ daydream
мечта́тельный dreamy, pensive
мечта́ть to daydream
*****меша́ть** to hinder
  е́сли ничто́ не помеша́ет if nothing interferes
мешо́к bag, sack
  Костю́м сиди́т на нём мешко́м. His clothes are baggy.
  мешки́ под глаза́ми bags under one's eyes
миг instant, moment
  ми́гом in a flash
мига́ть (мигну́ть) to blink, wink
  мигну́ть кому́-либо to wink at someone
мигну́ть—see **мига́ть**
микроско́п microscope
микрофо́н microphone
милиционе́р policeman
мили́ция police station
миллиа́рд billion

миллио́н million
милосе́рдие mercy, clemency
ми́лость (f.) favor, grace
  быть в ми́лости у кого́-либо to be in someone's good graces
  из ми́лости out of charity
  ми́лости про́сим welcome
  Сде́лайте ми́лость. Do me a favor.
*****ми́лый** dear, lovely
ми́ля mile
ми́мо past, by (prep. with gen.)
мимолётный fleeting
ми́на mine
минда́ль (m.) almond
минера́л mineral
ми́нимум minimum
ми́ни-ЭВМ electronic minicomputer
минова́ть (imp., perf.) to escape, pass
  Ему́ э́того не минова́ть. He cannot escape it.
  Опа́сность минова́ла. The danger is past.
  Чему́ быть, того́ не минова́ть. What will be, will be.
*****мину́та** minute
  под влия́нием мину́ты on the spur of the moment
  Подожди́те мину́ту. Wait a minute.
  сию́ мину́ту this very minute
*****мир** peace, world
  литерату́рный мир literary world
  Мир победи́т войну́. Peace will triumph over war.
  со всего́ ми́ра from every corner of the globe
*****мири́ться (помири́ться)** to reconcile
  помири́ться с кем-ли́бо to be reconciled with someone
  примири́ться (perf.) **со свои́м положе́нием** to reconcile oneself to one's situation
ми́рный peaceful
мировоззре́ние world outlook
ми́ска basin, soup tureen
ми́стика mysticism
мла́дший younger, junior
мне́ние opinion

быть о себе слишком высокого мнения to think too much of oneself

Я того мнения. I am of that opinion.

многие many

во многих отношениях in many respects

*__много__ much, many, a lot

много работы much work

очень много very much

прошло много времени a long time passed

многозначительно significantly

многократно repeatedly

многообразие variety, diversity

многосторонний versatile, many-sided

многоуважаемый respected

многоугольник polygon

множество great number

Их было множество. There were many of them.

могила grave

мода fashion, vogue

быть одетым по моде to be fashionably dressed

модернизм modernism

модный fashionable, stylish

может быть perhaps

Не может быть. It is impossible.

*__можно__ one may, it is possible

если можно if possible

Здесь можно курить. One may smoke here.

как можно скорее as soon as possible

Можно открыть окно? May I open the window?

мозг brain

*__мой, моя, моё, мои__ my

мокнуть (промокнуть) to become wet

мокро It is wet.

На улице мокро. It is wet outside.

мокрый wet, moist

молекула molecule

молекулярный вес molecular weight

молитва prayer

молить to pray, entreat

молния lightning

молодёжь (f. collective) youth, young people

*__молодец__ fine fellow

вести себя молодцом to behave oneself magnificently

Молодец! Well done!

молодой young, youthful, new

молодость (f.) youth

не первой молодости not in one's first youth

молоко milk

молот hammer, mallet

молча (adv.) silently, without a word

молчаливый taciturn, silent

молчание silence

молчать to be silent

моль (f.) moth

момент moment, instant

моментально instantly

монета coin

звонкая монета hard cash

платить кому-либо той же монетой to pay someone in his own coin

принять за чистую монету to take at its face value

монотонность (f.) monotony

мораль (f.) moral

моральный moral, ethical

море sea

морковь (f.) carrot

мороженое ice cream

мороженый frozen, chilled

мороз frost, freezing weather

морская свинка guinea pig

морщина wrinkle (facial)

москвич inhabitant of Moscow

московский Moscow (adj.)

мост bridge

мотор motor, engine

*__мочь (смочь)__ to be able

мрак gloom, darkness

мрамор marble

мрачный gloomy, somber

мстительность (f.) vindictiveness, vengefulness

*__мстить (отомстить)__ to avenge oneself

мудрец sage, wise man

мудрость (f.) wisdom

мудрый wise, sage

муж   husband
му́жество   courage, fortitude
мужско́й   (grammatical) masculine
  мужско́й портно́й   men's tailor
*****мужчи́на**   (m.) man
музе́й   museum
му́зыка   music
музыка́льный   musical
музыка́нт   musician
му́ка   torment, torture
мука́   flour
мультипликацио́нный фильм
  cartoon, animated film
му́мия   mummy
мураве́й   ant
му́скул   muscle
му́сор   trash, rubbish, refuse
  мусоросжига́тельная печь
  incinerator
му́тный   dull, cloudy, muddy
  лови́ть ры́бу в му́тной воде́   to
  fish in troubled waters
му́ха   fly
  де́лать из му́хи слона́   to make
  mountains out of molehills
  Кака́я му́ха его́ укуси́ла?   What's
  troubling him?
муче́ние   torture, torment
му́чить   (imp.) to torment, worry
  Это му́чит мою́ со́весть.   It lies
  heavily on my conscience.
*****мы**   we
мы́ло   soap
мы́сленно   mentally
мы́слить   to think, reflect
мысль   (f.) thought, idea
  Мысль пришла́ ему́ в го́лову.   A
  thought occurred to him.
  предвзя́тая мысль   preconceived
  idea
мы́слящий   thinking, intellectual
мы́ть(ся) (помы́ть(ся), вы́мыть(ся))
  to wash; to wash (oneself)
мышь   (f.) mouse
  лету́чая мышь   bat
мя́гкий   soft, gentle
  мя́гкий звук   mellow sound
  мя́гкий кли́мат   mild climate
  мя́гкое движе́ние   gentle
  movement
  мя́гкое се́рдце   soft heart
мя́гко   softly, mildly

мя́гкость   (f.) softness, gentleness
мягчи́ть (смягчи́ть)   to soften
мя́со   meat
мяч   ball
  игра́ть в мяч   to play ball

Н

*****на**   on, onto—direction—(with
  acc.); for extent of time (with
  acc.); on in, at—location—(with
  prep.)
  говори́ть на иностра́нном языке́
  to speak in a foreign language
  е́хать на по́езде   to ride on the
  train
  име́ть что́-либо на свое́й со́вести
  to have something on one's
  conscience
  Кни́га лежи́т на столе́.   The book
  is lying on the table.
  на э́той неде́ле   this week
  на се́вер   to the north
  на се́вере   in the north
  Он прие́хал на неде́лю.   He came
  for a week.
  переводи́ть на друго́й язы́к   to
  translate into a different language
  помно́жить пять на три   to
  multiply five by three
  ре́зать на куски́   to cut into pieces
  сесть на по́езд   to take the train
  уро́к на за́втра   lesson for
  tomorrow
  Я положи́л кни́гу на стол.   I put
  the book on the table.
на, на́те   here, here you are, take it
  (familiar)
набира́ть (набра́ть) очки́   to earn
  points (also in sports)
набира́ться (набра́ться)   to
  accumulate, acquire
  набра́ться но́вых сил   to find new
  strength
  набра́ться ума́   to acquire wisdom
наблюда́тель   (m.) observer
наблюда́ть   to observe, keep one's
  eyes on, control
на́божность   (f.) devotion, piety
набра́ться—see **набира́ться**

набро́сок sketch, outline
навёк, навёки forever
*наве́рно surely, most likely
наве́рх up, upward (motion toward)
наверху́ above, upstairs
на́волочка pillowcase
навсегда́ forever
навстре́чу to meet
  идти́ навстре́чу кому́-либо to go to meet someone
навы́ворот inside out
нагиба́ть (нагну́ть) to bend
на́глость (f.) impudence, insolence
нагляде́ться (perf.) to see enough
  не нагляде́ться на кого́-либо never to be tired of looking at someone
нагну́ть—see **нагиба́ть**
нагоня́ть (нагна́ть) це́ну to inflate the price, to boost the value
нагото́ве in readiness, at call
  держа́ть нагото́ве to keep in readiness
награ́да reward, prize
нагрева́ть (нагре́ть) to warm, heat
нагре́ть—see **нагрева́ть**
*над above, over (with inst.)
  висе́ть над столо́м to hang over the table
  засыпа́ть над кни́гой to fall asleep over a book
  рабо́тать над те́мой to work at a subject
  смея́ться над ке́м-либо to laugh about someone
наде́жда hope
  в наде́жде in the hope of
  пита́ть наде́жды to cherish hopes
  подава́ть наде́жды to offer hope, to show promise
надёжность (f.) reliability
надёжный reliable, trustworthy
надели́ть—see **наделя́ть**
наделя́ть (надели́ть) to allot, provide
*наде́яться to hope
  наде́яться на кого́-либо to rely on someone
  Я наде́юсь уви́деть вас сего́дня. I hope to see you today.

на́до it is necessary, one must
  мне на́до I need
на́добность (f.) necessity
  в слу́чае на́добности in case of need
  Нет никако́й на́добности. There is no need whatever.
надоеда́ть (надое́сть) to pester, bore
  Он мне до́ смерти надое́л. He bored me to death.
надое́сть—see **надоеда́ть**
надо́лго for a long time
надписа́ть—see **надпи́сывать**
надпи́сывать (надписа́ть) to inscribe
на́дпись (f.) inscription
надува́ть (наду́ть) to inflate, puff out
  наду́ть гу́бы to pout
наду́ть—see **надува́ть**
наеда́ться (нае́сться) to eat one's fill
нае́сться—see **наеда́ться**
нажа́ть—see **нажима́ть**
нажима́ть (нажа́ть) to press, put pressure on
нажива́ться (нажи́ться) to make a fortune
*наза́д back, backward
  смотре́ть наза́д to look back
  тому́ наза́д ago
  мно́го лет тому́ наза́д many years ago
  шаг наза́д a step backward
назва́ние name (inanimate things)
назва́ть(ся)—see **называ́ть(ся)**
назнача́ть (назна́чить) to appoint, fix, set
  назнача́ть день to set a day
  назнача́ть це́ну to fix a price
назна́чить—see **назнача́ть**
называ́ть (назва́ть) to call, name
  Де́вочку нельзя́ назва́ть краса́вицей. The girl cannot be called a beauty.
  Его́ называ́ют Ва́ней. They call him Vanya.
  называ́ть ве́щи свои́ми имена́ми to call a spade a spade
называ́ться (назва́ться) to be called

наибо́лее most
  наибо́лее удо́бный most convenient
наизу́сть by heart
  знать наизу́сть to know from memory
найти́(сь)—see **находи́ть(ся)**
нака́з order, instruction
наказа́ние punishment
накану́не on the eve of
наклоне́ние inclination, mood (gram.)
накло́нность (f.) inclination, leaning
  иметь накло́нность к чему́-либо to have an inclination for something
наконе́ц at last, finally
накорми́ть—see **корми́ть**
накрахма́ленный starched stiff
накрыва́ть (накры́ть) to cover
  накрыва́ть стол ска́тертью to cover the table with a cloth
  накры́ть стол to set the table
накры́ть—see **накрыва́ть**
нале́во to the left
*__налива́ть (нали́ть)__ to pour out, fill
  нали́ть ча́шку ча́я to pour out a cup of tea
нали́ть—see **налива́ть**
нали́чный available, on hand
  нали́чные (де́ньги) cash on hand
нало́г tax
намёк hint
  поня́ть намёк to take a hint
  сде́лать намёк to drop a hint
намека́ть (намекну́ть) to hint at, imply
намекну́ть—see **намека́ть**
наме́рение intention, purpose
наме́ренный intentional, deliberate
наме́тить—see **намеча́ть**
намётка basting
намеча́ть (наме́тить) to plan, outline
намока́ть (намо́кнуть) to get wet
намо́кнуть—see **намока́ть**
нанима́ть (наня́ть) to rent, hire
наня́ть—see **нанима́ть**
наоборо́т on the contrary
напева́ть (напе́ть) to hum

напе́ть—see **напева́ть**
напеча́тать—see **печа́тать**
написа́ние spelling
написа́ть—see **писа́ть**
напи́ток drink, beverage
напо́лнить—see **наполня́ть**
наполня́ть (напо́лнить) to fill
напомина́ние reminder
напомина́ть (напо́мнить) to remind
  напо́мним, что we would remind you that
  Он напомина́ет свою́ мать. He resembles his mother.
напо́мнить—see **напомина́ть**
напра́вить—see **направля́ть**
направле́ние direction, trend
  во всех направле́ниях in all directions
  литерату́рное направле́ние literary school, movement
направля́ть (напра́вить) to direct, turn
  Меня́ напра́вили к вам. I was directed to you.
  направля́ть внима́ние to direct attention
  направля́ть свои́ шаги́ to direct one's steps
напра́во to the right
напра́сно in vain, to no purpose, wrongly
  вы напра́сно так ду́маете you are mistaken if you think that
  Его́ напра́сно обвини́ли. He was wrongly accused.
  Напра́сно ждать чего́-либо от него́. It is useless to expect anything of him.
наприме́р for instance
напрока́т for hire (only object, not person)
  взять напрока́т to hire
*__напро́тив__ on the contrary
напряга́ть (напря́чь) to strain
напряже́ние effort, tension; voltage
  высо́кое напряже́ние high tension; high voltage
напряжённый strained, tense
напря́чь—see **напряга́ть**
напи́сано it is written

напу́ганный frightened, scared
напуга́ть (perf.) to frighten
напуга́ться to become frightened
напу́дриться—see **пу́дриться**
напуска́ть (напусти́ть) to fill
  напусти́ть воды́ в ва́нну to fill a bathtub
напусти́ть—see **напуска́ть**
нараспе́в in a singsong voice
нареза́ть (наре́зать) to slice, to cut into pieces
наре́зать—see **нареза́ть, ре́зать**
нарисова́ть—see **рисова́ть**
*****наро́д** nation, people
  мно́го наро́ду crowd, many people
наро́дность (f.) nationality
наро́дный folk, national
наро́чно purposely
  как наро́чно as luck would have it
нару́жно outwardly
нару́жность (f.) appearance, exterior
наруша́ть (нару́шить) to break, disturb
  наруша́ть поко́й to disturb the peace
  наруша́ть сло́во to break one's promise
наруше́ние breach, violation
нару́шить—see **наруша́ть**
наря́д attire, smart clothes
наря́дно smartly (dressed)
наряду́ side by side, at the same time
  наряду́ с э́тим at the same time
насеко́мое insect
населе́ние population
наси́лие violence, coercion
наси́ловать (изнаси́ловать) to force, violate, rape
наси́льно by force, under compulsion
наскво́зь through, throughout
  ви́деть кого́-либо наскво́зь to see through someone
  наскво́зь промо́кнуть (perf.) to get wet through and through
наско́лько how much, as far as
  наско́лько мне изве́стно as far as I know

Наско́лько он ста́рше вас? How much older is he than you?
на́скоро hastily, carelessly
  де́лать что́-либо на́скоро to do something carelessly
наску́чить (perf.) to bore, annoy
  Мне наску́чило э́то. I am bored by this.
наслади́ться—see **наслажда́ться**
наслажда́ться (наслади́ться) to take pleasure in, enjoy
  наслажда́ться му́зыкой to enjoy the music
наслажде́ние delight, enjoyment
насле́дник heir, successor
насле́довать (унасле́довать) to inherit, succeed
насле́дственный hereditary
насле́дство inheritance, legacy
насмеха́ться to mock, deride
насме́шка mocking
на́сморк head cold
насоли́ть—see **соли́ть**
насо́с pump
наста́ивать (настоя́ть) to insist on, persist
  наста́ивать на своём to insist on having one's own way
на́стежь (adv.) wide
  О́кна бы́ли на́стежь откры́ты. The windows were wide open.
настига́ть (насти́гнуть) to overtake
насти́гнуть—see **настига́ть**
насто́йчивость (f.) persistence, insistence
насто́йчивый persistent, urgent
насто́лько so, this much
настоя́тельность (f.) urgency
настоя́ть—see **наста́ивать**
настоя́щее the present (noun)
настоя́щий present, real, genuine
  настоя́щее вре́мя present tense
  настоя́щий дру́г true friend
  настоя́щий мужчи́на real man
настрое́ние mood, frame of mind
  быть в настрое́нии to be in good spirits
  У меня́ нет для э́того настрое́ния. I am not in the mood for that.
наступа́ть (наступи́ть) to come (of time)

наступи́ла весна́. Spring came.

Наступи́ло коро́ткое молча́ние. A brief silence ensued.

наступи́ть—see **наступа́ть**

наступле́ние coming, approach, offensive attack (military)

насчёт as regards, concerning

насчёт э́того so far as that matter is concerned

насы́пать—see **насыпа́ть**

насыпа́ть (насы́пать) to pour, fill (dry products)

насы́тить—see **насыща́ть**

насыща́ть (насы́тить) to saturate, satiate

насы́щенность (f.) saturation

насы́щенный saturated

нату́ра nature

Он по нату́ре о́чень до́брый челове́к. He is a kind man by nature.

плати́ть нату́рой to pay in kind

рисова́ть с нату́ры to paint from life

Э́то ста́ло у него́ второ́й нату́рой. It became second nature with him.

натура́льный natural

в натура́льную величину́ life-size

натура́льный шёлк genuine silk

нау́ка science, study

занима́ться нау́кой to be a scientist

то́чные нау́ки exact sciences

научи́ть (perf.) to teach

научи́ть кого́-либо англи́йскому языку́ to teach someone English

научи́ться (perf.) to learn something

нау́чно scientifically

нау́чно-иссле́довательский (adj.) scholarly

нау́чный scientific

нау́чный сотру́дник research assistant

наха́льство impudence

находи́ть (найти́) to find, discover

Его́ нахо́дят у́мным. He is considered clever.

находи́ть утеше́ние to find comfort

Он ника́к не мог найти́ причи́ну э́того. He never managed to discover the cause of it.

находи́ться (найти́сь) to be found or situated

Дом нахо́дится в па́рке The house is in a park.

Он всегда́ найдётся. He is never at a loss.

Рабо́та для всех найдётся. We will find work for everyone.

нахму́риться—see **хму́риться**

националисти́ческий nationalistic

национа́льность (f.) nationality

на́ция nation

*****нача́ло** beginning

в нача́ле го́да in the beginning of the year

для нача́ла to start with

с нача́ла from the beginning

нача́льный elementary, initial

нача́льные гла́вы рома́на opening chapters of the novel

нача́льная шко́ла elementary school

нача́ть—see **начина́ть**

начина́ть (нача́ть) to begin, start

нача́ть пить to start drinking

начина́ть день прогу́лкой to begin the day with a walk

Он на́чал рабо́тать He began working.

нача́ться—see **начина́ться**

начина́ться (нача́ться) (intr.) to begin, to start

начина́ющий beginner

начи́нка filling, stuffing

начи́танный well-read

*****наш, на́ша, на́ше, на́ши** our

нашива́ть (наши́ть) to sew on

наши́ть—see **нашива́ть**

нашуме́ть (perf.) to make much noise

*****не** not

не́ на кого положи́ться no one to rely on

не то́лько not only

не тру́дный, но и не просто́й not difficult but not simple

Он не мо́жет чита́ть. He cannot read.

Э́то не ва́ша кни́га. It is not your book.

Э́то не так. That is not so.

Э́то не шу́тка. It is no joke.

не- negative prefix with adjectives, "un-"

неаккура́тный inaccurate, unpunctual, messy

небе́сный celestial, heavenly

неблагода́рность (f.) ingratitude

неблагоразу́мие imprudence

неблагоскло́нность (f.) unfavorable attitude

*****не́бо** sky, heaven

быть на седьмо́м не́бе to be in seventh heaven

под откры́тым не́бом in the open air

небоскрёб skyscraper

небо́сь it is most likely, one must be

Он, небо́сь, уста́л. He must be tired.

*****небре́жность** (f.) carelessness, negligence

небре́жный careless, slipshod

небри́тый unshaven

небыва́лый unprecedented, fantastic

небью́щийся unbreakable

небью́щееся стекло́ safety glass

нева́жно (interj.) never mind, it is unimportant

нева́жно (adv.) poorly, indifferently

Он себя́ нева́жно чу́вствует. He doesn't feel well.

Рабо́та сде́лана нева́жно. The work is poorly done.

неве́дение ignorance

находи́ться в неве́дении to be in ignorance

неве́домый unknown, mysterious

неве́жество ignorance

неве́жественный ignorant

неве́жливый impolite, rude

неве́рно incorrectly

невероя́тно incredibly, inconceivably

невероя́тность (f.) incredibility

невесо́мость (f.) weightlessness

неве́ста (f.) fiancée, bride

невзго́да (f.) adversity

невзра́чный homely, ill-favored

неви́димый invisible

неви́нность (f.) innocence, naiveté

неви́нный innocent, harmless

невку́сный not tasty

невнима́тельный inattentive, careless

невозвра́тность irrevocability

невозде́ржанность lack of self-control

невозмо́жно impossible, it is impossible

нево́льно involuntarily, unintentionally

невоспи́танный unmannerly

невреди́мый safe, unharmed

невы́годно disadvantageously, it is not advantageous

невы́годный disadvantageous, not advantageous

ста́вить в невы́годное положе́ние to place at a disadvantage

*****негати́вный** negative

*****не́где** nowhere, no place (plus infinitive)

Не́где сесть. There is nowhere to sit.

него́дность (f.) unfitness, worthlessness

негодова́ние indignation

негодя́й scoundrel, villain

негра́мотность (f.) illiteracy

неграцио́зный ungraceful

*****неда́вно** recently, not long ago

*****недалеко́** not far

Им недалеко́ идти́. They have a short way to go.

недалеко́ то вре́мя, когда́ the time is not far, when

недалёкость (f.) narrow-mindedness, dull-wittedness

неда́ром not without reason, not in vain

неда́ром говоря́т not without reason is it said

неделика́тный indelicate, rough

*****неде́ля** week

ка́ждую неде́лю every week

че́рез неде́лю in a week

недёшево at a considerable price

Э́то ему́ недёшево доста́лось. It cost him dearly.

недове́рие distrust

недове́рчивый distrustful
недово́льный dissatisfied
недово́льство dissatisfaction, discontent
недоеда́ние malnutrition
недоко́нченный unfinished
недо́лго not long
  недо́лго ду́мая without a second thought
недооце́нивать (недооцени́ть) to underestimate, undervalue
недооцени́ть—see недооце́нивать
недоразуме́ние misunderstanding
недостава́ть (недоста́ть) to lack, be missing
  Ему́ недостаёт слов, что́бы вы́разить ... he cannot find words to express ...
  Нам о́чень недостава́ло вас. We missed you very much.
  Чего́ вам недостаёт? What do you lack?
недоста́ток shortage, defect
  за недоста́тком чего́-либо for want of something
  име́ть серьёзные недоста́тки to have serious shortcomings
недоста́точно insufficiently
недоста́ть—see недостава́ть
недостижи́мый unattainable
недосто́йный unworthy
недоуме́ние bewilderment, perplexity
недохо́дный unprofitable
недружелю́бный unfriendly
неду́рно not bad! (interj.), rather well (adv.)
неесте́ственный unnatural, affected
нежена́тый unmarried (of a man)
не́жность (f.) tenderness
не́жный tender, delicate, loving
  не́жный во́зраст tender age
  не́жное здоро́вье delicate health
  не́жный сын loving son
незабыва́емый unforgettable
незави́симость (f.) independence
незави́симый independent
незако́нный illegal
закономе́рный irregular
незако́нченный incomplete, unfinished

незаме́тно imperceptible, not noticeable
незаму́жняя unmarried (of women)
незаслу́женный undeserved
нездоро́вый unwell, indisposed
незнако́мец stranger
незначи́тельный negligible, unimportant
незре́лый unripe, immature
неизве́стно It is not known.
неизве́стный unknown, obscure
неи́скренний insincere
неи́скренность (f.) insincerity
неискушённый inexperienced, unsophisticated
неквалифици́рованный unskilled
*не́который some
  до не́которой сте́пени to a certain extent
  не́которое вре́мя some time
  не́которые нз них some of them
некраси́вый unattractive, ugly
некульту́рный uncivilized, uncultured
неле́пость (f.) absurdity
неле́пый ridiculous, incongruous
нелётный (о пого́де) nonflying, unsuitable for flying (about weather)
нелицеме́рный sincere, frank
нело́вкий awkward, clumsy, inconvenient
  нело́вкое молча́ние awkward silence
  оказа́ться (perf.) в нело́вком положе́нии to find oneself in an awkward situation
*нельзя́ it is impossible, one cannot
  Здесь кури́ть нельзя́. Smoking is not permitted here.
  как нельзя́ лу́чше in the best way possible
  Там нельзя́ дыша́ть. It is impossible to breathe there.
нелюбе́зность (f.) coldness, discourtesy
нелюбе́зный ungracious, discourteous
нелюди́мый unsociable
неме́дленно immediately

не́мец, не́мка German (m., f.)
неме́цкий German (adj.)
немилосе́рдный merciless, unmerciful
немину́емо inevitably, unavoidably
*****немно́го** a little, a few
немно́жко a trifle, a bit
немо́й mute, deathly still
  немо́е обожа́ние mute adoration
  немо́й mute person
ненави́деть (imp.) to hate, detest
не́нависть (f.) hatred
ненадёжный unreliable, untrustworthy
ненадо́лго for a short while
ненаме́ренно unintentionally
необразо́ванный uneducated
необходи́мо it is necessary
  Необходи́мо ко́нчить рабо́ту. It is necessary to finish the work.
необходи́мость (f.) necessity
необходи́мый necessary, indispensable
необыкнове́нный unusual
неограни́ченный unlimited
неодобри́тельный disapproving
неодушевлённый inanimate
неожи́данно unexpectedly
неожи́данность (f.) suddenness, unexpectedness
неопра́вданный unjustified
неопределённый indefinite, indeterminate
нео́пытный inexperienced
неоргани́ческий inorganic (chemistry)
неотврати́мость (f.) inevitability
неотчётливый vague, indistinct
неохо́та reluctance
неохо́тно unwillingly, reluctantly
неплодоро́дный barren, infertile
неплохо́й not bad, quite good
неподви́жно motionlessly
неподви́жный immovable, stationary
неподку́пный incorruptible, someone who can't be bought
неподходя́щий unsuitable, inappropriate
неполноце́нность (f.) inferiority
непо́лный incomplete, imperfect

непонима́ние incomprehension, misunderstanding
непоря́дочный dishonorable, ungentlemanly
непоси́льный beyond one's strength
*****непра́вда** untruth, falsehood
непра́вильно irregularly, erroneously, incorrectly
*****непреме́нно** certainly, without fail
непреодоли́мый insurmountable, unconquerable
непреры́вно uninterruptedly, continuously
непреры́вность (f.) continuity
непприве́тливый unfriendly, ungracious
непривлека́тельный uninviting, unpleasant
неприли́чный indecent, unseemly
  Како́е неприли́чное поведе́ние! What disgraceful behavior!
непринуждённо without embarrassment, nonchalantly
  чу́вствовать себя́ непринуждённо to feel at ease
непринуждённый natural, free and easy
  непринуждённая по́за natural attitude, poise
неприя́тно unpleasant, it is unpleasant
неприя́тность (f.) trouble, annoyance
неприя́тный unpleasant, disagreeable
непрости́тельный unpardonable, inexcusable
непрямо́й indirect, hypocritical
нера́венство inequality
неразлу́чный inseparable
неразу́мие foolishness, unreason
неразу́мный unreasonable, unwise
нерасчётливость (f.) extravagance
нерасчётливый extravagant, wasteful
нерв nerve
  де́йствовать кому́-либо на не́рвы to get on someone's nerves
  страда́ть не́рвами to have a nervous disease
не́рвничать to be nervous

не́рвный nervous
нереши́тельность (f.) indecision
неро́вный uneven, rough
несвя́зно incoherently
несгора́емый fireproof
*****не́сколько** several, some, a few
нескро́мный immodest, indiscreet
несло́жный simple, uncomplicated
неслы́шный inaudible
несмотря́ на то, что despite the
    fact that
несно́сный unbearable, intolerable
несоверше́нный imperfect,
    incomplete
несовмести́мый incompatible
несогла́сие dissent, disagreement,
    difference of opinion
несомне́нно undoubtedly, beyond
    all question
неспоко́йный restless, uneasy
неспосо́бный incapable,
    incompetent
несправедли́вость (f.) injustice,
    unfairness
несправедли́вый unjust, unfair
несравне́нно incomparably,
    matchlessly
несравни́мый incomparable,
    unmatched
нестерпи́мый unbearable,
    intolerable
нести́, носи́ть to bear, carry
  нести́ отве́тственность to bear
    the responsibility
несчастли́вый unfortunate
несча́стный unhappy, unfortunate
несча́стье misfortune
  к несча́стью unfortunately
несъедо́бный inedible
*****нет** no, there is (are) not
  Бу́дет он там и́ли нет? Will he
    be there or not?
  Его́ нет до́ма. He is not at home.
  ещё нет not yet
  Почему́ нет? Why not?
  совсе́м нет not at all
  Там никого́ нет. There is no one
    there.
нетерпели́во impatiently
нетерпели́вый impatient
нетерпе́ние impatience
нетерпи́мый intolerant

нетре́бовательный unpretentious,
    modest
неуважи́тельно disrespectfully
неуве́ренный uncertain, hesitating
неуго́дный undesirable
неуда́ча failure
неуда́чный unsuccessful,
    unfortunate
неудо́бный uncomfortable,
    inconvenient
неудо́бство inconvenience,
    discomfort
неудовлетвори́тельный
    unsatisfactory, inadequate
неудово́льствие displeasure
*****неуже́ли!** Really! Is it possible!
неуклю́жий clumsy, awkward
неутоми́мый tireless
неую́тный bleak, not cozy
нефтяно́й та́нкер oil tanker
не́хотя unwillingly, reluctantly
*****неча́янно** accidentally
нече́стный dishonest
нечи́стый unclean, impure
  нечи́стая со́весть guilty
    conscience
  нечи́стое де́ло suspicious affair
*****ни** not a
  Не мог найти́ ни одного́ приме́ра.
    He could not find a single
    example.
  Ни ка́пли не упа́ло. Not a single
    drop fell.
  ни … ни … neither … nor …
  Ни ра́зу не ви́дела его́. She
    never saw him.
*****нигде́** nowhere
*****ни́жний** lower
  ни́жнее бельё underwear
  ни́жний эта́ж ground floor
*****ни́зкий** low, short, inferior
  ни́зкий го́лос deep voice
  ни́зкое ка́чество poor quality
*****ника́к** in no way
  Ника́к нельзя́. It is quite
    impossible.
  Он ника́к не мог откры́ть я́щик.
    In no way could he open the box.
*****никогда́** never
  никогда́ бо́льше never again
  никогда́ в жи́зни never in one's
    life

почти́ никогда́   hardly ever

*никто́   no one

*никуда́   nowhere

никуда́ не годи́тся   won't do at all

никуда́ не го́дный челове́к
good-for-nothing

*ниско́лько   not at all, not in the
least

Э́то ниско́лько не тру́дно.   It is
not difficult at all.

ни́тка   thread

вдева́ть ни́тку в иго́лку   to
thread a needle

нитра́ты   nitrates

*ничего́   nothing, never mind, it
doesn't matter

Ничего́!   It is nothing! No harm
done.

Ничего́ не ви́дел.   He saw
nothing.

Ничего́ не поде́лаешь.   There's
nothing that can be done.

ничего́ подо́бного   nothing of the
sort

Э́то ему́ ничего́.   It is nothing to
him.

Э́то ничего́ не зна́чит.   It means
nothing.

ничто́жный   insignificant, worthless

*но   but

нова́торство   innovation

новомо́дный   new-fashioned,
modern

новосе́лье   housewarming

но́вость   (f.) news

*но́вый   new, modern

Что но́вого?   What's new?

*нога́   foot, leg

вверх нога́ми   upside down

встать с ле́вой ноги́   to get up on
the wrong side of the bed

идти́ в но́гу   to keep pace

со всех ног   as fast as one can run

стать на́ ноги   to become
independent

но́готь   fingernail, toenail

*нож   knife

*но́жницы   scissors

*но́мер   number, hotel room

но́рма   standard, norm

норма́льно   normally

норма́льный   normal, same

норма́льные усло́вия   normal
conditions

*нос   nose

говори́ть в нос   to speak nasally

не ви́деть да́льше своего́ но́са   to
see no further than one's nose

носово́й плато́к   handkerchief

перед но́сом   under one's nose

сова́ть нос во что́-либо   to pry
into something

уткну́ться но́сом во что́-либо   to
bury oneself into something

*носи́ть   to carry (by hand), wear
(clothes)

носи́ться   to wear

Э́та мате́рия бу́дет хорошо́
носи́ться.   This material will
wear well.

носо́к, носки́   sock, socks

но́ты   music (printed music)

игра́ть без нот   to play without
music

*ночева́ть   (imp.) to spend the
night

*ночь   (f.) night

но́чью   at night

споко́йной но́чи   good night

ноя́брь   (m.) November

нрав   disposition, temper

У него́ весёлый нрав.   He has a
cheerful disposition.

Э́то ему́ не по нра́ву.   It goes
against his grain.

*нра́виться (понра́виться)   to
please

Ему́ нра́вится её лицо́.   He likes
her face.

Она́ стара́ется понра́виться ему́.
She tries to make him like her.

Э́то ему́ не понра́вилось.   He did
not like it.

нра́вственный   moral

*нра́вы   (pl.) customs, morals and
manners

ну!   Well, now!

Ну, и что же да́льше?   Well, and
what then?

Ну, коне́чно.   Why, of course.

Ну так что́ же?   Well, what of it?

нужда́   need

в слу́чае нужды́   in case of need

нужда́ться   to need, want

*нýжно   it is necessary, one should
  мне нýжно   I need
  Это нýжно сдéлать.   It must be
  done.
нýжный   necessary
нуль   (m.) zero, nought
  сводить к нулю   to bring to
  nothing
нынe   the present
нынче   today
нюхать (понюхать)   to smell, sniff
няня   nursemaid, nurse

О

*о, об   about, concerning (with
  prep.)
  дýмать о кóм-либо   to think of
  someone
  книга об áтомной энéргии   a
  book about atomic energy
óба, óбе   both (m. and n., f.)
обвинéние   charge, accusation
обвинить—see обвинять
обвинять (обвинить)   to accuse,
  charge
обгорéлый   burnt
обдýманно   after long
  consideration, deliberately
обдýмать—see обдýмывать
обдýмывать (обдýмать)   to
  consider, think over
обéд   dinner
*обéдать (пообéдать)   to dine
обеднéвший   impoverished
обезьяна   monkey
обещáние   promise
обещáть   to promise
обжéчь—see обжигáть
обжигáть (обжéчь)   to burn,
  scorch
обжóра   glutton
обзóр   survey, review
обидеть(ся)—see обижáть(ся)
обидно   offensively
обижáть(ся) (обидеть(ся))   to
  offend, hurt someone's feelings; to
  be offended
  Не обижáйтесь.   Don't be
  offended.

  Они егó обидели.   They have
  offended him.
обиженный   offended
обилие   abundance, plenty
обильный   abundant, plentiful
óблако   cloud
óбласть   (f.) sphere, province
  óбласть знáний   field of
  knowledge
облегчáть (облегчить)   to
  facilitate, make easier, relieve
облегчить—see облегчáть
обмáн   fraud, deception
обманýть—see обмáнывать
обмáнчивый   deceptive, delusive
обмáнывать (обманýть)   to
  deceive, swindle
обмéн   exchange
óбморок   fainting fit
  упáсть   (perf.) в óбморок   to faint
обнимáть (обнять)   to embrace
  обнимáть умóм   to comprehend
обнять—see обнимáть
обогатить—see обогащáть
обогащáть (обогатить)   to enrich
  обогатить свой óпыт   to enrich
  one's experience
обогревáть (обогрéть)   to warm
обогрéть—see обогревáть
ободрéние   encouragement
ободрить—see ободрять
*ободрять (ободрить)   to
  encourage, reassure
обожáние   adoration
обожáть   to adore, worship
обозначáться (обознáчиться)   to
  show, appear
обознáчиться—see обозначáться
обойти—see обходить
обоюдно   mutually
обрабáтывать (обрабóтать)   to
  work up, process
обрабóтать—see обрабáтывать
обрáдоваться—see рáдоваться
*óбраз   image, shape, form
  глáвным óбразом   most
  importantly
  óбраз жизни   way of living
  таким óбразом   in this way
*образовáние   education,
  formation
  дать образовáние   to educate

образова́ние слов   word formation

образо́ванный   (well)-educated

образова́тельный (о програ́мме) educational

обрати́ть—see обраща́ть

*обра́тно   back

идти́ обра́тно   to return, go back

туда́ и обра́тно   round trip, to and fro

обра́тный   reverse

в обра́тную сто́рону   in the opposite direction

обраща́ть (обрати́ть)   to turn, direct

обраща́ть внима́ние   to pay attention

обрати́ть в шу́тку   to turn into a joke

обруче́ние   betrothal

обслу́живание   service, maintenance

обслу́живать (обслужи́ть)   to attend, serve

обслужи́ть—see обслу́живать

обста́вить—see обставля́ть

обставля́ть (обста́вить)   to furnish, arrange

обстано́вка   furniture; conditions, situation, environment

обстоя́тельство   circumstance

ни при каки́х обстоя́тельствах   under no circumstances

смягча́ющие вину́ обстоя́тель-ства   extenuating circumstances

обсуди́ть—see обсужда́ть

обсужда́ть (обсуди́ть)   to discuss

обходи́ть   to go around, pass

обхо́дный   roundabout

общежи́тие   dormitory

общесою́зный   all-union

обще́ственный   public, social

обще́ственное мне́ние   public opinion

обще́ственный строй   social system

о́бщество   society

о́бщий   general, common

не име́ть ничего́ о́бщего   to have nothing in common

о́бщее де́ло   common cause

о́бщее собра́ние   general meeting

о́бщий язы́к   common language

объе́кт   object

объекти́вный   objective (adj.)

объём   volume, size

объяви́ть—see объявля́ть

объявле́ние   announcement, declaration

объявля́ть (объяви́ть)   to declare, announce

объясне́ние   explanation

объясни́ть—see объясня́ть

объясня́ть (объясни́ть)   to explain

объя́тие   embrace

обыкнове́нно   usually, as a rule

обыкнове́нный   usual, ordinary

обы́чай   custom, usage

по обы́чаю   according to custom

обы́чно   usually

обя́занность (f.)   duty, responsibility

исполня́ть свои́ обя́занности   to attend to one's duties

обя́занный   obliged

быть обя́занным кому́-либо   to be indebted to someone

быть обя́занным что́-либо сде́лать   to be obliged to do something

*обяза́тельно   certainly, without fail

обяза́тельный   obligatory, compulsory

о́вощи   vegetables

овра́г   ravine

овца́   sheep

оглуши́тельный   deafening

огово́рка   reservation

с огово́ркой   with reserve

оголённый   nude

*ого́нь   (m.) fire

огоро́д   vegetable garden

ограбле́ние   robbery

ограниче́ние   limitation, restriction

ограни́ченность   scantiness, narrow-mindedness

ограни́чивать (ограни́чить)   to limit, restrict

ограни́чить—see ограни́чивать

огро́мный   huge, enormous

*огуре́ц   cucumber

о́да   ode

одева́ть(ся) (оде́ть(ся))   to dress someone; to dress oneself

оде́жда   clothes

оде́ть(ся) — see одева́ть(ся)

одея́ло   blanket, quilt

*оди́н, одна́, одно́, одни́,   one, alone, only (m., f., n., plural)

оди́н за други́м   one after another

оди́н из них   one of them

Оди́н он мо́жет сде́лать э́то.   Only he can do it.

оди́н раз   once

Одно́ бы́ло ему́ я́сно.   One thing was clear to him.

Он был совсе́м оди́н.   He was quite alone.

Они́ живу́т в одно́м до́ме.   They live in the same house.

одни́м сло́вом   in a word

Там была́ одна́ вода́.   There was nothing but water.

одина́ково   equally

одина́ковый   identical

оди́ннадцать   eleven

оди́ннадцатый   eleventh

одино́кий   lonely

одино́чество   solitude, loneliness

*одна́жды   once

одна́ко   however, but

одновре́менно   simultaneously

однозву́чный   monotonous (sound)

однообра́зие   monotony

однообра́зный   monotonous

одолжа́ть (одолжи́ть)   to lend, borrow

одолже́ние   favor

одолжи́ть — see одолжа́ть

одушеви́ть(ся) — see одушевля́ть(ся)

одушевле́ние   animation

одушевлённый   animated

одушевля́ть(ся) (одушеви́ть(ся))   to animate (to become animated)

ожере́лье   necklace

ожи́ви́ть(ся) — see оживля́ть(ся)

оживлённо   animatedly

оживля́ться (оживи́ться)   to enliven, revive

ожида́ние   expectation

*ожида́ть   to wait for, expect, anticipate

озабо́ченный   preoccupied, anxious, worried

озаря́ть (озари́ть)   to illuminate, light up

его́ озари́ло   it dawned on him

озари́ть — see озаря́ть

*о́зеро   lake

озлобле́ние   bitterness, animosity

ознако́миться — see ознакомля́ться

ознакомля́ться (ознако́миться)   to familiarize oneself (with)

озоносфе́ра   ozone layer

оказа́ть(ся) — see ока́зывать(ся)

ока́зывать(ся) (оказа́ть(ся))   to render, turn out to be, show up

оказа́лось, что   it turned out that

ока́зывать влия́ние   to exert, influence

ока́зывать предпочте́ние   to show a preference

ока́зывать услу́гу   to render (do) a service

Трево́га оказа́лась напра́сной.   There proved to be no grounds for alarm.

ока́нчивать (око́нчить)   to finish, end

око́нчить университе́т   to graduate from university

океа́н   ocean

окисле́ние   oxidation

оклика́ть (окли́кнуть)   to hail, call (to)

окли́кнуть — see оклика́ть

*окно́   window

*о́коло   near, approximately, about (with gen.)

говори́ть вокру́г да о́коло   to beat around the bush

О́коло го́рода есть о́зеро.   There is a lake near the town.

Сейча́с о́коло трёх часо́в.   It is now around three o'clock.

У меня́ о́коло трёх до́лларов.   I have approximately three dollars.

оконча́ние   termination, finishing, ending

оконча́тельный   final, definitive

око́нчить — see ока́нчивать

окрести́ть — see крести́ть

окре́стность   (f.) environs, neighborhood

окружа́ть (окружи́ть)   to surround, encircle

окружи́ть — see окружа́ть

окружа́ющая среда́   environment

окру́жность (f.) circumference
октя́брь (m.) October
ола́дьи pancakes
ома́р lobster
омле́т omelette
*****он** he (used when referring to any masculine noun, animate or inanimate)
*****она́** she (used to refer to any feminine noun)
*****они́** they (used to refer to any plural noun)
*****оно́** it (used when referring to any neuter noun, animate or inanimate)
опа́здывать (опозда́ть) to be late
Извини́те, что я опозда́л. Pardon me for being late.
опозда́ть на по́езд to miss a train
опасе́ние fear, apprehension
опа́сно dangerously
опа́сность (f.) danger, peril
опа́сный dangerous, perilous
*****о́пера** opera
из друго́й о́перы quite a different matter
опера́тор operator, cameraman
опера́ция operation
перенести́ опера́цию to undergo an operation
описа́ние description
описа́ть—see **опи́сывать**
опи́сывать (описа́ть) to describe, portray
опозда́ние delay, tardiness
опозда́ть—see **опа́здывать**
оправда́ние justification, excuse
оправда́ть(ся)—see **опра́вдывать(ся)**
опра́вдывать (оправда́ть) to justify, excuse
опра́вдывать дове́рие кого́-либо to warrant someone's confidence
опра́вдываться (оправда́ться) to justify oneself, excuse
опра́вдываться пе́ред ке́м-либо to put oneself right with someone
Тео́рия оправда́лась. The theory proved to be correct.
определе́ние determination, definition
определённо definitely

определённо знать что́-либо to know something definitely
определённый specific, definite
определи́ть—see **определя́ть**
определя́ть (определи́ть) to define, determine
опро́с survey, poll
оптими́ст optimist
оптимисти́ческий optimistic
опубликова́ть—see **публикова́ть**
опуха́ть (опу́хнуть) to swell
опу́хнуть—see **опуха́ть**
о́пыт experiment, test, experience
о́пытный experienced
опя́ть again
ора́нжевый orange (color)
о́рган organ
о́рганы ре́чи organs of speech
о́рганы вла́сти organs of government
орга́н organ (musical instrument)
организо́ванный organized
органи́ческий organic
органи́ческая хи́мия organic chemistry
орёл eagle
оре́х nut
оригина́льный original, eccentric, unusual
ориенти́роваться to orient oneself
орке́стр orchestra
ору́дие instrument, tool
осведоми́ть—see **осведомля́ть**
осведомля́ть (осведоми́ть) to inform
освежа́ть (освежи́ть) to refresh
освежи́ть—see **освежа́ть**
освети́ть—see **освеща́ть**
освеща́ть (освети́ть) to illuminate, light up
освеще́ние lighting, illumination
освободи́ть—see **освобожда́ть**
освобожда́ть (освободи́ть) to liberate, release
освобожде́ние liberation, release
осво́ить to master, assimilate
осво́иться to make oneself familiar with
о́сень (f.) autumn
о́сенью in the autumn
оскорби́тельный insulting, abusive

оскорби́ть(ся) — see
 оскорбля́ть(ся)
оскорбле́ние insult, outrage
оскорбля́ть (оскорби́ть) to insult,
 outrage
оскорбля́ться (оскорби́ться) to
 take offense
ослабе́ть — see слабе́ть
ослепи́тельный dazzling, blinding
ослепи́ть — see ослепля́ть
ослепля́ть (ослепи́ть) to blind,
 dazzle
осле́пнуть (perf.) to lose one's sight
осложне́ние complication
осма́тривать (осмотре́ть) to
 examine, survey
осме́ивать (осмея́ть) to ridicule
осмея́ть — see осме́ивать
осмотре́ть — see осма́тривать
осно́ва base, foundation, basis
 на осно́ве чего́-либо on the basis
  of something
 приня́ть за осно́ву to assume as
  a basis
основа́тель (m.) founder
основно́й fundamental, basic
осо́бенно especially, particularly
осо́бенность (f.) peculiarity
 в осо́бенности in particular
остава́ться (оста́ться) to remain,
 stay
 **До шести́ остаётся несколько
  мину́т.** A few minutes remain
  until six (o'clock).
 остава́ться на ночь to stay the
  night
 Ру́чка оста́лась на столе́. The
  pen remained on the desk.
 **Э́то навсегда́ оста́нется в мое́й
  па́мяти.** It will always remain in
  my memory.
оста́вить — see оставля́ть
оставля́ть (оста́вить) to leave,
 abandon
 Оставля́ет жела́ть лу́чшего. It
  leaves much to be desired.
 оставля́ть вопро́с откры́тым to
  leave the question unsettled
 оставля́ть наде́жду to give up
  hope
 оставля́ть в поко́е to leave alone
остально́й remaining, the rest of

остана́вливать (останови́ть) to
 stop
*остана́вливаться (останови́ться)
 to stop, come to a stop
 внеза́пно останови́ться to stop
  short
 ни пе́ред чем не остана́вливаться
  to stop at nothing
останови́ть(ся) — see
 остана́вливать(ся)
остано́вка stop, bus or trolley stop
оста́ться — see остава́ться
остолбене́ть (perf.) to be dumb-
 founded
*осторо́жно carefully, cautiously
осторо́жность (f.) care, caution
осторо́жный careful, wary
остри́чься — see стри́чься
о́стро sharply, keenly
о́стров island
острота́ sharpness, pungency
остроу́мный witty
о́стрый sharp, acute
 Он остёр на язы́к. He has a
  sharp tongue.
 о́страя боль acute pain
 о́стрый нож sharp knife
 о́стрый со́ус piquant, hot sauce
остуди́ть — see студи́ть
*от from (with gen.)
 бли́зко от го́рода near the town
 Он получи́л письмо́ от сестры́.
  He received a letter from his
  sister.
 Он узна́л э́то от него́. He
  learned it from him.
 от го́рода до ста́нции from the
  town to the station
 от и́мени on behalf of
 страда́ть от боле́зни to suffer
  from an illness
отве́т answer, reply
отве́тить — see отвеча́ть
отве́тственность (f.) responsibility
*отвеча́ть (отве́тить) to answer,
 reply
 отвеча́ть за себя́ to answer for
  oneself
 отвеча́ть на письмо́ to answer a
  letter
 отвеча́ть на чьё-либо чу́вство to
  return someone's feeling

отвыка́ть (отвы́кнуть) to become unaccustomed, grow out of a habit

отвы́кнуть—see отвыка́ть

отгада́ть—see отга́дывать

отга́дывать (отгада́ть) to guess

*отдава́ть (отда́ть) to give back, give up

отдава́ть до́лжное кому́-либо to render someone his due

отдава́ть свою́ жизнь to devote one's life

отда́ть—see отдава́ть

отде́л section, department

отделе́ние separation, section, department

отделить(ся)—see отделя́ть(ся)

отде́льно separately

отде́льный separate

отделя́ть(ся) (отдели́ть(ся)) to separate, detach; to become detached

отдохну́ть—see отдыха́ть

о́тдых rest, relaxation

отдыха́ть (отдохну́ть) to rest

*оте́ц father

оте́чество native land, fatherland

отжи́вший obsolete

отка́з refusal, rejection

отказа́ться—see отка́зываться

*отка́зываться (отказа́ться) to refuse, decline

отка́зываться вы́слушать кого́-либо to refuse to listen to someone

отка́зываться от борьбы́ to give up the struggle

отка́зываться от свои́х слов to retract one's words

открове́нно frankly, openly

открове́нность (f.) frankness, openness

открове́нный frank, outspoken

*открыва́ть (откры́ть) to open, discover

открыва́ть пре́ния to open the debate

открыва́ть ду́шу кому́-либо to open one's heart to someone

откры́ть кран to turn on a faucet

*откры́тка postcard

откры́то openly, plainly

откры́тый open, frank

на откры́том во́здухе in the open air

откры́тое мо́ре open sea

откры́тое пла́тье low-necked dress

с откры́той душо́й open-heartedly

откры́ть—see открыва́ть

*отку́да where from, whence

отку́да вы? Where are you from?

Отку́да вы э́то зна́ете? How do you come to know about it?

откуси́ть (perf.) to bite off

отлича́ть (отличи́ть) to distinguish

отлича́ться (отличи́ться) to differ from, be notable for

отли́чие difference, distinction

отличи́ть(ся)—see отлича́ть(ся)

отли́чно excellently, it is excellent

отли́чно понима́ть to understand perfectly

отли́чный excellent, perfect

отли́чное здоро́вье perfect health

отли́чное настрое́ние high spirits

отложи́ть (perf.) to set aside

отложи́ть в до́лгий я́щик to shelve, hold

отложи́ть реше́ние to suspend one's judgment

отме́тить—see отмеча́ть

отме́тка mark

хоро́шие отме́тки high grades

отмеча́ть (отме́тить) to mark, note, mention

относи́тельно relatively, concerning

Она́ говори́ла мне относи́тельно бра́та. She spoke to me about her brother.

относи́ться (отнести́сь) to treat, regard

Как вы отно́ситесь к моему́ пла́ну? What do you think of my plan?

хорошо́ относи́ться к кому́-либо to treat someone well

Э́то к нему́ не отно́сится. That's none of his business. It doesn't concern him.

отноше́ние attitude, relationship

быть в хоро́ших отноше́ниях с ке́м-либо to be on good terms with someone в прямо́м отноше́нии in direct ratio

в э́том отноше́нии in this respect

име́ть отноше́ние к чему́-либо to have a bearing on something

отойти́—see отходи́ть

отомсти́ть—see мсти́ть

отопле́ние heating system

о́тпертый unlocked

отпере́ть—see отпира́ть

отпира́ть (отпере́ть) to unlock

отпла́та repayment

отплати́ть—see отпла́чивать

отпла́чивать (отплати́ть) to pay back

отплати́ть кому́-либо за услу́гу to repay someone for his service

отплати́ть кому́-либо той же моне́той to pay someone in his own coin

отпра́виться—see отправля́ться

отправля́ться (отпра́виться) to set out, start

отпра́виться в путь to set out on a trip

По́езд отправля́ется в пять часо́в. The train leaves at five o'clock.

о́тпуск leave, vacation

отпуска́ть (отпусти́ть) to let go, set free

отпуска́ть во́лосы to let one's hair grow long

отпуска́ть сре́дства to allot resources, to budget

отпусти́ть—see отпуска́ть

отра́да delight, joy

отре́зок piece, segment

отрица́ние denial, negation

отрица́тельно negatively

отрица́тельный negative, unfavorable

отрица́тельное влия́ние bad influence

отрица́тельные ти́пы в рома́не negative characters in a novel

отрица́тельный отве́т negative answer

отрица́ть to deny, disclaim

отстава́ть (отста́ть) to lag, be slow

Часы́ отстаю́т. The watch (clock) is slow.

Э́тот учени́к отстаёт. This pupil lags behind.

отставно́й retired

отста́ть—see отстава́ть

отсу́тствие absence, lack

в моё отсу́тствие in my absence

за отсу́тствием де́нег for lack of money

отсу́тствовать to be absent

*отсю́да from here, hence

отте́нок nuance, inflection, trace

отте́нок значе́ния shade of meaning

*отту́да from there, thence

отхо́д departure

*отходи́ть (отойти́) to go away from, move away, leave, diverge

отхо́ды waste products

отча́яние despair

отча́янно desperately

отчёркивать (отчеркну́ть) to mark off

отчеркну́ть—see отчёркивать

отчётливость distinctness

отчётливый distinct

отъе́зд departure

официа́нт waiter

охо́тник hunter

охо́тно willingly, readily

охрани́ть—see охраня́ть

охраня́ть (охрани́ть) to guard, protect

оцара́пать (perf.) to scratch

оцени́ть—see цени́ть

очарова́ние charm, fascination

очаро́ванный charmed, taken with

очарова́тельный charming, fascinating

очарова́ть (perf.) to charm, fascinate

очеви́дно obviously, apparently, it is obvious

*о́чень very, very much, greatly

о́чередь (f.) turn

по о́череди in turn

стоя́ть в о́череди to stand in line

очки́ (only pl.) eyeglasses

ошиба́ться (ошиби́ться) to err, make a mistake

ошиби́ться—see ошиба́ться

*оши́бка mistake, error

58

о́щупью gropingly, by sense of touch
ощути́ть—see ощуща́ть
ощуща́ть (ощути́ть) to feel, sense
ощуще́ние sensation

П

*па́дать (упа́сть) to fall, slump, diminish
  во́лосы па́дают на лоб hair falls across the forehead
  Отве́тственность за э́то па́дает на вас. The responsibility for this falls on you.
  па́дать ду́хом to lose courage
паке́т parcel, package
пакт pact
пала́тка tent, marquee
*па́лец finger, toe
  обвести́ кого́-либо вокру́г па́льца to twist someone around one's finger
  Он па́льцем никого́ не тро́нет. He wouldn't hurt a fly.
па́лка stick, cane
  па́лка о двух конца́х double-edged weapon
па́луба deck
пальто́ (not declined) coat, overcoat
па́мятник memorial, monument
па́мятный memorable
па́мять (f.) memory
  люби́ть кого́-либо без па́мяти to love someone to distraction
  подари́ть на па́мять to give as a keepsake
панк punk (fashion)
пансио́н boarding school, boarding house
*па́па papa, daddy
пар steam
па́ра pair, couple
  на па́ру слов for a few words
  па́ра сапо́г pair of boots
  хоро́шая па́ра fine couple
пара́д parade
паралле́льный parallel
парапсихо́лог parapsychologist

па́рень (m.) fellow, lad, chap
пари́ bet
  держа́ть пари́ to make a bet
пари́жский Parisian
парикма́хер barber
парикма́херская barbershop
па́рить (вы́парить) to steam
парк park
парохо́д steamship
па́ртия party
партнёр partner
па́рус sail
па́смурно it is cloudy, dull
па́смурный cloudy, dull, gloomy
  па́смурная пого́да dull weather
па́спорт passport
пассажи́р, пассажи́рка passenger (m., f.)
пасси́вный passive
  пасси́вный бала́нс unfavorable balance (economics)
  пасси́вный хара́ктер passive temperament
па́ста paste
  зубна́я па́ста toothpaste
па́стбище pasture
Па́сха Easter
па́уза pause, interval
па́ук spider
паути́на cobweb
па́хнуть to smell (of)
  Па́хнет бедо́й. This means trouble.
  Па́хнет от него́ вино́м. He smells of wine.
пацие́нт patient
па́чка package
певе́ц, певи́ца singer (m., f.)
пейза́ж landscape
пека́рня bakery
пе́карь baker
пельме́ни (pl.) meat dumplings
пе́ние singing
пе́нсия pension
пе́пельница ashtray
пе́рвенство superiority
первокла́ссный first-rate
первонача́ло originally, at first
первонача́льный primary, original
  первонача́льная причи́на first cause
*пе́рвый first, earliest

Он зна́ет э́то из пе́рвых рук.   He has firsthand information.

пе́рвая по́мощь   first aid

пе́рвого января́   on the first of January

пе́рвый эта́ж   ground floor

с пе́рвого взгля́да   at first sight

перева́ривать (перевари́ть)   to overcook, digest

перевари́ть—see **перева́ривать**

перево́д   translation

перевести́—see **переводи́ть**

переводи́ть (перевести́)   to translate, interpret, transfer

перево́дчик   translator, interpreter

перегиба́ться (перегну́ться)   to lean over

перегну́ться—see **перегиба́ться**

переговори́ть   (perf.) to discuss, talk over

перегово́ры   negotiations

вести́ перегово́ры   to carry on negotiations

*****пе́ред**   before, in front of (place or time) (with inst.)

Они́ ничто́ перед ним.   They are nothing compared to him.

Пе́ред на́ми больша́я зада́ча.   There is a great task before us.

пе́ред обе́дом   before dinner

Стул стои́т пе́ред столо́м.   The chair is standing in front of the table.

передава́ть (переда́ть)   to pass, give

передава́ть по ра́дио   to broadcast

Переда́йте, пожа́луйста, соль.   Please pass the salt.

передава́ть приве́т   to send regards

переда́ть—see **передава́ть**

переда́ча   transmission; broadcast

передвига́ть (передви́нуть)   to move, shift

Стол на́до передви́нуть.   The table should be moved.

передви́нуть—see **передвига́ть**

переде́лать   (perf.) to do again, alter

переде́лать пла́тье   to alter a dress

пере́дник   apron

пере́дняя   entrance room, foyer

передово́й   headmost, forward, progressive

передова́я статья́   editorial

передова́я те́хника   advanced technique

переду́мать   (perf.) to change one's mind

переезжа́ть (перее́хать)   to move

переезжа́ть на но́вую кварти́ру   to move to a new apartment

перее́хать—see **переезжа́ть**

пережа́ренный   overcooked, overfried

пережива́ние   experience

пережива́ть (пережи́ть)   to experience, endure, outlive

тяжело́ пережива́ть что́-либо   to feel something keenly

пережи́ть—see **пережива́ть**

переименова́ть   to rename

перейти́—see **переходи́ть**

пе́рекись водоро́да   hydrogen peroxide

переку́сывать (перекуси́ть)   to have a bite to eat

перелиста́ть—see **перели́стывать**

перели́стывать (перелиста́ть)   to turn over pages, leaf through

переломи́ть   (perf.) to break

переме́на   change

перемени́ть—see **меня́ть**

перемудри́ть   (perf.) to be too clever

перенапряже́ние   overstrain, overexertion

перенасы́щенный   oversaturated

перенести́—see **переноси́ть**

переноси́ть (перенести́)   to endure, bear, bring over (by hand)

перено́сный   portable

в перено́сном смы́сле   figuratively

переночева́ть   (perf.) to spend the night

переоде́ть(ся)   (perf.) to change (one's) clothes

перепеча́тать   (perf.) to reprint, type again

переписа́ть—see **перепи́сывать**

перепи́ска   correspondence

перепи́сывать (переписа́ть) to copy over

перепи́сываться (imp.) to correspond

переплати́ть—see **перепла́чивать**

перепла́чивать (переплати́ть) to overpay

переплёт binding (book cover)

перепо́лнить—see **переполня́ть**

переполня́ть (перепо́лнить) to overfill

переры́в interruption, intermission

переста́ть (perf.) to stop, cease

переступа́ть (переступи́ть) to overstep, transgress

   переступа́ть грани́цы to overstep the limits

переступи́ть—see **переступа́ть**

переу́лок lane, alley

переутомле́ние overstrain

перехо́д crossing, transition

переходи́ть (перейти́) to cross, get over, pass on to

   переходи́ть грани́цу to cross the frontier

   переходи́ть к друго́му владе́льцу to change hands

перехо́дный transitional

пе́рец pepper

пери́од period, spell

периоди́ческий periodical

перпендикуля́рно perpendicular

пе́рсик peach

перспекти́ва perspective, outlook

перча́тка glove

пёс dog

*****пе́сня** song

   тяну́ть всё ту же пе́сню to harp on one theme

   Э́то ста́рая пе́сня. It's the same old story.

   песо́к sand

   са́харный песо́к granulated sugar

пёстрый many-colored

пестици́ды (pl.) pesticides

пе́тля loop, buttonhole

*****петь (спеть)** to sing, chant

   петь ба́сом to sing in a bass voice

   петь сла́ву to sing the praises

печа́ль (f.) grief, sorrow

печа́льный sad, wistful, mournful

печа́тать (напеча́тать) to print, type

печа́ть (f.) press, seal

   быть в печа́ти to be in print

   свобо́да печа́ти freedom of the press

печёнка liver

печёный baked

пече́нье baking, pastry, cookie

печь stove, oven

печь (испе́чь) to bake

пешко́м on foot

   ходи́ть пешко́м to go on foot

пиани́но upright piano

пиани́ст pianist (m., f.)

пи́во beer

пиджа́к suit coat

пижа́ма pajamas

пика́нтный piquant, savory

   пика́нтный анекдо́т spicy story

пикни́к picnic

пилю́ля pill

пирами́да pyramid

пиро́г pie, cake

пиро́жное pastry, fancy cake

писа́тель (m.) writer, author

*****писа́ть (написа́ть)** to write, paint

   Ру́чка хорошо́ пи́шет. The pen writes well.

   писа́ть карти́ны to paint pictures

   писа́ть под дикто́вку to take dictation

   писа́ть разбо́рчиво to write plainly

   писа́ть стихи́ to write verses

писа́ться (imp.) to be spelled

   Как э́то сло́во пи́шется? How do you spell that word?

пи́сьменно in writing

пи́сьменный written

   пи́сьменная рабо́та written work

   пи́сьменный стол desk

письмо́ letter

пита́ние nourishment

пита́ть (imp.) to feed, nourish

   пита́ть симпа́тию to have a friendly feeling for

   пита́ть чу́вство to entertain a feeling

*****пить (вы́пить)** to drink

   Мне хо́чется пить. I'm thirsty.

пи́ща food

горя́чая пи́ща   hot meal

дава́ть пи́щу слу́хам   to feed rumors

духо́вная пи́ща   spiritual nourishment

пла́вание   swimming, sailing

пла́вать (плыть)   to swim, sail

Всё плывёт пе́редо мно́й. Everything is swimming before my eyes.

пла́вки   swimming trunks

пла́кать   (imp.) to cry, weep

го́рько пла́кать   to weep bitterly

Хоть плачь! It is enough to make one cry!

план   plan, scheme

плане́та   planet

пласти́нка   phonograph record, plate

пласти́ческий   plastic

*плати́ть (заплати́ть)   to pay

плати́ть в рассро́чку   to pay in installments

плати́ть добро́м за зло   to return good for evil

*плато́к   shawl, kerchief

носово́й плато́к   handkerchief

платфо́рма   platform

*пла́тье   dress, clothes

племя́нник, племя́нница   nephew, niece

*плечо́   shoulder

выноаси́ть на свои́х плеча́х   to endure, carry on one's shoulders

пожима́ть плеча́ми   to shrug one's shoulders

с плеча́   straight from the shoulder

плодоро́дность   (f.) fertility

пло́ский   flat

пло́ская пове́рхность   plane surface

пло́ская шу́тка   flat joke

пло́скость   (f.) flatness

пло́тник   carpenter

пло́хо   badly, poorly

пло́хо обраща́ться   to ill-treat

пло́хо себя́ чу́вствовать   to feel ill

плохо́й   bad, poor

плоха́я пого́да   bad weather

плохо́е здоро́вье   poor health

пло́щадь   (f.) square, public square, area

плыть—see пла́вать

плюс   plus

пляж   beach

*по   along, down, about, on, according to, by (with dat.)

говори́ть по-ру́сски   to speak in Russian

е́хать по у́лице   to ride along the street

идти́ по траве́   to walk on the grass

Кни́ги разло́жены по всему́ столу́. Books are lying all over the table.

по-мо́ему   in my opinion

по оши́бке   by mistake

по приро́де   by nature

по по́чте   by mail

по пять рубле́й   at five rubles each

побе́да   victory

победи́ть—see побежда́ть

побежда́ть (победи́ть)   to conquer, win a victory

побли́зости   near at hand

побо́льше   somewhat larger, somewhat more

побужде́ние   motive, incentive

пова́льно   without exception

по́вар   cook, chef

по-ва́шему   in your opinion

поведе́ние   conduct, behavior

пове́рить—see ве́рить

поверну́ть(ся)—see повора́чивать(ся)

*пове́рх   over (with gen.)

пове́рх пла́тья на ней бы́ло наде́то пальто́. She wore a coat over her dress.

пове́рхностно   superficially

пове́рхность   (f.) surface

по́весть   (f.) story, novella

по-ви́димому   apparently

пови́нность   (f.) duty, obligation

повора́чивать (поверну́ть)   to turn, change

повора́чиваться (поверну́ться)   to turn around

поворо́т   bend, curve, turn

поврежде́ние   damage, injury

повсю́ду   everywhere

повторе́ние repetition
повтори́ть—see **повторя́ть**
повторя́ть (повтори́ть) to repeat
повы́сить—see **повыша́ть**
повыша́ть (повы́сить) to raise, heighten
  повы́сить го́лос to raise one's voice
  повыша́ть по слу́жбе to advance in one's work
  повыша́ть усло́вия жи́зни to raise the standards of living
повы́ше a little higher
погиба́ть (поги́бнуть) to perish
поги́бельный (ги́бельный) disastrous, fatal
поги́бнуть—see **погиба́ть**
погла́дить—see **гла́дить**
погляде́ть—see **гляде́ть**
поговори́ть (perf.) to have a talk
*****пого́да** weather
погуля́ть (perf.) to walk a while
*****под** under—location (with inst.), under—direction (with acc.)
  Он пошёл под де́рево. He went under the tree.
  Он стоя́л под де́ревом. He stood under the tree.
  под аре́стом under arrest
подава́ть (пода́ть) to give, serve
  подава́ть мяч to serve the ball
  подава́ть наде́жду to give hope
  подава́ть на стол to wait on a table
  пода́ть проше́ние to forward a petition
  пода́ть ру́ку to offer one's hand
подари́ть—see **дари́ть**
пода́рок gift
  в пода́рок as a gift
подборо́док chin
подва́л basement
подгото́вить (perf.) to prepare
  подгото́вить по́чву to pave the way
  поддержа́ть—see **подде́рживать**
  подде́рживать (поддержа́ть) to support, maintain
  поддержа́ть разгово́р to keep up the conversation
  подде́рживать мора́льно to encourage

подде́ржка backing, support
поде́йствовать—see **де́йствовать**
поде́ржанный secondhand, used
поджа́рить (perf.) to fry, roast, grill
поджечь (perf.) to set on fire
поджо́г arson
подкла́дка lining
подкрепле́ние confirmation, reinforcement
*****по́дле** beside (prep. with gen.)
подле́ц villain
подли́вка sauce, gravy
по́длость (f.) meanness, baseness
подмести́—see **подмета́ть**
подмета́ть (подмести́) to sweep
*****поднима́ть (подня́ть)** to lift, raise
  поднима́ть всех на́ ноги to raise an alarm
  поднима́ть ру́ку to raise one's hand
  подня́ть вопро́с to raise a question
поднима́ться (подня́ться) to rise, climb
  поднима́ться на́ гору to climb a mountain
  поднима́ться на́ ноги to rise to one's feet
  Те́сто подняло́сь. The dough has risen.
  Це́ны подняли́сь. Prices went up.
подно́с tray
подня́ть—see **поднима́ть(ся)**
подо́бно like, similarly
подо́бный like, similar
  и тому́ подо́бное (и т. п.) and so on, and so forth
  ничего́ подо́бного nothing of the kind
  Он ничего́ подо́бного не ви́дел. He has never seen anything like it.
*****подожда́ть** (perf.) to wait for
подозва́ть (perf.) to call up, beckon
подозрева́ть to suspect
подозре́ние suspicion
подозри́тельно suspiciously
подойти́—see **подходи́ть**
подо́л hem (of a skirt)
подписа́ться (perf.) to sign, subscribe

подпи́ска subscription
по́дпись signature
подража́ние imitation
подража́ть to imitate
подро́бно in detail, at length
подро́бность (f.) detail
  вдава́ться в подро́бности to go into detail
подро́бный detailed
подро́сток teenager
*подру́га female friend
по-дру́жески in a friendly way
подружи́ться (perf.) to make friends
*подря́д in succession, in a row
  пять часо́в подря́д five hours in succession, in a row
подсказа́ть (perf.) to prompt
подслу́шать (perf.) to eavesdrop
поду́мать—see ду́мать
поду́шка pillow, cushion
подхо́д approach, point of view
  подхо́д к вопро́су approach to the problem
*подходи́ть (подойти́) to come up to, approach, fit
  подходи́ть к концу́ to come to an end
  Э́то ему́ не подхо́дит. This won't do for him.
подходя́щий suitable, appropriate
подчёркивать (подчеркну́ть) to underline, emphasize
подчеркну́ть—see подчёркивать
подчини́ться—see подчиня́ться
подчиня́ться (подчини́ться) to obey, submit to
подшива́ть (подши́ть) to sew underneath, hem
подши́вка hem, hemming
подши́ть—see подшива́ть
подъём ascent, raising, instep
*по́езд train
пое́здка journey
*пое́хать (perf.) to set off, depart (by vehicle)
  Пое́хали! Come along! Let's go!
пожале́ть—see жале́ть
пожа́ловаться—see жа́ловаться
пожа́луй perhaps, very likely
  Пожа́луй, вы пра́вы. You may be right.

Пожа́луй, он придёт. I think he will come.
*пожа́луйста please; don't mention it
  Да́йте мне, пожа́луйста, воды́. Give me some water, please.
  Спаси́бо. Пожа́луйста. Thank you. Don't mention it.
пожа́р fire
  пожа́рная кома́нда fire brigade
пожа́ть—see пожима́ть
пожела́ние wish, desire
пожела́ть—see жела́ть
пожива́ть to get along, fare
пожило́й elderly
пожима́ть (пожа́ть) to press
  вме́сто отве́та пожа́ть плеча́ми to shrug off the question
  пожима́ть плеча́ми to shrug one's shoulders
  пожима́ть ру́ки to shake hands
по́за pose, attitude
позави́довать—see зави́довать
позавчера́ the day before yesterday
позади́ behind (adv.), behind (prep. with gen.)
  Всё тяжёлое оста́лось позади́. Hard times are past.
  Позади́ стола́ стои́т стул. A chair is behind the table.
позва́ть—see звать
позволе́ние permission, leave
  проси́ть позволе́ния to ask permission
позво́лить—see позволя́ть
позволя́ть (позво́лить) to allow, permit
  позволя́ть себе́ to indulge, afford
  позволя́ть себе́ во́льность to take liberties
позвони́ть—see звони́ть
по́здний late, tardy (adj.)
  по́здний гость late arrival (guest)
  спать до по́зднего утра́ to sleep late in the morning
*по́здно late, it is late (adj.)
  Лу́чше по́здно, чем никогда́. Better late than never.
поздоро́ваться—see здоро́ваться
поздра́вить—see поздравля́ть
поздравле́ние congratulations

поздравля́ть (поздра́вить) to congratulate

поздравля́ть с днём рожде́ния to congratultae someone on his birthday

по́зже later, later on

познако́миться—see **знако́миться**

позо́р shame, disgrace

пойма́ть—see **лови́ть**

пои́стине indeed, in truth

пойти́ to set out, go, start

*****пока́** while, for the time being

Пока́ всё. That is all for the time being.

пока́ . . . не until

Он ждал, пока́ она́ не вы́шла. He waited until she came out.

пока́ что meanwhile

показа́тельный model, demonstration (adj.)

показа́ть—see **пока́зывать**

пока́зывать (показа́ть) to show, point to, display

показа́ть себя́ to put one's best foot forward

пока́зывать хра́брость to display courage

Часы́ пока́зывают де́сять. The clock is set at ten.

показа́ться—see **каза́ться**

поката́ться—see **ката́ться** to go for a short drive

покача́ть to rock, swing

Покача́й ребёнка. Swing the child.

покача́ть голово́й to shake one's head

поки́нутый abandoned, deserted

поки́нуть (perf.) to abandon, forsake

покло́н bow, greetings

Переда́йте ему́ покло́н. Give him my regards.

поклони́ться—see **кла́няться**

покло́нник admirer, worshipper

поко́й (m.) rest, peace

не дава́ть поко́я to give no rest, to haunt

оста́вить в поко́е to leave alone

поко́йник the deceased

поколе́ние generation

поко́рно humbly, obediently

поко́рный submissive, obedient, resigned

поко́рный судьбе́ resigned to one's fate

покра́сить(ся)—see **кра́сить(ся)**

покрасне́ть—see **красне́ть**

покрови́тельство patronage, protection

покрыва́ло shawl, veil, bedspread

покрыва́ть (покры́ть) to cover, coat, roof

покрыва́ть себя́ сла́вой to cover oneself with glory

покры́ть та́йной to shroud in mystery

покры́ть—see **покрыва́ть**

покры́шка covering

*****покупа́ть (купи́ть)** to buy

поку́пка purchase

де́лать поку́пки to go shopping

покури́ть (perf.) to have a smoke

пол floor

Она́ сиде́ла на полу́. She was sitting on the floor.

*****пол** sex

же́нского и́ли мужско́го по́ла of female or male sex (gender)

прекра́сный пол the fair sex

полага́ть to suppose, think

Полага́ют, что он в Москве́. He is believed to be in Moscow.

полага́ться (положи́ться) to rely on

Здесь не полага́ется кури́ть. One is not supposed to smoke here.

полага́ется one is supposed

Положи́тесь на меня́. Depend on me.

Так полага́ется. It is the custom.

полго́да half a year

по́лдень midday, noon

по́ле field

по́ле зре́ния field of vision

спорти́вное по́ле playground

поле́зно healthful, useful

поле́зный useful, healthy

полете́ть—see **лета́ть**

по́лзать (ползти́) to crawl, creep

По́езд ползёт. The train is crawling.

Тума́н ползёт. The fog is creeping up.

политехни́ческий polytechnic

поли́тика politics

полице́йский policeman

по́лка shelf

кни́жные по́лки bookshelves

полне́ть (пополне́ть) to become fat, put on weight

полно́ filled, packed

по́лно enough!, that will do!

по́лностью completely, in full

по́лночь midnight

*по́лный full, complete, stout

В ко́мнате полно́ наро́ду. The room is full of people.

по́лная луна́ full moon

по́лное разоре́ние utter ruin

по́лное собра́ние сочине́ний complete works

полови́на half

положе́ние position, situation, condition

будь он в ва́шем положе́нии if he were in your place

Он челове́к с положе́нием. He is a man of high standing.

по положе́нию by one's position

поло́женный fixed, prescribed

поло́жим let us assume

положи́тельно positively, absolutely

положи́тельный positive, sedate

положи́тельная сте́пень сравне́ния positive degree (grammatical)

положи́тельный отве́т affirmative answer

*положи́ть (класть) to lay down, put down, put in a horizontal position

положи́ться—see полага́ться to rely on

не́ на кого положи́ться no one to rely on

полоса́ stripe, strip

полоте́нце towel

полтора́ one and a half

по́лу- gives meaning of semi- or half-

полугра́мотный semi-literate

полуоде́тый half-dressed

полусве́т twilight

*получа́ть (получи́ть) to receive, get, obtain

получа́ть пре́мию to receive a prize

получи́ть интере́сные вы́воды to obtain valuable conclusions

*получа́ться (получи́ться) to come, arrive, turn out

Результа́ты получи́лись блестя́щие. The results were brilliant.

получи́ть(ся)—see получа́ть(ся)

полчаса́ half-hour

по́льза use, benefit

в по́льзу in favor of

обще́ственная по́льза public benefit

приноси́ть по́льзу to be of use

Что по́льзы говори́ть об э́том? What's the use of talking about that?

по́льзоваться (воспо́льзоваться) to make use of

по́льзоваться дове́рием to enjoy one's confidence

по́льзоваться слу́чаем to take the opportunity

по́льзоваться успе́хом to be a success

по́льский Polish (adj.)

полюби́ть (perf.) to fall in love

пома́да pomade, cream

губна́я пома́да lipstick

пома́зать—see ма́зать

поме́длить—see ме́длить

поме́ньше somewhat less, somewhat smaller

поменя́ть—see меня́ть

помести́ть(ся)—see помеща́ть(ся)

помеща́ть (помести́ть) to place, locate

помеща́ться (imp.) to be located; to be accommodated

Стул туда́ помеща́ется. The chair fits in there.

помеще́ние location, lodging

поме́щик landowner, landlord

помидо́р tomato

поми́ловать (perf.) to pardon, forgive

поми́луй, поми́луйте   for goodness' sake

*поми́мо   besides, apart from (with gen.)

    поми́мо други́х соображе́ний   apart from other considerations

помину́тно   every minute

помири́ться — see **мири́ться**

по́мнить   (imp.) to remember, keep in mind

    Он по́мнит об э́том.   He remembers it.

помога́ть (помо́чь)   to help, assist

по-мо́ему   in my opinion

помо́чь — see **помога́ть**

помо́щник, помо́щница   assistant, helper (m., f.)

по́мощь   (f.) help, aid, relief

помы́ть(ся) — see **мы́ть(ся)**

понаде́яться   (perf.) to count on

по-настоя́щему   in the right way, as it should be

понево́ле   against one's will

понеде́льник   Monday

понемно́гу   a little at a time, little by little

пониже́ние   lowering, reduction

понима́ние   understanding, comprehension

*понима́ть (поня́ть)   to understand, comprehend

поно́шенный   shabby, worn

понра́виться — see **нра́виться**

по́нчик   doughnut

поню́хать — see **ню́хать**

поня́тие   idea, concept

    Поня́тия не име́ю.   I have no idea.

поня́тно   understandable, it is clear

поня́тный   clear, understandable

поня́ть — see **понима́ть**

пообе́дать — see **обе́дать**

поощри́ть — see **поощря́ть**

поощря́ть (поощри́ть)   to encourage

попада́ть (попа́сть)   to get somewhere (by chance), to find oneself

    Как попа́сть на вокза́л?   How does one get to the railroad station?

    попа́сть на по́езд   to catch a train

    попа́сть в цель   to hit the mark

попа́сть — see **попада́ть**

попола́м   in halves

пополне́ть — see **полне́ть**

попра́виться — see **поправля́ться**

поправля́ть (попра́вить)   to repair, mend, correct

    поправля́ть де́нежные дела   to better one's financial situation

    поправля́ть причёску   to smooth one's hair

поправля́ться (попра́виться)   to recover, get well, gain weight, improve

по-пре́жнему   as before, as usual

попрека́ть (попрекну́ть)   to reproach

попро́бовать — see **про́бовать**

попроси́ть — see **проси́ть**

попроща́ться — see **проща́ться**

попуга́й   parrot

    повторя́ть как попуга́й   to parrot someone's words

популя́рность   popularity

популя́рный   popular

попыта́ться — see **пыта́ться**

попы́тка   attempt, endeavor

пора́   time

    Давно́ пора́.   It is high time.

    до сих пор   until now

    Пора́ идти́.   It is time to go.

    с каки́х пор   since when

поража́ть (порази́ть)   to startle, strike, stagger

поража́ться (порази́ться)   to be surprised, astonished

порази́тельный   striking, startling

    порази́тельное схо́дство   striking likeness

порази́ть(ся) — see **поража́ть(ся)**

поре́зать   (perf.) to cut

    Он поре́зал себе́ па́лец.   He cut his finger.

поро́г   threshold

поро́к   vice, defect

порт   port, harbor

по́ртить (испо́ртить)   to spoil, corrupt

    Не по́ртите себе́ не́рвы.   Don't worry. Don't take it to heart.

    по́ртить аппети́т   to spoil one's appetite

по́ртиться (испо́ртиться) to deteriorate, decay, become corrupt, become spoiled

портни́ха (f.) dressmaker

портно́й tailor

портре́т portrait

портфе́ль (m.) briefcase

по-ру́сски Russian, in Russian

поруче́ние commission, errand

по́рция portion, helping

поры́в gust, rush

  в поры́ве ра́дости in a burst of joy

*поря́док order

  алфави́тный поря́док alphabetical order

  быть не в поря́дке to be out of order (not working)

  Всё в поря́дке. Everything is well.

  в спе́шном поря́дке quickly (rush order)

  приводи́ть в поря́док to put in order

  ста́рый поря́док old regime, order

поря́дочно honestly, decently

поря́дочный sizable, honest, respectable

поса́дочный тало́н boarding stub (airport)

по-сво́ему in one's own way

посети́тель, посети́тельница visitor (m., f.)

посети́ть—see **посеща́ть**

посеща́ть (посети́ть) to call on, visit

поскака́ть—see **скака́ть**

поско́льку so far as

поскоре́е somewhat quicker, quick! make haste!

поскрипе́ть—see **скрипе́ть**

посла́ть—see **посыла́ть**

*по́сле after (time, with gen.); also: adverb—later, afterward

  Он придёт по́сле рабо́ты. He will come after work.

  Э́то мо́жно сде́лать по́сле. You can do it afterward.

*после́дний last, latest

  за после́днее вре́мя of late, lately

  после́дние изве́стия latest news

послеза́втра the day after tomorrow

посло́вица proverb

послужи́ть—see **служи́ть**

послу́шать—see **слу́шать**

посме́ть—see **сметь**

посмотре́ть—see **смотре́ть**

посове́товать—see **сове́товать**

посо́л ambassador

посо́льство embassy

поспа́ть (perf.) to take a nap

поспе́шно hastily

поспо́рить—see **спо́рить**

поспе́шный hasty, thoughtless

  сде́лать поспе́шное заключе́ние to draw a hasty conclusion

*посреди́ in the middle of (prep. with gen.)

посре́дством by means of

поста́вить—see **ста́вить**

постара́ться—see **стара́ться**

по-ста́рому as before, as of old

посте́ль (f.) bed

постепе́нно gradually

посторо́нний strange, outside, outsider

постоя́нно constantly, always

постоя́нный constant, permanent

пострада́ть—see **страда́ть**

постро́енный built

постро́ить—see **стро́ить**

поступа́ть (поступи́ть) to act, join

  поступа́ть в произво́дство to go into production

  поступа́ть в университе́т to enter the university

  поступа́ть на вое́нную слу́жбу to join (enlist) in the military

  поступа́ть пло́хо с ке́м-либо to treat someone badly

поступи́ть—see **поступа́ть**

постуча́ть—see **стуча́ть**

посу́да dishes

посчита́ться—see **счита́ться**

посыла́ть (посла́ть) to send, dispatch

пот perspiration

потемне́ть—see **темне́ть**

потеря́нный lost, embarrassed, perplexed

потеря́ть(ся)—see **теря́ть(ся)**

поте́ть (вспоте́ть) to perspire, to become misty with steam

О́кна поте́ют. The windows are misty.

потихо́ньку slowly, silently, stealthily

потоло́к ceiling

*потом** then, afterward

пото́мство posterity

потолсте́ть—see **толсте́ть**

потому́ that is why

Потому́ он и прие́хал неме́дленно. That's why he came immediately.

потому́ что because

потре́бность (f.) want, necessity

потре́бовать—see **тре́бовать**

потрево́жить—see **трево́жить**

потуши́ть—see **туши́ть**

потяну́ть(ся)—see **тяну́ть(ся)**

поу́жинать—see **у́жинать**

похвали́ть—see **хвали́ть**

похва́стать(ся)—see **хва́стать(ся)**

похо́дка walk, step

лёгкая похо́дка light step

похо́жий resembling, like

На что вы похо́жи! Just look at yourself!

Они́ о́чень похо́жи друг на дру́га. They are very much alike.

Похо́же на то, что пойдёт дождь. It looks as if it will rain.

похорони́ть—see **хорони́ть**

похороше́ть—see **хороше́ть**

похуде́ть—see **худе́ть**

поцелова́ть(ся)—see **целова́ть(ся)**

поцелу́й kiss

по́чва soil, ground

не теря́ть по́чвы под нога́ми to stand on sure ground

плодоро́дная по́чва fertile soil

подгото́вить по́чву to pave the way

*почему́** why

почему́-то for some reason or other

по́черк handwriting

почеса́ться—see **чеса́ться**

почи́стить—see **чи́стить**

по́чта post office, mail

почте́ние respect, consideration

*почти́** almost, nearly

почти́тельный respectful, deferential

на почти́тельном расстоя́нии at a respectful distance

почу́вствовать—see **чу́вствовать**

пощади́ть—see **щади́ть**

пощекота́ть—see **щекота́ть**

пощёчина slap in the face

поэ́зия poetry

поэ́т poet

поэ́тому therefore

появи́ться—see **появля́ться**

появля́ться (появи́ться) to appear, emerge

по́яс belt, waistband

*пра́вда** truth

иска́ть пра́вды to seek justice

не пра́вда ли? isn't that so?

пра́вило rule

пра́вильно correctly, you are right

пра́вильный correct, right, regular

прави́тельство government

пра́вить (imp.) to drive, govern

пра́во right, license, law

води́тельские права́ driver's license

обы́чное пра́во common law

по пра́ву by right

*пра́вый** right, correct

пра́здник holiday

пра́здновать (отпра́здновать) to celebrate

пра́ктика practice, experience

пребыва́ние stay, sojourn

превосхо́дный excellent, magnificent

пре́данный devoted, staunch

предви́дение foresight

преде́л limit, end

предисло́вие preface, foreword

предлага́ть (предложи́ть) to offer, propose, suggest

предло́г preposition, pretense

предложе́ние offer, suggestion, proposal

предложе́ние sentence, clause

предложи́ть—see **предлага́ть**

предме́т object, subject, theme

преднаме́ренный premeditated

предполага́емый supposed, conjectured

предполага́ть (предположи́ть) to suppose, conjecture

предположе́ние supposition

предположи́ть—see предполага́ть
предпосле́дний   next to the last
предпоче́сть—see предпочита́ть
предпочита́ть (предпоче́сть)   to prefer
предпочте́ние   preference
предрассу́док   prejudice
председа́тель   (m.) chairman, president
предсказа́ние   prophecy, prediction
предсказа́ть   (perf.) to foretell, predict
представи́тель   (m.) representative
предста́вить—see представля́ть
представля́ть (предста́вить)   to present, offer
   предста́вить кого́-либо   to introduce someone
   представля́ть на рассмотре́ние to submit for consideration
   Предста́вьте себе́ моё удивле́ние. Imagine my astonishment.
   Что он собо́й представля́ет? What kind of person is he?
   Э́то не представля́ет тру́дности. It presents no difficulty.
предупреди́ть—see предупрежда́ть
предупрежда́ть (предупреди́ть) to notify, forewarn, prevent, anticipate
предупрежде́ние   notice, warning
предыду́щий   previous
*пре́жде   earlier, before (of time), formerly
президе́нт   president
презира́ть   to despise
презре́ние   contempt, disdain
презри́тельный   contemptuous, scornful
преиму́щество   preference, priority
прекра́сно   fine, excellently, beautiful
прекра́сный   excellent, beautiful
   в оди́н прекра́сный день   one fine day
преле́стный   charming, delightful, lovely
пре́лесть   (f.) charm, fascination
пре́мия   premium, bonus, prize
премье́р   prime minister, premier
преобража́ть (преобрази́ть)   to transform, change
преображе́ние   transformation

преобрази́ть—see преобража́ть
преодолева́ть (преодоле́ть)   to overcome, surmount
преодоле́ть—see преодолева́ть
преподава́ние   teaching
преподава́тель, преподава́тельница teacher (m., f.)
преподава́ть   to teach
препя́тствие   obstacle, hindrance, barrier
прерва́ть—see прерыва́ть
прерыва́ть (прерва́ть)   to interrupt
   прерыва́ть заня́тия   to interrupt one's studies
   прерыва́ть молча́ние   to break the silence
   прерыва́ть разгово́р   to interrupt a conversation
преры́висто   in a broken way
пресле́дование   persecution
пресле́довать   (imp.) to pursue, haunt
   пресле́довать цель   to pursue one's goal
   Э́та мысль пресле́дует меня́. This thought haunts me.
пре́сный   fresh, sweet, insipid
   пре́сная вода́   fresh water
прести́жный   prestigious
престо́л   throne
преступа́ть (преступи́ть)   to transgress, violate
преступи́ть—see преступа́ть
преступле́ние   crime, offense
престу́пник   criminal
прете́нзия   claim, pretension
преувеличе́ние   exaggeration, overstatement
преувели́ченный   exaggerated
преувели́чивать (преувели́чить) to exaggerate
преувели́чить—see преувели́чивать
преуменьша́ть (преуме́ньшить) to underestimate
преуменьше́ние   underestimation
преуме́ньшить—see приуменьша́ть
*при   in the presence of, at, by (with prep.)
   Он э́то сказа́л при свое́й ма́тери. He said it in his mother's presence.

при дневнóм свéте by daylight

при Петрé Пéрвом during the reign of Peter the First

При университéте нахóдится цéрковь. There is a church in the university.

При чём тут я? What do I have to do with it?

прибáвить—see прибавля́ть

прибáвка addition, supplement

прибавля́ть (прибáвить) to add, increase

прибáвочный additional, supplementary

прибежáть (perf.) to approach running

приближáть (прибли́зить) to draw nearer

приближáться (прибли́зиться) to approach, draw near, approximate

приближáться к и́стине approximate the truth

Шум прибли́зился. The noise drew nearer.

прибли́зительно approximately

прибли́зительный approximate

прибли́зить(ся)—see приближáть(ся)

прибóр device, apparatus

при́быльный profitable

привезти́—see привози́ть

привести́—see приводи́ть

привéт greeting

привéтливость (f.) affability

привéтливый friendly

привéтствие greeting, salutation

привéтствовать (perf.) to greet, welcome

привидéние ghost, specter

привлекáтельный attractive, alluring, inviting

привлекáть (привлéчь) to attract, draw to

привлéчь—see привлекáть

приводи́ть (привести́) to bring (on foot)

приводи́ть в поря́док to put in order

приводи́ть кого́-либо в чу́вство to bring someone to his senses

привози́ть (привезти́) to bring (by vehicle)

привыкáть (привы́кнуть) to become accustomed

Он ужé привы́к к тому́. He has already become used to it.

Ребёнок привы́к к бáбушке. The child became accustomed to his grandmother.

привы́кнуть—see привыкáть

привы́чка habit

по привы́чке by force of habit

привя́занность (f.) attachment

привя́занный attached

привязáть—see привя́зывать

привя́зывать (привязáть) to attach, to fasten

пригласи́ть—see приглашáть

приглашáть (пригласи́ть) to ask, invite

приглашéние invitation

при́город suburb

приготóвить—see готóвить

приготовлéние preparation

приготовля́ть(ся) (приготóвить(ся)) to prepare something (also of cooking); to prepare (oneself)

приду́мать—see приду́мывать

приду́мывать (приду́мать) to devise, invent

приéзд arrival

приезжáть (приéхать) to arrive

приём reception

приёмный receiving, reception

приёмная мать foster mother

приёмные часы́ office hours (of a doctor)

приéхать—see приезжáть

прижимáть (прижáть) to press, clasp

прижимáть к груди́ to clasp to one's breast

прижáть—see прижимáть

призвáние vocation, calling

признавáть (признáть) to acknowledge, recognize

признавáть свои́ оши́бки to admit one's mistakes

при́знак sign, indication

признáние acknowledgment, recognition

признáть—see признавáть

прийти́сь—see приходи́ть

прикáз order, command

приказа́ть—see **прика́зывать**
прика́зывать (приказа́ть) to order, command
приле́жный diligent
прили́чие decency, decorum
прили́чно decently, properly
прили́чный decent, proper, becoming
*__приме́р__ example
  брать приме́р с кого́-либо to follow someone's example
  наприме́р for example, for instance
  подава́ть приме́р to set an example
приме́рить—see **ме́рить**
приме́рить—see **примеря́ть**
приме́рно exemplarily, approximately
  приме́рно вести́ себя́ to be an example, to conduct oneself exemplarily
примеря́ть (приме́рить) to try on, fit
  Семь раз приме́рь, а оди́н отре́жь. (Try it on seven times, cut once.) Look before you leap.
примеча́ние note, comment
примире́ние reconciliation
примиря́ться (примири́ться) to become reconciled, to put up with
принадлежа́ть to belong
принести́—see **приноси́ть**
*__принима́ть (приня́ть)__ to take, admit
  за кого́ вы меня́ принима́ете? Whom do you take me for?
  принима́ть ва́нну to take a bath
  принима́ть во внима́ние to take into consideration
  принима́ть в шко́лу to admit to the school
  принима́ть госте́й to receive guests
  принима́ть как до́лжное to accept as one's due
  принима́ть на себя́ что́-лнибо to take something on oneself
  принима́ть реше́ние to come to a decision
  принима́ть чью́-либо сто́рону to take someone's side

  приня́ть гражда́нство to become a citizen
  приня́ть уча́стие to take part
приноси́ть (принести́) to bring, fetch
  приноси́ть дохо́д to make profit
  приноси́ть обра́тно to bring back
  Это не принесло́ ему́ по́льзы. He got no benefit from it.
принуди́ть—see **принужда́ть**
принужда́ть (принуди́ть) to compel, coerce
принуждённый constrained, forced
при́нцип principle
при́нятый accepted, adopted
приня́ть—see **принима́ть**
приобрести́—see **приобрета́ть**
приобрета́ть (приобрести́) to acquire, gain
припа́док fit, attack
припра́ва seasoning, flavoring
*__приро́да__ nature
  Он лени́в от приро́ды. He is lazy by nature.
  явле́ние приро́ды natural phenomenon
прислу́га servant
присоедине́ние addition, joining
присоедини́ться—see **присоединя́ться**
присоединя́ться (присоедини́ться) to join, add
при́стально fixedly, intently
при́стальный fixed, intent
прису́тствие presence
прису́тствовать to be present
прихо́д coming, arrival
приходи́ть (прийти́) to come, arrive
  приходи́ть в го́лову to come into someone's mind
  приходи́ть в себя́ to come to one's senses
  приходи́ть к заключе́нию to come to the conclusion
приходи́ться (прийти́сь) to have to, fit
  Ему́ пришло́сь уе́хать. He had to leave.
  Он прихо́дится мне двою́родным бра́том. He is my cousin.

причеса́ть(ся)—see причёсывать(ся)

причёска coiffure, hairdo

причёсывать(ся) (причеса́ть(ся)) to comb someone's hair; to comb (one's own) hair

причи́на cause, reason

прия́тель, прия́тельница friend (m., f.)

*прия́тно (adv.) pleasantly, it's pleasant

прия́тный pleasant, agreeable

*про about, concerning (with acc.)
Он слы́шал про э́то. He has heard about it.
про себя́ to oneself

про́ба test, trial

пробега́ть (пробежа́ть) to run past, run through

проби́рка test tube

про́бка cork, stopper, plug

пробле́ма problem

про́бовать (попро́бовать) to attempt, try, taste

пробужде́ние awakening

пробы́ть (perf.) to stay, remain
Он про́был там три дня. He stayed there three days.

прове́рить—see проверя́ть

проверя́ть (прове́рить) to verify, check

провести́—see проводи́ть

про́вод wire, conductor

проводи́ть (провести́) to spend time
Мы хорошо́ провели́ вре́мя. We had a good time.

проводи́ть—see провожа́ть

провожа́ть (проводи́ть) to accompany, see someone off
провожа́ть глаза́ми to follow with one's eyes
провожа́ть до угла́ to accompany to the corner

програ́мма program
театра́льная програ́мма playbill
уче́бная програ́мма curriculum

прогре́сс progress

прогу́лка walk, outing
на прогу́лку for a walk, outing

продава́ть (прода́ть) to sell

прода́жа selling, sale
идти́ в прода́жу to be put up for sale

про́данный sold

*прода́ть—see продава́ть

*продолжа́ть (продо́лжить) to continue

продолже́ние continuation, sequel

продолжи́тельный long, prolonged

продо́лжить—see продолжа́ть

проду́кты provisions, foodstuffs

проду́мать (perf.) to think over

прое́зд passage, thoroughfare

проезжа́ть (прое́хать) to pass, go by, cover a distance

прое́зжий traveler, passerby

прое́хать—see прое́зжать

про́за prose

прозра́чный transparent

проигра́ть (perf.) to lose (at playing)

произведе́ние work, production
и́збранные произведе́ния selected works
музыка́льное произведе́ние musical composition

произвести́—see производи́ть

производи́ть (произвести́) to carry out, make, manufacture
производи́ть впечатле́ние to make an impression
производи́ть о́пыты to conduct experiments

произво́дство production, manufacture

произнести́—see произноси́ть

произноси́ть (произнести́) to pronounce, utter
произноси́ть речь to deliver a speech

произноше́ние pronunciation

произойти́—see происходи́ть

происходи́ть (произойти́) to happen, occur, be going on, be descended from
Что здесь происхо́дит? What's going on here?

происхожде́ние origin, descent
по происхожде́нию by birth

пройти́—see проходи́ть

прока́т hire

взять напрока́т   to rent, to hire

прокля́тый   cursed, damned

пролива́ть (проли́ть)   to spill, shed

   пролива́ть свет   to throw light

   пролива́ть слзы   to shed tears

проли́ть—see пролива́ть

проме́длить   (perf.) to linger, delay

промелькну́ть   (perf.) to flash, pass quickly

   промелькну́ть в голове́   to flash through one's mind

   Промелькну́ли две неде́ли   Two weeks flew by.

промы́шленность   (f.) industry

пронзи́тельно   (adv.) shrilly, stridently

пронзи́тельный   shrill, sharp, piercing

пропада́ть (пропа́сть)   to be lost, be wasted

   Весь день пропа́л у меня́.   The whole day has been wasted.

   Где вы пропада́ли?   Where on earth have you been?

   Я пропа́л!   I am in trouble!

пропа́сть—see пропада́ть

пропорциона́льно   (adv.) in proportion

   обра́тно пропорциона́льно inversely

пропо́рция   proportion, ratio

пропуска́ть (пропусти́ть)   to let go, let pass, miss, leave out

   не пропуска́ть во́ду   to be waterproof

   Пропуска́йте подро́бности.   Omit the details.

   пропусти́ть ле́кцию   to miss a lecture

   пропусти́ть стро́чку   to skip a line

пропусти́ть—see пропуска́ть

проро́к   prophet

просвеще́ние   enlightenment

*проси́ть (попроси́ть)   to ask, beg, request

просма́тривать (просмотре́ть)   to look over, run through

просмотре́ть—see просма́тривать

просну́ться—see просыпа́ться

*прости́ть—see проща́ть

про́сто   simply, it is simple

Ему́ о́чень про́сто э́то сде́лать.   It costs him nothing (It is very simple for him) to do it.

Он про́сто ничего́ не зна́ет.   He simply doesn't know anything.

простоду́шие   openheartedness, artlessness

простоду́шный   openhearted, unsophisticated

*просто́й   simple, common, plain

   просто́е любопы́тство   mere curiosity

   просты́е лю́ди   unpretentious people

   просты́е мане́ры   unaffected manners

простота́   simplicity

просту́да   cold, chill

простуди́ться   (pf.) to catch cold

просыпа́ться (просну́ться)   to wake up

*про́сьба   request

   У меня́ к вам про́сьба.   I have a favor to ask of you.

*про́тив   against, opposite, opposed to (with gen.)

   друг про́тив дру́га   face to face

   Он ничего́ не име́ет про́тив э́того.   He has nothing against it. He doesn't mind.

   про́тив его́ ожида́ний   contrary to his expectations

   про́тив тече́ния   against the current

   спо́рить про́тив чего́-либо   to argue against something

проти́вный   opposite, contrary, adverse, nasty, repulsive

   в проти́вном слу́чае   otherwise

   проти́вная сторона́   opposite party

противополо́жность   (f.) contrast, opposition

противоре́чие   contradiction, opposition

противоре́чить   to contradict

профе́ссия   profession, occupation

профе́ссор   professor

прохла́да   coolness

прохлади́ться—see прохлажда́ться

прохла́дно   (adv.) cool, chilly, it is cool

прохла́дный fresh, cool

прохлажда́ться (прохлади́ться) to refresh oneself

*проходи́ть (пройти́) to pass, go by, pass through

Доро́га прохо́дит че́рез лес. The road lies through a wood.

Его́ боле́знь прошла́. His illness has passed.

Не прошло́ ещё и го́да. A year has not yet passed.

пройти́ курс to study a course

пройти́ ми́мо to go past

проходно́й connecting

процеду́ра procedure

проце́нт percentage, rate

проце́сс process

про́чий other

все про́чие the others

и про́чее (и проч.) et cetera

ме́жду про́чим by the way

прочесть—see чита́ть

прочита́ть—see чита́ть

прочь away, off

Прочь отсю́да! Get out of here!

Ру́ки прочь! Hands off!

проше́дший past (adj.)

проше́дшее вре́мя past tense

про́шлое the past

в недалёком про́шлом not long ago

про́шлый last, past

в про́шлом году́ last year

Де́ло про́шлое. Let bygones be bygones.

проща́й, проща́йте good-bye, farewell

проща́льный parting

*проща́ть (прости́ть) to forgive, pardon

Прости́те! Forgive me!

проща́ться (попроща́ться) to say goodbye, take leave

про́ще simpler, plainer

проще́ние forgiveness, pardon

проэкзаменова́ть—see экзаменова́ть

прояви́ть—see проявля́ть

проявле́ние manifestation, development

проявля́ть (прояви́ть) to display, reveal, develop

проявля́ть плёнку to develop film

проявля́ть ра́дость to show joy

проявля́ть себя́ to show one's worth

проявля́ть си́лу to display strength

проя́снеть (perf.) to clear up, brighten up

пруд pond

пры́гать (пры́гнуть) to jump, spring, leap

пры́гнуть—see пры́гать

прыжо́к jump, spring

*пря́мо straight, exactly

держа́ться пря́мо to hold oneself erect

Он пря́мо геро́й. He is a real hero.

попада́ть пря́мо в цель to hit the mark

пря́мо к де́лу straight to the point

сказа́ть пря́мо to say frankly

прямоду́шный straightforward

прямо́й straight, upright, sincere

прямоуго́льник rectangle

прямоуго́льный rectangular, right-angled

пря́ник gingerbread

пря́ность (f.) spice

пря́ный spicy

пря́тать(ся) (спря́тать(ся)) to hide (something); to conceal (oneself)

психиа́тр psychiatrist

психо́з psychosis

психо́лог psychologist

психоло́гия psychology

*пти́ца bird, fowl

пу́блика public, audience

публикова́ть (опубликова́ть) to publish

публи́чно (adv.) publicly, openly

пуга́ть (испуга́ть) to frighten, intimidate

пуга́ться (испуга́ться) to be frightened, to take fright

пу́говица button

пу́дра powder

пу́дреница powder case, compact

пу́дриться (напу́дриться) to powder one's face

пузы́рь (m.) bubble, blister, bladder

пульс pulse

пункт point, station
  медици́нский пункт dispensary
  нача́льный пункт starting point
  по пу́нктам paragraph after paragraph

пунктуа́льно (adv.) punctually

пурга́ blizzard

*пуска́ть (пусти́ть) to allow, permit, set free, put in action
  Не пуска́йте его́ сюда́. Don't allow him to enter.
  пуска́ть во́ду to turn on the water
  пуска́ть маши́ну to start an engine
  пуска́ть слух to spread a rumor

пусти́ть — see пуска́ть

пусто́й empty, hollow
  пуста́я болтовня́ idle talk
  пусты́е мечты́ castles in the air

пустота́ emptiness, void

пусты́ня desert, wilderness

*пусть let (him, her, them)
  Пусть он идёт. Let him go.

пу́таный confused, tangled

пу́тать (запу́тать) to tangle, confuse, mix up

путеше́ственник traveler

путеше́ствовать to travel

пу́тник traveler

путь (m.) trip, road, path
  Друго́го пути́ нет. There is no other way.
  дыха́тельные пути́ respiratory tract
  по пути́ on the way
  стоя́ть на чьём-либо пути́ to stand in someone's way

пу́хленький plump, chubby

пу́хнуть (imp.) to swell

пчела́ bee

пыл ardor, passion

пылесо́с vacuum cleaner

пылесо́сить to vacuum

пы́лкий ardent, passionate
  пы́лкая речь fervent speech

пыль (f.) dust

пыта́ться (попыта́ться) to attempt, try, endeavor

пы́шность (f.) splendor, magnificence

пье́са play
  дава́ть пье́су to give a play
  ста́вить пье́су to stage a play

пья́ница drunkard

пья́ный drunk, tipsy

пятка heel

пятна́дцать fifteen

пятна́дцатый fifteenth

*пя́тница Friday
  в пя́тницу on Friday

пятно́ spot, stain, blotch

*пять five

пятьдеся́т fifty

пятьсо́т five hundred

*пя́тый fifth

Р

раб slave

*рабо́та work, working
  ажу́рная рабо́та openwork, tracery
  дома́шняя рабо́та homework
  лепна́я рабо́та stucco work
  Она́ за рабо́той. She is at work.
  нау́чная рабо́та scientific work

*рабо́тать to work
  рабо́тать над кни́гой to work on a book
  рабо́тать по на́йму to work for hire
  Телефо́н не рабо́тает. The telephone is out of order.

*рабо́чий working man

ра́бство slavery

*ра́венство equality

*равно́ (adv.) alike, in like manner
  Всё равно́. It makes no difference. It is all the same.
  Он всё равно́ придёт. He will come anyway.
  Он поступа́ет ра́вно со все́ми. He treats everyone alike.

равнобе́дренный треуго́льник isosceles triangle

равноду́шие indifference

равноду́шный indifferent

равноме́рно (adv.) uniformly, evenly

равноси́льный equivalent

ра́вный equal

  на ра́вных усло́виях on equal conditions

  отнаси́ться к кому́-либо как к ра́вному to treat someone as one's equal

  ра́вное коли́чество equal quantity

равня́ть (сравня́ть) to equalize, compare

*__рад, ра́да, ра́до, ра́ды__ glad

*__ра́ди__ for the sake of (prep. with gen.)

радика́льный drastic

ра́дио radio, wireless

ра́доваться (обра́доваться) to be glad, rejoice

ра́достный glad, joyous

ра́дость (f.) gladness, joy

раду́шно cordially, invitingly

*__раз__ time (occasion)

  ещё раз once again

  как раз just exactly

  не раз many a time

  ни ра́зу not once

  раз в год once a year

разбива́ть (разби́ть) to smash, break, divide

разби́ть—see **разбива́ть**

разбира́ть (разобра́ть) to take apart, sort out, discuss

  Он не мо́жет разобра́ть её по́черк. He cannot make out her handwriting.

  разбира́ть пробле́му to discuss the problem

разбо́йник robber, bandit

разбо́р analysis, critique

разбуди́ть—see **буди́ть**

разбо́рчивый fastidious

*__ра́зве__ can it be that, really (usually used in amazement)

развива́ть (разви́ть) to develop, untwist

разви́тие development

развито́й developed

разви́ть—see **развива́ть**

развлека́ть (развле́чь) to entertain, divert

развлече́ние entertainment, amusement

развле́чь—see **развлека́ть**

разво́д divorce

разводи́ть to breed or cultivate

*__разгова́ривать__ to converse, speak with

разгово́р conversation, talk

  И разгово́ра не́ было об э́том. There was no question of that.

  перемени́ть разгово́р to change the subject

разгово́рчивый talkative

раздава́ть (разда́ть) to distribute, give out

разда́ть—see **раздава́ть**

раздева́ть(ся) (разде́ть(ся)) to undress (oneself), strip

разделе́ние division

раздели́ть(ся)—see **дели́ть(ся)**

разде́льно (adv.) separately

разделя́ть(ся) (раздели́ть(ся)) to divide, separate

раздели́ть(ся)—see **разделя́ть(ся)**

разде́ть(ся)—see **раздева́ть(ся)**

раздража́ть (раздражи́ть) to irritate, annoy, exasperate

раздраже́ние irritation

раздражённый angry, irritated

раздражи́ть—see **раздража́ть**

разду́мье meditation, thoughtful mood

различа́ть (различи́ть) to differ, distinguish

различа́ться to differ

  различа́ется длино́й. It differs in length.

разли́чие distinction

различи́ть—see **различа́ть**

разли́чный different

разложе́ние decomposition

разложи́ться—see **раскла́дываться**

разме́р size, dimension

размышле́ние reflection, meditation

*__ра́зница__ difference

разногла́сие difference, discordance (of opinion)

разнообра́зие variety, diversity

разнообра́зный various, diverse

ра́зность (f.) difference

ра́зный different, various

разобра́ть—see разбира́ть
разойти́сь—see расходи́ться
разочарова́ние disappointment
разочаро́ванный disappointed
разочарова́ться (perf.) to be
 disappointed
разреша́ть (разреши́ть) to allow,
 permit, authorize, solve
разреше́ние permission, solution
разреши́ть—see разреша́ть
разруша́ть (разру́шить) to
 destroy, demolish
разруше́ние destruction, demolition
разру́шить—see разруша́ть
разры́в break, rupture
 Между ни́ми произошёл разры́в.
 They have come to a breaking
 point.
ра́зум reason, intelligence
*разуме́ется of course
 Само́ собо́й разуме́ется. It goes
 without saying.
рай paradise
райо́н region, district
ра́ма frame
ра́на wound
ра́неный wounded
ра́нний early
 ра́нним у́тром early in the
 morning
 с ра́ннего де́тства from early
 childhood
*ра́но (adv.) early, it is early
ра́ньше earlier, formerly
 как мо́жно ра́ньше as early as
 possible
 Ра́ньше здесь помеща́лась
 шко́ла. There was a school here
 formerly.
раскла́дываться (разложи́ться) to
 unpack
раскрыва́ть (раскры́ть) to open,
 reveal, disclose
раскры́ть—see раскрыва́ть
расписа́ние timetable, schedule
распи́ска receipt
расплати́ться—see распла́чиваться
распла́чиваться (расплати́ться)
 to pay off, get even with
распра́вить—see расправля́ть
расправля́ть (распра́вить) to
 straighten, smooth out

распрода́жа sale
распростране́ние spreading,
 diffusion
распространи́ть—see
 распространя́ть
распространя́ть (распространи́ть)
 to spread, disseminate
рассве́т dawn, daybreak
рассерди́ться—see серди́ться
рассе́янно (adv.) absently, absent-
 mindedly
рассе́янность (f.) absent-
 mindedness, distraction
рассе́янный scattered, diffused,
 absent-minded
расска́з story, tale
рассказа́ть—see расска́зывать
расска́зывать (рассказа́ть) to tell,
 narrate, relate
рассма́тривать (рассмотре́ть) to
 consider, examine, look over
рассмотре́ть—see рассма́тривать
расстёгивать (расстегну́ть) to
 unfasten, unbutton
расстегну́ть—see расстёгивать
расстоя́ние distance, space
 держа́ться на почти́тельном
 расстоя́нии to keep aloof
 на не́котором расстоя́нии at
 some distance
рассу́дочный rational
рассчи́танный deliberate,
 calculated, designed
рассчи́тывать to calculate
 не рассчита́ть свои́х сил to
 overrate one's strength
раста́ять—see та́ять
раство́р solution
расте́рянный confused,
 embarrassed, perplexed
*расти́ (вы́расти) to grow, grow up
растере́ть—see растира́ть
растира́ть (растере́ть) to grind
растя́гивать (растяну́ть) to
 stretch, strain, sprain
 растя́гивать удово́льствие to
 prolong a pleasure
 растяну́ть себе́ му́скул to strain
 a muscle
растя́нутый stretched, long-drawn
 out
растяну́ть—see растя́гивать

*расхо́д   expense, expenditure

расходи́ться (разойти́сь)   to separate, disperse

Мне́ния расхо́дятся.   Opinions vary.

на́ши пути́ разошли́сь.   Our ways have parted.

Он разошёлся со свое́й жено́й. He separated from his wife.

расцвести́—see расцвета́ть

расцвета́ть (расцвести́)   to blossom, bloom, flourish

*расчёт   calculation, estimate

по его́ расчёту   according to his calculations

ппринима́ть в расчёт   to take into consideration

расчётливо   (adv.) prudently, economically

расчётливость   (f.) economy, thrift

расши́рить—see расширя́ть

расширя́ть (расши́рить)   to enlarge, widen, expand

расши́тый   embroidered

рациона́льно   rationally

*рвать (вы́рвать)   to tear, rend, pull out

рвать (порва́ть) зу́бы   to extract teeth

рвать на себе́ во́лосы   to tear out one's hair

рвать (нарва́ть) отноше́ния   to break off relations

рвать цветы́   to pick flowers

реаге́нт   reagent

реа́кция   reaction

реалисти́ческий   realistic

*ребёнок   baby, infant

ребро́   rib

*ребя́та   children, boys

ребя́ческий   childish

ревни́вый   jealous

ревнова́ть   to be jealous

революцио́нный   revolutionary

регистри́роваться (зарегистри́роваться)   to register

регуля́рный   regular

редакти́ровать (отредакти́ровать)   to edit

реда́ктор   editor

реда́кция   editorial staff, editorial office

ре́дкий   rare, uncommon, sparse

*ре́дко   (adv.) seldom, rarely

ре́дкость   (f.) rarity, curiosity

режиссёр   producer, director

*ре́зать   to cut, slice

*рези́на   rubber, elastic

рези́нка   eraser

ре́зкий   sharp, harsh

ре́зкая кри́тика   severe criticism

ре́зкие слова́   sharp words

ре́зкий ве́тер   cutting wind

ре́зкое измене́ние пого́ды   sharp change in the weather

ре́зко   (adv.) sharply, abruptly

результа́т   result, outcome

*река́   river, stream

рекла́ма   advertisement, publicity

рекла́мное аге́нтство   advertising agency

реклами́ровать   to advertise, publicize, boost

рекоменда́ция   recommendation

рекомендова́ть (порекомендова́ть)   to advise, recommend

Тако́й спо́соб не рекоменду́ется. This method is not recommended.

религио́зный   religious

рели́гия   religion

ремесло́   trade, handicraft, profession

ремо́нт   remodeling, repairs

рентге́н, рентге́новские лучи́, икс-лучи́   X-rays

репертуа́р   repertoire

репети́тор   tutor

репута́ция   reputation

по́льзоваться хоро́шей репута́цией   to have a good reputation

рестора́н   restaurant

рето́рта   retort (chemical)

рефо́рма   reform

реце́нзия   review, theater notice

реце́пт   recipe, prescription

ре́чка   river

речно́й   river (adj.)

речь   (f.) speech, oration

дар ре́чи   gift of speech

засто́льная речь   dinner speech

О чём идёт речь? What are you talking about?

ча́сти ре́чи parts of speech

реша́ть (реши́ть) to decide, make up one's mind, settle

Он реши́л уе́хать. He decided to go.

реша́ть зада́чу to solve a problem

Это реша́ет вопро́с. That settles the question.

реше́ние decision

реши́тельно (adv.) resolutely, decidedly, positively

реши́тельный decisive, resolute, firm

реши́ть—see **реша́ть**

ри́нг (sport) ring

рис rice

риск risk

рискну́ть—see **рискова́ть**

рискова́ть (рискну́ть) to risk, venture, take a chance

рисова́ть (нарисова́ть) to draw, paint

рису́нок drawing, picture

ритм rhythm

ри́фма rhyme

ро́бкий shy, timid

ро́бот robot

*ро́вно (adv.) equally, exactly

ро́вный flat, even, plane

ро́вный хара́ктер even-tempered

*род family, kin, origin, sort, gender

вся́кого ро́да of all kinds

из ро́да в род from generation to generation

мужско́го ро́да masculine gender

*ро́дина native country

*роди́тели (pl.) parents, father and mother

роди́ть (imp. and perf.) to give birth to

роди́ться (imp. and perf.) to be born

*родно́й native, own

родно́й брат brother by birth

родно́й язы́к native tongue

ро́дственник relative, kinsman

рожде́ние birth

день рожде́ния birthday

рождество́ Christmas

ро́за rose

ро́зовый pink

ро́кер rock musician

рок-звезда́ rock star

роль (f.) role, part

рома́н novel, romance

рома́нс song (art song)

романти́ческий romantic

роня́ть (урони́ть) to drop, let fall, shed

роса́ dew

ро́скошь (f.) luxury, splendor

Росси́я Russia

рост growth, development, height

ро́стбиф roast beef

*рот mouth

роя́ль (m.) grand piano

игра́ть на роя́ле to play the piano

руба́шка shirt

рубе́ж boundary, borderline

руби́ть chop, hack, slash

ру́бленый minced, chopped

рубль (m.) ruble

руга́ть (отруга́ть) to scold, abuse

руга́ться to swear, call names

Они́ постоя́нно руга́ются. They are always abusing each other. They are always quarreling with each other.

ружьё gun

*рука́ hand, arm

брать себя́ в ру́ки to pull oneself together

быть в хоро́ших рука́х to be in good hands

держа́ть на рука́х to hold in one's arms

из рук в ру́ки from hand to hand

пода́ть ру́ку по́мощи to lend a helping hand

под руко́й near at hand, handy

предлага́ть ру́ку кому́-либо to offer someone one's hand in marriage

Ру́ки прочь! Hands off!

умы́ть (perf) **ру́ки** to wash one's hands of it

У него́ ру́ки че́шутся. His fingers itch.

Это не его́ рука́. That is not his writing.

рука́в sleeve

руководи́тель (m.) leader

руководи́ть to lead, guide

руково́дство guidance, guiding principle

под руково́дством under the leadership

ру́копись (f.) manuscript

*__ру́сский, ру́сская__ Russian (m., f.) (noun and adj.)

руча́тельство guarantee

руче́й brook, stream

*__ру́чка__ handle, arm, penholder, pen

автомати́ческая ру́чка fountain pen

ручно́й hand (adj.), tame

*__ры́ба__ fish

лови́ть ры́бу в му́тной воде́ to fish in troubled waters

ни ры́ба ни мя́со neither fish nor fowl

рыда́ние sobbing

рыда́ть to sob

ры́жий red-haired

ры́нок market

ры́сью (adv.) at a trot

ры́царь (m.) knight

рю́мка wineglass

ряд row, line

ря́дом (adv.) side by side, beside

сиде́ть ря́дом с ке́м-либо to sit side by side with someone

Э́то совсе́м ря́дом. It is close by.

С

*__с__ from, off, since (with gen.), with, together with, and (with inst.)

Брат с сестро́й ушли́. Brother and sister went away.

Он её не ви́дел с про́шлого го́да. He hasn't seen her since last year.

Он пришёл с детьми́. He came with the children.

прие́хать с рабо́ты to come from work

с доса́ды out of vexation

с пе́рвого взгля́да at first sight

с удово́льствием with pleasure

упа́сть (perf.) **с кры́ши** to fall off the roof

Что с тобо́й? What's the matter with you?

*__сад__ garden

де́тский сад kindergarten

*__сади́ться (сесть)__ to sit down, take a seat

сади́ться (сесть) на дие́ту to go on a diet

сади́ться в лу́жу to get into a fix

Он сел на по́езд. He took the train.

Он сел на стул. He sat down on a chair.

са́жа soot

сала́т lettuce, salad

са́ло fat, lard

салфе́тка napkin

са́льный greasy

*__сам, сама́, само́, са́ми__ self (m., f., n., pl.)

Он сам хоте́л э́то сде́лать. He wanted to do it himself.

Э́то говори́т само́ за себя́. It speaks for itself.

Я сам себе́ хозя́ин. I am my own master.

самова́р samovar

самоде́льный homemade

самоде́ятельность (f.) spontaneous activity, amateur stage

самодово́льный self-satisfied

самодово́льство self-satisfaction, complacency

самозва́нец impostor

самолёт airplane

самолюби́вый proud, touchy

самолю́бие self-respect, pride

ло́жное самолю́бие false pride

самооблада́ние self-control, composure

самостоя́тельно (adv.) independently

самостоя́тельный independent

самоуби́йство suicide

самоуве́ренно (adv.) with self-confidence

самоуве́ренность (f.) self-confidence, self-assurance

самоуправле́ние self-government

*__са́мый__ the very, the same

в са́мом де́ле! indeed! really!

в са́мом нача́ле at the very beginning

в то же са́мое вре́мя, когда́   just when

до са́мого до́ма   all the way home

на са́мом де́ле   actually

та же са́мая кни́га   the same book

in superlatives:

са́мая хоро́шая кни́га   the best book

са́мый тру́дный   most difficult

са́ни   (only pl.) sleigh

сапо́г   high boot

сара́й   shed, barn

са́хар   sugar

са́харница   sugar bowl

сближа́ться (сбли́зиться)   to draw together, approach, become good friends

сбли́зиться—see **сближа́ться**

сбо́ку   (adv.) from one side, on one side

сбо́рник   collection

сва́дьба   wedding

све́дение   information

све́жий   fresh

све́жая ры́ба   fresh fish

све́жий во́здух   fresh air

свежо́ в па́мяти   fresh in one's mind

сверка́ть   to sparkle, twinkle, glitter, glare

сверкну́ть   (perf.) to flash

Сверкну́ла мо́лния.   Lightning flashed.

сверх   over, besides, beyond (with gen.)

сверх ожида́ния   beyond expectation

сверх програ́ммы   in addition to the program

*све́рху   (adv.) from above, on top

вид све́рху   view from above

пя́тая строка́ све́рху   fifth line from the top

све́рху до́низу   from top to bottom

*свет   light

броса́ть свет на что́-либо   to throw light on something

дневно́й свет   daylight

представля́ть что́-либо в вы́годном све́те   to show

something to best advantage

при све́те луны́   by moonlight

*свет   world, society

весь свет   the whole world

выпуска́ть в свет   to publish

вы́сший свет   high society

ни за что на све́те   not for the world

тот свет   the next world

свети́ть(ся)   to shine

Его́ глаза́ свети́лись от ра́дости.   His eyes shone with joy.

Луна́ све́тит.   The moon is shining.

светло́   (adv.) it is light, brightly

На дворе́ светло́.   It is daylight.

све́тлый   light

све́тлая ко́мната   light room

све́тлый ум   bright spirit

све́тлое пла́тье   light-colored dress

све́тский   secular, worldly

све́тская же́нщина   woman of the world

све́тское о́бщество   society

свеча́   candle

*свида́ние   meeting, appointment; date, engagement

до свида́ния   good-bye

до ско́рого свида́ния   see you soon

свиде́тель   (m.) witness

свиде́тельство   evidence, certificate, license

свини́на   pork

свинья́   pig, swine

свист   whistle

свиста́ть, свисте́ть   to whistle, pipe

сви́тер   sweater

свобо́да   freedom, liberty

выпуска́ть на свобо́ду   to set free

предоставля́ть кому́-либо по́лную свобо́ду де́йствий   to give someone a free hand

свобо́да печа́ти   freedom of the press

свобо́дно   (adv.) freely, fluently, with ease

говори́ть свобо́дно   to speak fluently

свобо́дный free
  свобо́дное вре́мя free time
  свобо́дные де́ньги spare cash
своевре́менно (adv.) in good time, opportunely
*****свой, своя́, своё, свои́** one's own (m., f., n., pl.)
  Всё придёт в своё вре́мя. Everything comes in its time.
  Он признаёт свои́ недоста́тки. He acknowledges his faults.
  Он там свой челове́к. He is quite at home there.
сво́йство property, characteristics
свя́занный combined, constrained
связа́ть—see **свя́зывать**
свя́зывать (связа́ть) to bind, tie together, connect
  свя́зывать обеща́нием to bind by a promise
  Э́тот вопро́с те́сно свя́зан с други́ми. This problem is bound up with others.
связь (f.) tie, bond, connection, relation
  в э́той связи́ in this connection
  причи́нная связь casual relationship
  с хоро́шими свя́зями with good connections
святы́ня sacred object or place; place of worship
свяще́нник priest
сгиба́ться (согну́ться) to bend down, stoop
сгора́ть (сгоре́ть) to burn (down)
  Дом сгоре́л. The house burned down.
  сгора́ть от стыда́ to burn with shame
сгоре́ть—see **сгора́ть**
сдава́ть (сдать) to deal (cards), hand over, turn over, surrender, hand in
  сдава́ть буты́лки to recycle bottles
сдать—see **сдава́ть**
*****сда́ча** surrender, renting, deal (in cards)
  Ва́ша сда́ча. It's your deal.
  дать сда́чу to give change
  сда́ча в аре́нду leasing

сде́лано finished
сде́лать(ся)—see **де́лать(ся)**
сде́ржанно (adv.) with restraint, with discretion
сде́ржанность (f.) restraint, reserve
сдержа́ть(ся)—see **сде́рживать(ся)**
сде́рживать (сдержа́ть) to hold in, restrain, contain
  сдержа́ть своё сло́во to keep one's word
сде́рживаться (сдержа́ться) to control oneself
сдружи́ться (perf.) to become friends with
*****себя́** self, oneself (reflexive pronoun)
се́вер north
се́верный northern
*****сего́дня** today
  сего́дня ве́чером this evening
  сего́дня у́тром this morning
сего́дняшний today's
седина́ gray hair
седо́й gray (only of hair)
  Он седо́й. He has gray hair.
седьмо́й seventh
сейф safe, vault, safety-deposit box
*****сейча́с** now, presently, right now
  Где он сейча́с живёт? Where does he live now?
  сейча́с же immediately, at once
секре́т secret
  по секре́ту secretly, in confidence
  секре́т успе́ха secret of success
секрета́рша secretary
секре́тно secretly, covertly
секу́нда second
селёдка herring
село́ village
  ни к селу́ ни к го́роду neither here nor there
сельдере́й celery
се́льский rural
  се́льская жизнь village life
сельскохозя́йственный agricultural
семидеся́тый seventieth
семе́йный domestic, family
  семе́йные свя́зи family ties
  семе́йный челове́к family man
семе́стр term, semester
семна́дцать seventeen

семна́дцатый seventeenth

семь seven

се́мьдесят seventy

семьсо́т seven hundred

семья́ family

се́но hay

сентимента́льный sentimental

сентя́брь (m.) September

серде́чный cordial, hearty, of the heart

  серде́чная боле́знь heart disease

  серде́чный приве́т hearty greetings

серди́тый angry

серди́ться (рассерди́ться) to get angry, be cross

*се́рдце heart

  до́брое се́рдце kind heart

  от всего́ се́рдца from the bottom of one's heart

  принима́ть что́-либо к се́рдцу to take something to heart

  С глаз доло́й, из се́рдца вон. Out of sight, out of mind.

  У него́ отлегло́ от се́рдца. He felt relieved.

  У него́ се́рдца нет. He has no heart.

  У него́ се́рдце упа́ло. His heart sank.

серебро́ silver

сере́бряный silver (adj.)

  сере́бряная посу́да silver plate

*середи́на middle

  в са́мой середи́не in the very middle

  золота́я середи́на golden mean

се́рия́ series

се́рный sulphuric

  се́рная кислота́ sulphuric acid

се́рый gray

  се́рая жизнь dull life

серьга́ earring

серьёзно (adv.) seriously, earnestly

серьёзный serious, earnest

*сестра́ sister

  двою́родная сестра́ cousin

  медици́нская сестра́ (медсестра́) nurse

сесть—see сади́тся

сжать—see сжима́ть

сжечь—see жечь

сжима́ть (сжать) to squeeze, compress

  сжима́ть гу́бы to compress one's lips

  сжима́ть кулаки́ to clench one's fists

сза́ди (adv.) from behind

  вид сза́ди view from behind

  пя́тый ваго́н сза́ди fifth car from the end

  толка́ть сза́ди to push from behind

сига́ра cigar

сигаре́та cigarette

сигна́л signal

*сиде́ть to sit, be perched, fit

  Пла́тье хорошо́ сиди́т. The dress fits well.

  сиде́ть в тюрьме́ to be imprisoned

  сиде́ть до́ма to stay at home

  сиде́ть за столо́м to sit at the table

си́ла strength, force

  брать си́лой to take by force

  быть ещё в си́лах to be still vigorous enough

  входи́ть в си́лу to come into force

  изо всех сил with all one's strength

  лошади́ная си́ла horsepower

  морски́е си́лы naval force

  си́ла во́ли will power

  си́ла привы́чки force of habit

  си́ла тя́жести gravity

  Э́то сверх сил. This is beyond one's powers.

си́льно (adv.) strongly, very, violently, greatly

  си́льно нужда́ться to be in extreme need

  си́льно пить to drink heavily

  си́льно чу́вствовать to feel keenly

*си́льный strong, powerful, keen, intense, heavy

  силён в матема́тике good at mathematics

  си́льная страсть violent passion

  си́льный за́пах strong smell

си́мвол symbol

симпати́чный sympathetic, likable
симпо́зиум symposium
симфо́ния symphony
си́ний dark blue
сирота́ orphan
систе́ма system
систе́мати́чный systematic
си́то strainer, sieve
ситуа́ция situation
*сказа́ть to say, tell—see
 говори́ть
 Ле́гче сказа́ть, чем сде́лать.
 Easier said than done.
 пра́вду сказа́ть to tell the truth
 Ска́зано-сде́лано. No sooner said
 than done.
 Тру́дно сказа́ть. It's hard to say.
ска́зка fairy tale, story
скака́ть (поскака́ть) to skip, jump,
 hop
скамья́ bench
 посади́ть на скамью́ подсуди́мых
 to put into the dock
 со шко́льной скамьи́ since
 schooldays
сканда́л scandal
 Како́й сканда́л! What a disgrace!
ска́терть (f.) tablecloth
скве́рно (adv.) badly
 Пальто́ скве́рно сиди́т на нём.
 The coat fits him badly.
 па́хнуть скве́рно to smell bad
 скве́рно чу́вствовать себя́ to feel
 bad
скве́рный bad, nasty
сквози́ть to blow through, go
 through
 Здесь сквози́т. There is a draft
 here.
*сквозь through (with acc.)
 говори́ть сквозь зу́бы to speak
 through clenched teeth
 Как сквозь зе́млю провали́лся.
 He disappeared without leaving a
 trace (as though through the
 earth).
скепти́ческий skeptical
ски́дка rebate, reduction, discount
 де́лать ски́дку to give a reduction
 со ски́дкой with rebate, with
 discount
скла́дка fold, pleat, crease, wrinkle

*складно́й folding, collapsible,
 portable
скло́нность (f.) inclination, bent,
 disposition
сковорода́ frying pan
скользи́ть (скользну́ть) to slip,
 slide
ско́льзкий slippery
 говори́ть на ско́льзкую те́му to
 be on slippery ground
 ско́льзкая доро́га slippery road
скользну́ть—see скользи́ть
*ско́лько how much, how many
 не сто́лько . . . ско́лько . . . not
 so much . . . as . . .
 Ско́лько мы вам должны́? How
 much do we owe you?
 Ско́лько с меня́? How much do I
 owe?
 Ско́лько сто́ит? How much does
 it cost?
 ско́лько уго́дно as much as you
 like
сконфу́женный abashed,
 disconcerted, embarrassed
сконфу́зить(ся)—see
 конфу́зить(ся)
сконча́ться (perf.) to pass away,
 die
скопи́ровать—see копи́ровать
ско́рбный sorrowful, mournful
скорбь (f.) sorrow, grief
скоре́е rather, sooner, quicker
 как мо́жно скоре́е as soon as
 possible
 Он скоре́е умрёт, чем сда́стся.
 He would rather die than
 surrender.
ско́ро (adv.) quickly, soon
 Он ско́ро придёт. He will come
 soon.
скоропо́ртящийся perishable
ско́рость (f.) speed, rate
 максима́льная ско́рость top
 speed
 ско́рость движе́ния rate of
 movement
ско́рый fast, rapid
 в ско́ром вре́мени soon, before
 long
 До ско́рого свида́ния. See you
 soon.

ско́рая по́мощь   first aid
ско́рый по́езд   fast train, express
ско́рый шаг   quick step
скот   cattle
скрепля́ть (скрепи́ть)   to fasten together, strengthen
скрипа́ч   violinist
скрипе́ть (поскрипе́ть)   to squeak, creak
скри́пка   violin
игра́ть на скри́пке   to play the violin
скро́мность   (f.) modesty
ло́жная скро́мность   false modesty
скро́мный   modest, frugal, unpretentious
скрыва́ть (скрыть)   to hide, conceal, keep back
не скрыва́ть того́, что   to make no secret of the fact that
Он засмея́лся, что́бы скрыть своё беспоко́йство.   He laughed to cover his anxiety.
скрыва́ться (скры́ться)   to hide oneself
скры́тый   secret, latent
скрыть(ся)—see скрыва́ть(ся)
ску́ка   boredom, tedium
ску́льптор   sculptor
ску́по   (adv.) stingily, sparingly
скупо́й   stingy, miserly
ску́пость   (f.) stinginess, miserliness
*скуча́ть   (imp.) to be bored, to miss
Я скуча́ла по тебе́.   I missed you.
ску́чно   (adv.) boring, dull
Мне ску́чно.   I am bored.
ску́чный   boring, tiresome
слабе́ть (ослабе́ть)   to grow weak, grow feeble, slack off
сла́бо   faintly, weakly
сла́бость   (f.) weakness, feebleness
*сла́бый   weak, faint, feeble
сла́бое оправда́ние   lame excuse
сла́бые глаза́   weak eyes
сла́бый учени́к   poor pupil
сла́ва   glory, fame
сла́вный   famous, renowned, nice
сла́вный ма́лый   nice fellow
*сла́дкий   sweet, honeyed
на сла́дкое   for dessert

спать сла́дким сном   to be fast asleep
сла́достный   sweet, delightful
сла́дость   (f.) sweetness, delight
слегка́   (adv.) somewhat, slightly
Он слегка́ уста́л.   He is somewhat tired.
слегка́ тро́нуть   to touch gently
след   track, trace, sign, vestige
*следи́ть   to watch, follow
внима́тельно следи́ть   to watch closely
следи́ть глаза́ми за кем-либо   to follow someone with one's eyes
следи́ть за детьми́   to look after children
следи́ть за чьи́ми-либо мы́слями   to follow the thread of someone's thoughts
сле́довательно   consequently, therefore, it follows that
сле́довать (после́довать)   to follow, come next
во всём сле́довать отцу́   to take after one's father in everything
как сле́дует из ска́занного   as appears from the above
Ле́то сле́дует за весно́й.   Summer follows spring.
обраща́ться куда́ сле́дует   to apply to the proper quarter
сле́дующий   following, next
сле́дующий день   the next day
слеза́   tear
до слёз бо́льно   enough to make anyone cry
слеза́ть (слезть)   to get off, get down
слезть—see слеза́ть
сле́по   (adv.) blindly
слепо́й   blind
слепо́е подража́ние   blind imitation
слепота́   blindness
сли́ва   plum
сли́вки   cream
*сли́шком   (adv.) too, too much
слова́рь   (m.) dictionary, vocabulary
*сло́во   word
дава́ть сло́во   to give the floor, promise
други́ми слова́ми   in other words

одни́м сло́вом   in a word
Помяни́те моё сло́во!   Mark my
  words!
сдержа́ть сло́во   to keep one's
  word
сло́во в сло́во   word for word
че́стное сло́во   word of honor
сложе́ние   adding, addition, build
сло́жно   (adv.) in a complicated
  manner, it is complicated
сло́жный   complicated, intricate
слой   layer
слома́ть(ся)—see **лома́ть(ся)**
слон   elephant
служа́нка   maid
служа́щий   employee
слу́жба   service, work
  быть на вое́нной слу́жбе   to be
    in the military service
  иска́ть слу́жбу   to look for work
  служе́бный а́дрес   work address
*__служи́ть (послужи́ть)__   to serve, be
  in use
  служи́ть на фло́те   to serve in the
    navy
  служи́ть кому́-либо ве́рой и
    пра́вдой   to serve someone
    faithfully
  служи́ть приме́ром   to serve as
    an example
  служи́ть це́ли   to serve a purpose
*__слух__   hearing, rumor
  игра́ть по слу́ху   to play by ear
  Ни слу́ху ни ду́ху.   Nothing has
    been heard.
  о́рган слу́ха   organ of hearing
  по слу́хам   it is rumored
  пусти́ть слух   to set a rumor
    going
*__слу́чай__   (m.) event, chance, case
  во вся́ком слу́чае   at any event
  воспо́льзоваться удо́бным
    слу́чаем   to seize an opportunity
  на вся́кий слу́чай   in case
  на слу́чай   in case of
  несча́стный слу́чай   accident
  ни в ко́ем слу́чае   on no account
  по слу́чаю чего́-либо   on the
    occasion of something
  при вся́ком удо́бном слу́чае   with
    every opportunity
случа́йно   by chance, accidentally

Вы случа́йно не зна́ете его́?   Do
  you know him, by any chance?
не случа́йно, что   it is no mere
  chance that
случа́йный   accidental, fortuitous
случа́ться (случи́ться)   to happen,
  to take place
  Как э́то случи́лось?   How did it
    happen?
случи́ться—see **случа́ться**
*__слу́шать (послу́шать)__   to listen,
  pay attention
*__слы́шать (услы́шать)__   to hear
слы́шно   (adv.) audibly, one can
  hear, it is said
  Слы́шно как му́ха пролети́т.
    You might have heard a pin drop.
    (One can hear how a fly flies by.)
  Что слы́шно?   What's the news?
слюна́   saliva
слю́ни, слю́нки   (dim. of **слюна́**)
  used in: **У него́ слю́нки теку́т.**
    His mouth is watering.
сме́ло   (adv.) boldly, bravely,
  daringly, fearlessly
  говори́ть сме́ло   to speak
    boldly
  я могу́ сме́ло сказа́ть   I can
    safely say
сме́лость   (f.) boldness, courage,
  daring
сме́лый   bold, courageous, daring
  (adj.)
сме́рить—see **ме́рить**
смерть   (f.) death
  надоеда́ть до́ смерти   to pester to
    death
смета́на   sour cream
сметь (посме́ть)   to dare
смех   laughter
  Ему́ не до сме́ху.   He is in no
    mood for laughter.
  Смех да и то́лько.   It's simply
    absurd.
сме́шанный   mixed, compound
смеша́ть—see **сме́шивать**
сме́шивать (смеша́ть)   to mix, mix
  together, blend
смешно́   (adv.) it is ridiculous, it
  makes one laugh, in a funny
  manner, comically
смешно́й   funny, ridiculous

В э́том нет ничего́ смешно́го.
There is nothing to laugh at.
Как он смешо́н. How absurd
he is.
*смея́ться to laugh
смея́ться исподтишка́ to laugh
up one's sleeve
смея́ться над ке́м-либо to make
fun of someone
Хорошо́ смеётся тот, кто смеётся
после́дним. He who laughs last
laughs best.
смире́ние humility, humbleness
смолка́ть (смо́лкнуть) to grow
silent, fall silent
смо́лкнуть—see **смолка́ть**
смо́лоду since one's youth
сморо́дина currant
*смотре́ть (посмотре́ть) to look,
look at
Как вы на э́то смо́трите? What
do you think of it?
смотре́ть в о́ба to be on one's
guard
смотре́ть за поря́дком to keep
order
смотри́!, смотри́те! look out!
смотря́ according to
смочь—see **мочь**
сму́глый swarthy, dark (complexion)
сму́тно (adv.) vaguely, dimly, not
clearly
сму́тный vague, dim
сму́тное вре́мя troubled times
смуще́ние confusion,
embarrassment
смущённый confused, embarrassed
смысл sense, meaning
в по́лном смы́сле э́того сло́ва in
the full sense of the word
В э́том нет смы́сла. There's no
point in it.
здра́вый смысл common sense
Э́то не име́ет никако́го смы́сла.
It makes no sense at all.
прямо́й смысл literal meaning
смягча́ться (смягчи́ться) to
soften, relent, grow mild, ease off
снару́жи from the outside
*снача́ла (adv.) from the
beginning, at first
снег snow

сни́зу from below
*снима́ть (снять) to take, take off,
remove, take pictures
снима́ть кварти́ру to rent an
apartment
снима́ть ко́пию с чего́-либо to
make a copy of something
снима́ть шля́пу to take off one's
hat
сни́мок photograph, snapshot
снисходи́тельный condescending,
lenient
сни́ться (присни́ться) to dream
ему́ сни́лось, что he dreamed that
Ему́ э́то да́же и не сни́лось. He
had never even dreamed of it.
сно́ва (adv.) anew, afresh, again
начина́ть сно́ва to begin again
сновиде́ние dream
снять—see **снима́ть**
соба́ка dog
*собира́ть (собра́ть) to gather,
assemble, collect
собира́ть свои́ ве́щи to collect
one's belongings
собра́ть всё своё му́жество to
pluck up one's courage
собра́ть мы́сли to collect one's
thoughts
собира́ться (собра́ться) to gather
together, assemble, make up one's
mind
Он собира́ется е́хать в Москву́.
He intends to go to Moscow.
собира́ться в путь to prepare for
a journey
соблазни́тель (m.) tempter, seducer
соблазни́ть (perf.) to entice, allure,
tempt, seduce
собо́р cathedral
собра́ние meeting, gathering
собра́ть(ся)—see **собира́ть(ся)**
со́бственно (adv.) properly
со́бственно говоря́ as a matter of
fact, strictly speaking
со́бственность (f.) property
ли́чная со́бственность personal
property
со́бственный own, personal
**чу́вство со́бственного досто́ин-
ства** self-respect
собы́тие event

те́кущие собы́тия   current events

Это бы́ло больши́м собы́тием.
It was a great event.

соверша́ть (соверши́ть)   to accomplish, perform

  соверша́ть по́двиг   to accomplish a feat or deed

  соверши́ть сде́лку   to strike a bargain

*соверше́нно   (adv.) absolutely, quite, totally, utterly

  соверше́нно ве́рно   quite so, of course

  соверше́нно незнако́мый челове́к total stranger

соверше́нный   absolute, perfect

соверше́нство   perfection

соверши́ть—see **соверша́ть**

со́весть   (f.) conscience

  по со́вести говоря́   honestly speaking

*сове́т   council, advice, counsel

сове́товать (посове́товать)   to advise, counsel

сове́тский   Soviet

  Сове́тский Сою́з   Soviet Union

совме́стно   (adv.) commonly, jointly

совме́стный   joint, combined

  совме́стное обуче́ние coeducation

  совме́стное предприя́тие   joint venture

совпада́ть (совпа́сть)   coincide, concur

совпаде́ние   coincidence

совпа́сть—see **совпада́ть**

совреме́нный   contemporary, modern

*совсе́м   (adv.) quite, entirely, totally

  совсе́м не   not in the least

  совсе́м не то   nothing of the kind

·согла́сие   consent, assent

согаси́ться—see **соглаша́ться**

согла́сно   (adv.) in accord, according, in harmony

согла́сный   agreeable

  быть согла́сным   to agree with something

*соглаша́ться (согласи́ться)   to consent, agree, concur

соглаше́ние   agreement, understanding

согну́ться—see **сгиба́ться**

согрева́ть (согре́ть)   to warm, heat

согре́ть—see **согрева́ть**

содержа́ние   maintenance, upkeep, contents

  быть на содержа́нии у кого́-либо to be supported by someone

  содержание кислоро́да в во́здухе content of oxygen in the air

  содержа́ние кни́ги   subject matter of a book

содержа́ть   (imp.) to support, maintain, contain

соедине́ние   joining, combination

соединённый   united

  Соединённые Шта́ты   United States

соедини́ть(ся)—see **соединя́ть(ся)**

соединя́ть(ся) (соедини́ть(ся))   to join, unite, connect, combine

*сожале́ние   regret, pity

  к сожале́нию   unfortunately

создава́ть (созда́ть)   to create, found, originate

  создава́ть иллю́зию   to create an illusion

  создава́ть мо́щную промы́ш-ленность   to create a powerful industry

созда́ть—see **создава́ть**

созна́тельно   (adv.) consciously, deliberately, conscientiously

сойти́—see **сходи́ть**

сок   juice, sap

сократи́ть—see **сокраща́ть**

сокраща́ть (сократи́ть)   to shorten, curtail, abbreviate

  Придётся сократи́ться.   We'll have to tighten the purse strings.

сокраще́ние   shortening, abbreviation

сокращённый   brief, abbreviated

солда́т   soldier

солёный   salty, salted

соли́дность   (f.) solidity, reliability

соли́дный   solid, strong, reliable

  соли́дный журна́л   reputable magazine

  соли́дный челове́к   reliable man

со́лнечный   sunny, solar

*со́лнце (n.) sun

солони́на corned beef

*соль (f.) salt

  англи́йская соль Epsom salts

  соль земли́ salt of the earth

*сомнева́ться (imp.) to doubt, have doubts

  Сомнева́юсь в его́ и́скренности. I doubt his sincerity.

  я не сомнева́юсь I don't doubt

сомне́ние doubt

сомни́тельно (adv.) doubtfully, it is doubtful

*сон dream, sleep

  ви́деть сон to have a dream

  во сне in one's sleep

  кре́пкий сон sound sleep

со́нный sleepy, drowsy

сообща́ть (сообщи́ть) to report, communicate, inform

сообще́ние report, information

сообщи́ть—see сообща́ть

сопе́рник rival

сопе́рничать to compete with

сопровожда́ть (сопроводи́ть) to accompany, escort

сопротивля́ться (imp.) to resist, oppose

сопу́тствовать (imp.) to travel with

сорва́ть(ся)—see срыва́ть(ся)

со́рок forty

сороково́й fortieth

*сорт sort, kind

*сосе́д, сосе́дка neighbor (m., f.)

  сосед (сосе́дка) по ко́мнате roommate

сосе́дний neighboring, adjacent

соси́ска sausage (hot dog)

соска́кивать (соскочи́ть) to jump down, jump off

соскочи́ть—see соска́кивать

сосна́ pine tree

сосредото́чивать(ся) (сосредото́чить(ся)) to concentrate, focus; to concentrate on self.

соста́в composition, structure

соста́вить(ся)—see составля́ть(ся)

составле́ние программ для компью́тера computer programming

составля́ть (соста́вить) to compose, compile, formulate

  соста́вить спи́сок to make up a list

  соста́вить план to formulate a plan

составля́ться (соста́виться) to be formed

состоя́ние state, condition, fortune

  в хоро́шем состоя́нии in good condition

  получи́ть состоя́пие to come into a fortune

  состоя́ние здоро́вья state of health

состоя́ть to consist in, of

  Кварти́ра состои́т из трёх ко́мнат. The apartment consists of three rooms.

  ра́зница состои́т в том, что … the difference consists of …

сосу́д vessel (household)

сострада́ние compassion

со́тый hundredth

со́ус sauce, gravy

софа́ sofa

со́хнуть (вы́сохнуть) to dry, get dry

сохране́ние preservation, conservation

сохрани́ть—see сохраня́ть

*сохраня́ть (сохрани́ть) to keep, preserve, retain

  сохрани́ть на па́мять to keep as a souvenir

  сохрани́ть хладнокро́вие to keep one's head

социали́зм socialism

*сочине́ние composition, work

  по́лное собра́ние сочине́ний Пу́шкина complete works of Pushkin

сочини́ть—see сочиня́ть

сочиня́ть (сочини́ть) to write, compose, make up

со́чный juicy, succulent

  со́чное я́блоко juicy apple

  со́чный стиль rich style

сочу́вствие sympathy

сочу́вствовать (imp.) to sympathize (with), feel (for)

*сою́з union, alliance

спа́льный sleeping

спа́льный ваго́н sleeping car

*спа́льня bedroom

спа́ржа asparagus

*спаса́ть (спасти́) to save, rescue
   спасти́ жизнь to save a life
   спасти́ положе́ние to save the
    situation

спаса́ться (спасти́сь) to save
   oneself, escape

спасе́ние rescue, salvation

*спаси́бо thanks, thank you
   большо́е спаси́бо many thanks

спасти́(сь)—see спаса́ть(ся)

*спать to sleep
   ложи́ться спать to go to bed
   Он спит как уби́тый. He is
    sound asleep. He sleeps like a log.

спекта́кль (m.) play, performance

спектра́льный spectral

спе́лый ripe

сперва (adv.) at first, firstly

спе́реди (adv.) from the front

спеть—see петь

специали́ст specialist, expert

специа́льно (adv.) especially

*специа́льный special

*спеши́ть (поспеши́ть) to hurry,
   hasten
   Его́ часы́ спеша́т иа де́сять мину́т.
    His watch is ten minutes fast.

спе́шно (adv.) in haste, hastily

спе́шный urgent, pressing
   в спе́шном поря́дке quickly, rush

СПИД (синдро́м приобретённого
   имму́но-дефици́та) AIDS

*спина́ back

спи́сок list

спи́чка match

спле́тник, спле́тница gossip,
   talebearer (m., f.)

спле́тничать to gossip, talk

сплошно́й continuous, entire
   сплошна́я ма́сса solid mass
   сплошно́е удово́льствие sheer
    joy

*сплошь (adv.) entirely, everywhere
   сплошь и ря́дом very often
   сплошь одни́ цветы́ flowers
    everywhere

споко́йно (adv.) quietly

*споко́йный quiet, peaceful,
   tranquil

Бу́дьте споко́йны. Don't worry.

споко́йное мо́ре calm sea

Споко́йной но́чи. Good night.

спор argument, debate

*спо́рить (поспо́рить) to argue,
   dispute

спо́рный questionable, debatable,
   moot, controversial

*спорт sport

спорти́вный sporting, athletic

спо́соб way, method
   спо́соб выраже́ния manner of
    expressing oneself
   таки́м спо́собом in this way

спосо́бность (f.) ability, faculty

спосо́бный able, clever, gifted,
   capable

справедли́вость (f.) justice,
   fairness

справедли́вый just, fair

спра́вочник reference book,
   information book, guidebook

*спра́шивать (спроси́ть) to ask a
   question, demand, inquire

спрос demand
   в большо́м спро́се in great
    demand
   спрос и предложе́ние demand
    and supply

спроси́ть—see спра́шивать

спря́тать(ся)—see пря́тать(ся)

спуска́ть (спусти́ть) to let down,
   lower
   не спуска́ть глаз not to take
    one's eyes off
   спуска́ть флаг to lower the flag

спуска́ться (спусти́ться) to
   descend, go down
   спусти́ться по ле́стнице to go
    downstairs

спусти́ть(ся)—see спуска́ть(ся)

*спустя́ (adv.) after, later
   не́сколько дней спустя́ several
    days later

спу́тник fellow-traveler, satellite,
   one who travels with
   Луна́ спу́тник Земли́. The moon
    is the earth's satellite.

*сравне́ние comparison
   по сравне́нию in comparison
   сте́пени сравне́ния degrees of
    comparison

сра́внивать (сравни́ть) to compare

сравни́тельно (adv.) comparatively, in comparison

сравни́тельный comparative

сравни́ть—see сра́внивать

*сра́зу (adv.) at once, right away

среда́ Wednesday
  в сре́ду on Wednesday

*среди́ amongst, amidst (with gen.)
  среди́ ко́мнаты in the middle of the room
  среди́ нас among us

сре́дний middle, medium, average
  мужчи́на сре́дних лет middle-aged man
  ни́же сре́днего below average
  сре́дние спосо́бности average ability
  сре́дняя шко́ла secondary school

сре́дство means
  жить не по сре́дствам to live beyond one's means
  ме́стные сре́дства local resources
  сре́дства к существова́нию means of existence
  сре́дства произво́дства means of production
  сре́дства ма́ссовой информа́ции mass media

сровня́ть—see равня́ть

срыва́ть (сорва́ть) to tear away, to tear off
  сорва́ть ма́ску с кого́-либо to tear the mask from someone

срыва́ться (сорва́ться) to break loose, break away

ссо́риться (поссо́риться) to quarrel (with), fall out (with)

*ста́вить (поста́вить) to set, place, put in a vertical position
  высоко́ ста́вить кого́-либо to think highly of someone
  поста́вить пье́су to produce a play
  ста́вить всё на ка́рту to stake all
  ста́вить кому́-либо препя́тствия to put obstacles in one's way
  ста́вить пробле́му to raise a problem
  ста́вить усло́вия to lay down conditions
  ста́вить часы́ to set the clock

стадио́н stadium

ста́до herd, flock

стажиро́вка special training

*стака́н drinking glass

ста́лкиваться (столкну́ться) to collide, run into
  Автомоби́ли столкну́лись. The cars collided.
  Интере́сы их столкну́лись. Their interests clashed.
  Мы вчера́ случа́йно столкну́лись. We ran into each other yesterday.

ста́ло быть so, thus, consequently, it follows that

сталь (f.) steel

станда́рт standard

станда́ртный standard (adj.)
  станда́ртный дом prefabricated house

*станови́ться (стать) to become, grow
  Его́ не ста́ло. He has passed away.
  Стано́вится хо́лодно. It is getting cold.
  стать учи́телем to become a teacher

ста́нция station

стара́тельно diligently, assiduously

стара́ться (постара́ться) to endeavor, try
  стара́ться впусту́ю to waste one's efforts
  стара́ться изо всех сил to do one's utmost

*стари́к old man

старина́ olden times

стари́нный ancient, antique

старомо́дный old-fashioned

ста́рость (f.) old age

*стару́ха old woman

ста́рший older, senior
  ста́рший врач head physician
  ста́рший сын oldest son

*ста́рый old
  Всё по-ста́рому. Everything is the same (all as of old).
  ста́рая де́ва old maid

стать (perf.) to begin, come to be
  Он стал чита́ть. He began to read.

стать—see станови́ться
статья́ article
  передова́я статья́ editorial
  Э́то осо́бая статья́. That's
    another matter.
*стекло́ glass
  око́нное стекло́ window glass
стекля́нный glass (adj.)
стели́ть (постели́ть) spread
  стели́ть посте́ль to make the bed
*стена́ wall
стенографи́стка stenographer (f.)
сте́пень (f.) degree, extent
  возводи́ть во втору́ю сте́пень to
    raise to the second power
  До како́й сте́пени? To what
    extent?
  до после́дней сте́пени to the last
    degree
  сте́пени сравне́ния degrees of
    comparison
  сте́пень до́ктора doctorate, Ph.D.
степь (f.) steppe
стере́ть—see стира́ть
стере́чь to guard, watch over
стесня́ться to feel shy, be ashamed
  of
  Он стесня́ется сказа́ть вам. He
    is ashamed to call you.
стиль (m.) style
  возвы́шенный стиль grand style
сти́мул incentive, stimulus
стипе́ндия stipend, scholarship
стира́ть (стере́ть) to wipe, clean,
  erase
  стира́ть пыль to dust
стира́ть (вы́стирать) to wash,
  launder
стихи́ (pl.) verse, poems, poetry
стихотворе́ние poem
сто hundred
*сто́ить (imp.) to cost, to be worth
  ничего́ не сто́ит to be worthless
  Ско́лько э́то сто́ит? How much
    does it cost?
  Сто́ит прочесть э́то. It is worth
    reading.
  Э́то сто́ило ему́ большо́го труда́.
    This cost him much trouble.
*стол table
  накрыва́ть на стол to set the
    table

пи́сьменный стол desk
столе́тие century
столи́ца capital city
столкнове́ние collision, crash
столкну́ться—see ста́лкиваться
столо́вая dining room
столо́вый table (adj.)
  столо́вая ло́жка tablespoon
  столо́вое вино́ table wine
*сто́лько (adv.) so much, so many
  сто́лько вре́мени so much time
  столько, сколько as much as
стона́ть to moan, groan
сторгова́ться—see торгова́ться
сто́рож watchman, guard
*сторона́ side
  брать чью́-либо сто́рону to take
    someone's side
  име́ть свои́ хоро́шие сто́роны to
    have one's good points
  ро́дственник со стороны́ отца́
    relative on one's father's side
  с друго́й стороны́ on the other
    hand
  с мое́й стороны́ for my part
  уклоня́ться в сто́рону to
    deviate
  шу́тки в сто́рону joking aside
*стоя́ть to stand
  Пе́ред ним стои́т вы́бор. He is
    faced with a choice.
  Со́лнце стои́т высоко́ на не́бе.
    The sun is high in the sky.
  стоя́ть на коле́нях to kneel
  стоя́ть на я́коре to be at anchor
  Часы́ стоя́т. The watch has
    stopped.
страда́ние suffering
страда́ть (пострада́ть) to suffer
страна́ country
страни́ца page
*стра́нно (adv.) strangely, in a
  strange way
стра́нный strange, queer, odd,
  funny
стра́стно (adv.) passionately
стра́стный ardent, fervent,
  passionate
страсть (f.) passion
стратосфе́ра stratosphere
страх fear, fright
страхо́вка insurance

*стра́шно (adv.) it is terrible, terribly, awfully

стра́шный terrible, frightful, fearful

стре́лка pointer, hand (of a clock)

стри́чься (постри́чься) to have one's hair cut

стро́гий strict, severe

стро́го (adv.) strictly, severely

стро́ить (постро́ить) to build, construct

строй system, order, formation

стро́йный well-proportioned, well-composed

строка́ line
чита́ть ме́жду строк to read between the lines

студе́нт, студе́нтка student (m., f.)

сту́день aspic

студи́ть (остуди́ть) to cool off

сту́дия studio, workshop

стук knock, tap, noise

сту́кать (сту́кнуть) to knock, rap, pound

сту́кнуть—see сту́кать

*стул chair

стуча́ть (постуча́ть) to knock, rap
Стучи́т в виска́х. The blood is pounding at my temples.
стуча́ть в дверь to knock on the door

стыд shame

стыдли́во (adv.) shamefacedly, bashfully, shyly

*сты́дно it is a shame, it is disgraceful
Как вам не сты́дно! You ought to be ashamed of yourself.
Мне сты́дно. I am ashamed.

суббо́та Saturday
в суббо́ту on Saturday

суд law court, justice, judgment

суди́ть to try, referee, judge
наско́лько он мо́жет суди́ть to the best of his judgment
суди́ть по вне́шнему ви́ду to judge by appearances

судьба́ fate, destiny, fortune
искуша́ть судьбу́ to tempt one's fate

судья́ judge

сумасше́дший mad

сумасше́дшая ско́рость breakneck speed
Это бу́дет сто́ить сумасше́дших де́нег. It will cost an enormous sum.

суматоха bustle, turmoil

сумбу́р confusion

*суме́ть (perf.) to know how, be able, succeed, to manage to
Он не суме́ет э́того сде́лать. He will not be able to do it.

су́мка handbag, pouch, pocketbook

су́мма sum

су́мрак twilight, dusk

сунду́к trunk, box, chest

су́нуть (perf.) to poke, thrust, shove
су́нуть свой нос to pry
су́нуть что́-либо в карма́н to slip something in one's pocket

суп soup

супру́г (m.), супру́га (f.) spouse

суро́во (adv.) severely, sternly

суро́вый severe, stern

су́тки twenty-four hours, day

су́хо (adv.) it is dry, dryly

*сухо́й dry, arid
сухо́й кли́мат dry climate
сухой приём cold reception

суши́ть (вы́сушить) to dry

существо́ being, creature

существова́ние existence

существова́ть to be, exist
существу́ют лю́ди, кото́рые there are people who
Это существу́ет. It exists.

сфе́ра sphere, realm
сфе́ра влия́ния sphere of influence
Это вне его́ сфе́ры. It is out of his realm.

сфинкс sphinx

схвати́ть—see хвата́ть

*сходи́ть (сойти́) to go down, get off, alight
Кра́ска сошла́ со стены́. The paint came off the wall.
сходи́ть с ума́ to go mad

схо́дный similar, suitable

схо́дство likeness, resemblance

сце́на stage, scene

устра́ивать сце́ну   to make a
  scene
счастли́вый   happy, fortunate
  Счастли́вого пути́!   Have a good
  trip!
сча́стье   luck, happiness
  к сча́стью   fortunately
счесть—see счита́ть
счёт   calculation, score, bill
  на счёт   on account
  На э́тот счёт вы мо́жете быть
  споко́йны.   You may be easy on
  that score.
  откры́ть (perf.) счёт   to open an
  account
  по его́ счёту   by his reckoning
  приня́ть (perf.) что́-либо на свой
  счёт   to take something as
  referring to oneself
  своди́ть ста́рые счёты   to pay off
  old scores
*счита́ть (счесть)   to count,
  consider
  Он счита́ет его́ че́стным
  челове́ком.   He considers him
  an honest man.
  счита́ть по па́льцам   to count on
  one's fingers
  счита́ть себя́   to consider oneself
  (to be)
счита́ться (посчита́ться)   to
  consider, take into consideration,
  reckon
  Он счита́ется хоро́шим
  учи́телем.   He is considered a
  good teacher.
  счита́ется, что   it is considered
  that
  Это не счита́ется.   It does not
  count.
сшить—see шить
съедо́бный   edible
съезд   congress, convention,
  conference
съесть—see есть
сыгра́ть—see игра́ть
сын   son
сыр   cheese
сы́ро   (adv.) damply, it is damp
*сыро́й   damp, raw, uncooked
  сыра́я пого́да   damp weather
  сыро́е мя́со   raw meat

сыро́й материа́л   raw material
сы́рость   (f.) dampness
сы́тый   satisfied, replete
сэконо́мить—see эконо́мить
*сюда́   here, hither
  Иди́те сюда́.   Come this way.
  Come here.
сюже́т   subject, topic, plot
сюрпри́з   surprise, unexpected
  present
сюрту́к   frock coat

Т

таба́к   tobacco
табли́ца   table, chart
  табли́ца логари́фмов   table of
  logarithms
таи́нственный   mysterious, secret
таи́ть (утаи́ть)   to hide, conceal
  не́чего греха́ таи́ть   it must be
  confessed
  таи́ть зло́бу на кого́-либо   to
  bear malice, have a grudge against
  someone
таи́ться   to be hidden, be
  concealed, hide oneself
  Не таи́сь от меня́.   Don't conceal
  anything from me.
тайко́м   (adv.) secretly,
  surreptitiously
*та́йна   mystery, secret, secrecy
  выдава́ть та́йну   to betray a
  secret
  держа́ть что́-либо в та́йне   to
  keep something secret
  не та́йна, что   it is no secret that
  под покро́вом та́йны   under the
  veil of secrecy
та́йно   (adv.) secretly,
  underhandedly
та́йный   secret, covert, clandestine
*так   so, thus, in this way
  Вот так.   That's the right way.
  е́сли так   if that's the case
  Здесь что́-то не так.   There is
  something wrong here.
  и́менно так   just so
  ита́к да́лее (и т.д.)   and so forth,
  etc.

Как бы не так.   Nothing of the sort.

не так ли?   Isn't it so?

Она́ так же краси́ва как её сестра́.   She is just as pretty as her sister.

Он говори́л так, как бу́дто она́ не зна́ла.   He spoke as though she didn't know.

Сде́лайте так, что́бы она́ не зна́ла.   Do it so that she won't know.

так ва́жно   so important

Так вы его́ зна́ете!   So you know him!

так давно́   so long ago

Так ему́ и на́до.   It serves him right.

так или и́наче   in any event

так как она́ уже́ уе́хала   since she has already left

Так ли э́то?   Is that really so?

так называ́емый   so-called

та́к себе́   so-so, middling

Я так и сказа́л ему́   That's exactly what I told him.

*та́кже   also, in addition, either

Он та́кже пое́дет в Москву́.   He will also go to Moscow.

Он та́кже не пое́дет в Москву́.   He will not go to Moscow, either.

*тако́й   such, such a

в тако́й-то час   at such and such an hour

Вы всё тако́й же.   You are just the same.

таки́м о́бразом   in this way

тако́й же как   the same as

Что тако́е?   What is the matter?

Что э́то тако́е?   What is that?

такси́   (n., not declined) taxi

такт   tact, bar (in music)

отсу́тствие та́кта   tactlessness

челове́к с та́ктом   a man of tact

такти́чно   tactfully, with tact

тала́нт   talent, gift

тала́нтливо   (adv.) ably, finely

тала́нтливость   (f.) talent, gifted nature

тала́нтливый   gifted, talented

та́лия   waist

*там   there

та́нец   dance

пойти́ на та́нцы   to go to a dance

танцева́ть   to dance

*таре́лка   plate

таска́ть, тащи́ть   to drag, pull, lag

та́ять (раста́ять)   to melt, thaw

Его́ си́лы та́ют.   His strength is dwindling.

Зву́ки та́ют.   The sounds are fading away.

твёрдость   (f.) hardness, solidity, firmness

твёрдый   hard, firm, steadfast

стать твёрдо ного́й где́-либо   to secure a firm footing somewhere

твёрдые це́ны   fixed prices

твёрдое убежде́ние   firm conviction

*твой, твоя́, твоё, твои́   your, familiar (m., f., n., pl.)

тво́рческий   creative

т. е. (то есть)   that is

теа́тр   theater

театра́льный   theatrical, melodramatic

текст   text

телеви́дение   television

телеви́зор   television set

телегра́мма   telegram

телесери́ал   television series

телефо́н   telephone

звони́ть по телефо́ну   to telephone

те́ло   body

жи́дкое те́ло   (in physics) liquid

твёрдое те́ло   (in physics) solid

посторо́ннее те́ло   foreign body

теля́тина   veal

тем   the (not as an article)

тем не ме́нее   nevertheless

тем ху́же   so much the worse

Чем бо́льше, тем лу́чше.   The more, the better.

те́ма   subject, topic, theme

темне́ть (потемне́ть)   to grow dark

Кра́ски потемне́ли.   The colors have darkened.

Темне́ет.   It is getting dark.

У него́ потемне́ло в глаза́х.   Everything went dark before his eyes.

темно́   (adv.) dark, it is dark

*темнота́   darkness; intellectual ignorance

*тёмный   dark, obscure

темп   rate, speed, pace

температу́ра   temperature

тенде́нция   tendency, purpose

  основна́я тенде́нция   underlying purpose

  проявля́ть тенде́нцию   to exhibit a tendency

те́ннис   tennis

  игра́ть в те́ннис   to play tennis

*тень   (f.) shade, shadow

  боя́ться со́бственной те́ни   to be afraid of one's own shadow

  держа́ться в тени́   to remain in the background

  От него́ оста́лась одна́ тень.   He is a shadow of his former self.

теоре́ма   theorem

теорети́чески   (adv.) in theory, theoretically

тео́рия   theory

*тепе́рь   now, at present, nowadays

тепло́   (adv.) warmly, it is warm

  оде́ться (perf.) тепло́   to dress warmly

  тепло́ встре́тить кого́-либо   to give someone a hearty welcome

теплота́   warmth, cordiality

тёплый   warm, cordial, kindly

  тёплая компа́ния   rascally crew

  тёплые кра́ски   warm colors

  тёплый приём   cordial welcome

тере́ть   to rub, polish, grind

термо́метр   thermometer

терпели́во   (adv.) patiently, with patience

*терпели́вость   (f.) patience, endurance

терпели́вый   patient

терпе́ние   patience, endurance, forbearance

  выводи́ть кого́-либо из терпе́ния   to try someone's patience

  вы́йти из терпе́ния   to lose patience

терпе́ть   to suffer, endure, undergo, bear

  Вре́мя те́рпит.   There's no hurry.

  Он не мо́жет э́того бо́льше терпе́ть.   He can't stand it any longer.

  терпе́ть нужду́   to suffer privation

терпи́мый   tolerant, indulgent

*теря́ть (потеря́ть)   to lose

теря́ться (потеря́ться)   to be lost, get lost, lose one's self-possession

те́сно   (adv.) narrowly, tightly, it is crowded

те́сный   cramped, tight, small, close

  те́сная дру́жба   intimate friendship

  те́сная связь   close connection

  те́сные объя́тия   tight embrace

те́сто   dough

тетра́дь   (f.) notebook, copybook

*тётя   aunt

те́хник   technician

те́хника   technic, technique

те́хникум   technical school

техни́ческий   technical

тече́ние   current (as of water), course, trend, tendency

  в тече́ние неде́ли   in the course of the week, during the week

течь   to flow (as of water), run, glide, leak

  Вре́мя течёт бы́стро.   Time flies.

  Здесь течёт.   There's a leak here.

  Река́ течёт.   The river is flowing.

  У него́ слю́нки теку́т.   His mouth is watering.

ти́гель   (m.) crucible

тип   type, model, species

ти́хий   quiet, still, low, gentle, faint

ти́хо   (adv.) quietly, faintly, gently, it is calm

ти́ше   quieter, hush!

*тишина́   quiet, silence, peace

  наруша́ть тишину́   to disturb the silence

  соблюда́ть тишину́   to make no noise

то   then, in that case, that

  Е́сли вы не пойдёте, то я пойду́.   If you don't go, (then) I will.

  Не то, что́бы мне не хоте́лось . . .   It is not that I don't want to . . .

  то́ есть (т. е.)   that is

*това́рищ   comrade

*тогда́   then, at that time

тогда́ же   at the same time

тогда́шний   of that time

то́же   also, too, likewise, as well

Он то́же пойдёт.   He is going, too (as well).

Он то́же не зна́ет.   He does not know, either.

То́же хоро́ш!   You are a nice one, to be sure.

я то́же не бу́ду.   Neither will I.

толка́ть (толкну́ть)   to push, shove

толкну́ть—see **толка́ть**

толко́вый   intelligible, clear, sensible

толпа́   crowd, throng

толсте́ть (потолсте́ть)   to become fat

то́лстый   fat, thick, heavy, stout

то́лько   only, merely, solely

Где то́лько он не быва́л!   Where has he not been!

как то́лько   as soon as

Он то́лько хоте́л узна́ть.   He only wanted to know.

то́лько в после́днюю мину́ту   not until the last moment

то́лько что   just now

Ты то́лько поду́май!   Just think!

том   volume

томи́тельно   (adv.) it is wearisome

томи́тельный   wearisome, tedious, trying, painful

томи́ть (утоми́ть)   to weary, tire, wear out

Его́ томи́т жара́.   He is exhausted by the heat.

тон   tone

Не говори́те таки́м то́ном.   Don't use that tone of voice.

то́ном вы́ше   in more excited tones, a tone higher

то́ненький   slender, slim

*****то́нкий**   thin, fine, delicate, slender

Где то́нко, там и рвётся.   The strength of the chain is determined by its weakest link.

то́нкая фигу́ра   slender figure

то́нкие черты́ лица́   delicate features

то́нкий вкус   delicate taste

то́нкий намёк   gentle hint

то́нкий слой   thin layer

то́нкий слух   keen ear

то́нкое разли́чие   subtle distinction

то́нко   (adv.) thinly, subtly

то́нкость   (f.) thinness, delicacy, subtlety, fine point

тону́ть (утону́ть)   to sink, drown

топи́ть (утопи́ть)   to sink, drown (something else)

топи́ть го́ре в вине́   to drown one's sorrows in drink

топи́ть су́дно   to sink a ship

топи́ться (утопи́ться)   to drown oneself

топо́р   axe

торгова́ться (сторгова́ться)   to bargain

торго́вец   merchant, dealer

торго́вля   trade, commerce

торже́ственный   solemn, festive, triumphant

торжество́   festival, celebration, triumph

торжествова́ть   to celebrate, triumph, exult

то́рмоз   brake, hindrance

тормози́ть   to brake, hinder

торопи́ться (поторопи́ться)   to hurry, be in a hurry

На́до торопи́ться.   You must hurry.

не торопя́сь   leisurely

торопи́ться в теа́тр   to hurry to the theater

торт   cake

тоска́   melancholy, depression, tedium, yearning

тоска́ по ро́дине   homesickness

У него́ тоска́ на се́рдце.   His heart is heavy.

Э́та кни́га—одна́ тоска́.   This book is very boring

тост   toast

*****тот, та, то, те**   that, those (m., f., n., pl.)

вме́сте с тем   at the same time

де́ло в том, что   the fact is that

и тому́ подо́бное (и т. п.)   and so on

кро́ме того́   besides that

к тому́ же   moreover

несмотря́ на то, что   in spite of the fact that

ни с того́, ни с сего́   for no reason at all

по́сле того́, как   after

с тех пор   since then

то́чка   point, dot, spot, period

попа́сть в то́чку   to strike home, hit the nail on the head

то́чка зре́ния   point of view

то́чка с запято́й   semicolon

то́чно   (adv.) exactly, precisely, accurately

то́чно так   just so, exactly

то́чность   (f.) exactness, precision, accuracy

тошни́ть   to be nauseous

Его́ тошни́т.   He feels sick.

Меня́ тошни́т.   I feel nauseous.

От э́того тошни́т   It is sickening.

трава́   grass

траге́дия   tragedy

траги́чески   (adv.) tragically

траги́ческий   tragic

траги́ческий актёр   tragedian

тради́ция   tradition

тра́ктор   tractor

трамва́й   (m.) streetcar

е́здить на трамва́е   to go by streetcar

тра́тить (истра́тить)   to spend, expend

тра́ур   mourning

тре́бование   demand, request, claim

тре́бовательный   exacting, fastidious, particular

тре́бовать (потре́бовать)   to demand, urge, require

трево́га   alarm, anxiety, uneasiness

ло́жная трево́га   false alarm

трево́жить (потрево́жить)   to disturb, harass, make uneasy

тре́зво   soberly

тре́звый   sober (sensible), abstinent

трепета́ние   trembling, trepidation

трепета́ть   to tremble, quiver, thrill

Трепета́ть от ра́дости   to thrill with joy

трепета́ть при мы́сли   to tremble at the thought

тре́снуть—see **треща́ть**

тре́тий   third

треуго́льник   triangle

треща́ть (тре́снуть)   to crack, crackle

три   three

тривиа́льный   banal, trite

три́дцать   thirty

тридца́тый   thirtieth

трина́дцать   thirteen

трина́дцатый   thirteenth

три́ста   three hundred

тро́гательно   (adv.) pathetically, touchingly

тро́гательный   touching, moving, affecting, pathetic

тро́гать (тро́нуть)   to touch, disturb, trouble

Не тронь его́!   Leave him alone!

Э́то не тро́гает его́.   It does not move him.

тролле́йбус   trolley bus

тро́нуть—see **тро́гать**

тротуа́р   sidewalk

труба́   pipe, chimney, smokestack

труд   labor, difficulty, work

без труда́   without effort

жить свои́м тру́дом   to live by one's own labor

Он с трудо́м её понима́ет.   He understands her with difficulty.

сли́шком мно́го труда́   too much trouble, too much work

тру́дно   (adv.) with difficulty, it is difficult

тру́дный   difficult, hard, arduous

тру́дный вопро́с   difficult question

тру́дный ребёнок   unmanageable child

труп   corpse, dead body

трус   coward

трусли́во   (adv.) apprehensively, in a cowardly manner

трусли́вый   cowardly, timid

трущо́ба   slum

тря́пка   rag, duster, spineless creature

трясти́сь   (imp.) to shake, tremble, shiver

Он весь трясётся.   He is trembling all over.

трясти́сь от хо́лода   to shiver with cold

*туда́ there, thither
биле́т туда́ и обра́тно round-trip ticket
Туда́ ему́ и доро́га. It serves him right.
туда́ и сюда́ here and there
тума́н mist, fog, haze
быть как в тума́не to be in a fog
напусти́ть тума́ну to obscure
Тума́н рассе́ялся. The fog has cleared.
тума́нно (adv.) hazily, obscurely, vaguely
тума́нный misty, foggy, obscure
тума́нный смысл hazy meaning
тупи́к dead-end street, blind alley
найти́ вы́ход из тупика́ to find a way out of an impasse
тупо́й blunt, dull, stupid
тупо́е зре́ние dim sight
тупо́й учени́к dunce
ту́пость (f.) bluntness, dullness, stupidity
тури́ст tourist
ту́склый dim, dull, lusterless
ту́склая жизнь dreary life
ту́склый свет dim light
ту́склый стиль lifeless style
*тут here
не ту́т-то бы́ло nothing of the sort
ту́т же there and then
ту́фля shoe, slipper
ту́ча storm cloud, swarm
смотре́ть ту́чей to lower (look very angry)
ту́ча мух swarm of flies
тушёный stewed
туши́ть (потуши́ть) to put out, quell, stew
туши́ть газ to turn off the gas
туши́ть свет to put out the light
тща́тельный careful, painstaking
тще́тно (adv.) vainly, in vain
тще́тный vain, futile
*ты you (sing., familiar)
ты́сяча thousand
ты́сячный thousandth
тюрба́н turban
тюрьма́ prison

*тяжело́ (adv.) heavily, seriously, gravely
Ему́ тяжело́. It is hard for him.
тяжело́ бо́лен dangerously ill
тяжело́ вздыха́ть to sigh heavily
тяжёлый heavy, severe, difficult, serious
тяжёлая боле́знь serious illness
тяжёлая рабо́та hard work
тяжёлое наказа́ние severe punishment
тяжёлые времена́ hard times
У него́ тяжёлый хара́ктер. He is hard to get along with.
тя́жесть (f.) weight, gravity
тяну́ть (потяну́ть) to pull, draw, drag
Его́ тя́нет домо́й. He longs to go home.
Не тяни́! Hurry up! Don't drag it out.
тяну́ть всё ту же пе́сню to harp on the same string
тяну́ть жре́бий to draw lots
тяну́ть кого́-либо за рука́в to pull someone by the sleeve
тяну́ть но́ту to sustain a note
тяну́ться (потяну́ться) to stretch, extend
Дни тя́нутся однообра́зно. The days drag on monotonously.
Равни́на тя́нется на сто киломе́тров. The plain extends for 100 kilometers.
Цвето́к тя́нется к со́лнцу. The flower turns towards the sun.

У

*у by, at near, at the home of, possession (with gen.)
Он был у меня́. He was at my house.
стоя́ть у две́ри to stand near, by the door
у меня́ есть I have
Я э́то взял у неё. I took it from her.
уба́вить—see **убавля́ть**

убавля́ть (уба́вить) to diminish, reduce, lessen

Он убавля́ет себе́ го́ды. He makes himself out younger than he is.

уба́вить в ве́се to lose weight

убавля́ть це́ну to lower the price

убеди́тельный convincing, persuasive

убега́ть (убежа́ть) to run away

убеди́ть—see **убежда́ть**

убежа́ть—see **убега́ть**

убежда́ть (убеди́ть) to convince, persuade

убежде́ние persuasion, conviction

Все убежде́ния бы́ли напра́сны. All persuasion was in vain.

де́йствовать по убежде́нию to act according to one's convictions

убива́ть (уби́ть) to kill, slay

убива́ть вре́мя to kill time

убива́ть мо́лодость to waste one's youth

Хоть убе́й не зна́ю. I couldn't tell you to save my life.

уби́йство murder, assassination

уби́йца killer

*убира́ть to remove, take away, to clean

убира́ть ко́мнату to clean a room

убира́ть со стола́ to clear the table

уби́ть—see **убива́ть**

*убо́рная lavatory, dressing room

убра́ть—see **убира́ть**

уважа́емый respected

*уважа́ть to respect, esteem

глубоко́ уважа́ть to hold in high respect

уважа́ть себя́ to have self-respect

уваже́ние respect, esteem

из уваже́ния in deference

Он досто́ин уваже́ния. He is worthy of respect.

по́льзоваться глубо́ким уваже́нием to be held in high respect

увеличе́ние increase, extension, expansion, enlargement

увели́чивать (увели́чить) to increase, enlarge, extend

увеличи́тельный magnifying

увели́чить—see **увели́чивать**

увере́ние assurance, protestation

уве́ренно (adv.) confidently, with confidence

уве́ренность (f.) confidence

с уве́ренностью with confidence

уве́ренность в себе́ self-reliance

уве́ренный sure, assured, positive, confident

бу́дьте уве́рены you may be sure

уве́ренная рука́ sure hand

уве́ренный шаг confident step

уве́рить—see **уверя́ть**

уверя́ть (уве́рить) to assure, convince

уверя́ю вас, что I assure you that

уви́деть—see **ви́деть**

увлека́тельный fascinating, captivating

увлека́ть (увле́чь) to fascinate, captivate, allure, entice

увлече́ние enthusiasm, animation

говори́ть с увлече́нием to speak with enthusiasm

его́ ста́рое увлече́ние an old flame of his

увле́чь—see **увлека́ть**

увы́! alas!

угада́ть—see **уга́дывать**

уга́дывать (угада́ть) to guess, divine

углублённый deep, profound, absorbed

угова́ривать (уговори́ть) to try to persuade, talk into

угова́риваться (уговори́ться) to arrange (with), agree

Они́ уговори́лись встре́титься в библиоте́ке. They arranged (agreed) to meet at the library.

уговори́ть(ся)—see **угова́ривать(ся)**

уго́дно (adv.) wished, desired; any-, -ever

Задава́йте каки́е уго́дно вопро́сы. Ask any questions you like.

как вам уго́дно as you please

как уго́дно anyhow

кто уго́дно anybody

ско́лько душе́ уго́дно to one's heart's content

у́гол corner, angle

в углу́ in the corner
за угло́м around the corner
за́гнутые углы́ dog-eared pages
име́ть свой у́гол to have a home
of one's own
под прямы́м угло́м at right
angles
у́голь coal
угости́ть—see **угоща́ть**
угоща́ть (угости́ть) to treat,
entertain
угоще́ние treating, refreshments
угрю́мый sullen, gloomy,
morose
удалённый remote
удали́ться—see **удаля́ться**
удаля́ться (удали́ться) to move
off, away
удаля́ться от бе́рега to move
away from the shore
удаля́ться от те́мы to wander
from the subject
уда́р blow, stroke
одни́м уда́ром уби́ть двух за́йцев
to kill two birds with one stone
со́лнечный уда́р sunstroke
Э́то для него́ тяжёлый уда́р. It
is a hard blow for him.
ударе́ние accent, stress, emphasis
уда́рить—see **ударя́ть**
*****ударя́ть (уда́рить)** to hit, strike
Мо́лния уда́рила. Lightning
struck.
уда́рить кого́-либо по карма́ну
to cost someone a pretty penny
ударя́ть по столу́ to bang on the
table
уда́ться (perf.) to turn out well, be
a success
Ему́ удало́сь найти́ э́то. He
succeeded in finding it.
**Мы хоте́ли пое́хать, но нам не
удало́сь.** We wanted to go, but it
didn't work out.
уда́ча good luck, success
Ему́ всегда́ уда́ча. He always has
luck.
уда́чи и неуда́чи ups and downs
уда́чно (adv.) successfully, well
*****уда́чный** successful, apt
уда́чная попы́тка successful
attempt

уда́чное выраже́ние apt
expression
уде́льный specific
уде́льный вес specific gravity
удиви́тельно (adv.) amazingly,
astonishingly, it is strange
не удиви́тельно, что no wonder
that
удиви́тельный astonishing,
surprising, striking, amazing,
wondrous
*****удиви́ть(ся)**—see **удивля́ть(ся)**
удивле́ние astonishment, surprise,
wonder, amazement
рази́нуть рот от удивле́ния to be
open-mouthed with astonishment
удивля́ть (удиви́ть) to astonish,
surprise, amaze
удивля́ть(ся) (удиви́ть(ся)) to
surprise; to be surprised, wonder at
Вот она́ удиви́ться. She will be
so surprised.
удо́бно (adv.) comfortably,
conveniently
Ему́ удо́бно. He feels
comfortable.
е́сли ему́ э́то удо́бно if it is
convenient for him
*****удо́бный** comfortable, handy,
convenient
удо́бное кре́сло comfortable
armchair
удо́бный моме́нт opportune
moment
удо́бный слу́чай opportunity
удо́бство comfort
удовлетворе́ние satisfaction,
gratification
находи́ть удовлетворе́ние to
find satisfaction
получа́ть по́лное удовлетворе́ние
to be fully satisfied
удовлетвори́тельно (adv.)
satisfactorily
удовлетвори́тельный satisfactory,
satisfying
удовлетвори́ть—see **удовлетворя́ть**
удовлетворя́ть (удовлетвори́ть)
to satisfy, content, comply with
удово́льствие pleasure
жить в своё удово́льствие to
enjoy one's life

получи́ть удово́льствие от чего́-
  либо   to enjoy something
с удово́льствием   with pleasure,
  gladly
уедине́ние   solitude, seclusion
уединённо   (adv.) solitarily
уезжа́ть (уе́хать)   to leave, go away,
  depart (by conveyance)
уе́хать—see **уезжа́ть**
у́жас   terror, horror
  быть в у́жасе   to be horrified
  Како́й у́жас!   How terrible!
  У́жас как хо́лодно.   It is terribly
  cold.
ужа́сно   (adv.) terribly, horribly,
  awfully, it is terrible
ужа́сный   terrible, horrible
уже́   already, no longer
  Он уже́ не ребёнок.   He is no
  longer a child.
  Он уже́ ко́нчил.   He has already
  finished.
  уже́ давно́   long time ago
  уже́ не раз   more than once
*****у́жин**   supper
  за у́жином   at supper
у́жинать (поу́жинать)   to have
  supper
у́зел   knot, bundle
  завя́зывать у́зел   to tie a knot
*****у́зкий**   narrow, tight
  у́зкие взгля́ды   narrow views
*****узнава́ть (узна́ть)**   to recognize,
  find out
  Он узна́л её по го́лосу.   He knew
  her by her voice.
  Он узна́л мно́го но́вого.   He
  learned much that was new to him.
  Узна́йте по телефо́ну, когда́
  нача́ло спекта́кля.   Call to find
  out when the play begins.
узна́ть—see **узнава́ть**
уйти́—see **уходи́ть**
ука́з   decree, edict
указа́тельный   indicating,
  indicatory
  указа́тельный па́лец   forefinger
указа́ть—see **ука́зывать**
ука́зывать (указа́ть)   to show,
  indicate, point out
укла́дываться (уложи́ться)   to
  pack

укра́сть—see **красть**
укрепи́ть—see **укрепля́ть**
укрепле́ние   strengthening,
  fortifying
укрепля́ть (укрепи́ть)   to fortify,
  strengthen
у́ксус   vinegar
уку́с   bite, sting
укуси́ть   (perf.) to bite, sting
  Кака́я му́ха его́ укуси́ла?   What
  possessed him?
ула́дить   (perf.) to settle, arrange
  ула́дить спо́рный вопро́с   to
  settle a controversial question
*****у́лица**   street
  на у́лице   on the street, out of
  doors
уложи́ться—see **укла́дываться**
уло́женный   packed
улучша́ть(ся) (улу́чшить(ся))   to
  improve (something); to improve
  (itself), make better
  Его́ здоро́вье улу́чшилось.   His
  health has improved.
улу́чшить(ся)—see **улучша́ть(ся)**
*****улыба́ться (улыбну́ться)**   to smile
  Жизнь ему́ улыба́лась.   Life
  smiled on him.
  не улыба́ясь   unsmilingly
улы́бка   smile
улыбну́ться—see **улыба́ться**
*****ум**   mind, wit, intellect
  в здра́вом уме́   in one's right
  senses
  ему́ пришло́ на ум   it occurred to
  him
  сходи́ть с ума́   to go mad
  Ум хорошо́, а два лу́чше.   Two
  heads are better than one.
уменьша́ть(ся) (уме́ньшить(ся))
  to diminish, decrease, lessen; to be
  diminished
уменьши́тельный   diminutive
уме́ньшить(ся)—see
  уменьша́ть(ся)
уме́ренность   (f.) moderation,
  temperance
уме́ренный   moderate, temperate
умере́ть—see **умира́ть**
уме́ть   to know how, be able
  Он сде́лает э́то как уме́ет.   He'll
  do it to the best of his ability.

умира́ть (умере́ть) to die
  умира́ть от ску́ки to be bored to death
умно́ (adv.) cleverly, wisely, sensibly
умноже́ние multiplication, increase
*у́мный clever, intelligent
умолка́ть (умо́лкнуть) to fall silent
умо́лкнуть—see **умолка́ть**
умоля́ть to entreat, implore
умоля́ющий pleading, suppliant
у́мственный mental, intellectual
умыва́ть(ся) (умы́ть(ся)) to wash (something); to wash (oneself)
умы́ть(ся)—see **умыва́ть(ся)**
унести́—see **уноси́ть**
универса́льный universal
университе́т university
униже́ние humiliation
уничтожа́ть (уничто́жить) to destroy, crush, wipe out
  Ого́нь всё уничто́жил. The fire has destroyed everything.
уничто́жить—see **уничтожа́ть**
уноси́ть (унести́) to take away, carry off
  Воображе́ние унесло́ его́ далеко́. He was carried away by his imagination.
уны́ло despondently, dolefully
уны́лый sad, dismal, despondent
упа́док decline, breakdown
  приходи́ть в упа́док to fall into decay
  упа́док ду́ха low spirits
упако́ван packed
упа́сть—see **па́дать**
упое́ние rapture, ecstasy
упомина́ть (упомяну́ть) to mention, refer to
  упомина́ть вско́льзь to mention in passing
упомяну́ть—see **упомина́ть**
упо́рный persistent, stubborn
употреби́тельный common, generally used
употреби́ть—see **употребля́ть**
употребля́ть (употреби́ть) to make use of
  употреби́ть власть to exercise one's authority

  употреби́ть все уси́лия to exert every effort
употребля́ться (употреби́ться) to be in use
  широко́ употребля́ется to be in common usage
управле́ние management, control, conducting
управля́ть to govern, rule, manage, conduct
управля́ться (упра́виться) to manage to
  упра́вится с дела́ми to finish up business
упражне́ние exercise
упражня́ться to practice
упрёк reproach, reproof
упрека́ть (упрекну́ть) to reproach, upbraid
упрекну́ть—see **упрека́ть**
упроще́ние simplification
упря́мство stubbornness, obstinacy
*упря́мый obstinate, stubborn
уравне́ние equalization, equation (math.)
ура́внивать (уровня́ть) to equalize, level
урага́н hurricane
у́ровень (m.) level, standard
  жи́зненный у́ровень standard of living
  у́ровень воды́ water level
уровня́ть—see **ура́внивать**
*уро́к lesson
ус, усы́ (pl.) mustache, whiskers
  мота́ть что́-либо себе́ на ус to observe something silently
усе́рдие zeal, diligence
усе́рдный zealous, diligent
уси́лие effort
уско́рить—see **ускоря́ть**
ускоря́ть (уско́рить) to hasten, quicken, expedite
усла́ть—see **усыла́ть**
*усло́вие condition, term
  ни при каки́х усло́виях under no circumstances
  обяза́тельное усло́вие indispensable condition
  при усло́вии, что on condition that

усло́вия догово́ра   terms of the treaty

усло́вия жи́зни   conditions of life

ста́вить усло́вия   to lay down terms

усложне́ние   complication

услу́га   service, good turn

к ва́шим услу́гам   at your service

ока́зывать кому́-либо услу́гу   to do someone a service

Услу́га за услу́гу.   One good turn deserves another.

услу́живать (услужи́ть)   to render a service, do a good turn

услужи́ть—see услу́живать

услы́шать—see слы́шать

усмотре́ние   discretion, judgment

*успе́ть   (perf.) to have time

Ему́ уже́ не успе́ть на по́езд.   He cannot be on time for the train.

Он успе́л ко́нчить уро́к.   He had time to finish the lesson.

*успе́х   success, good luck

де́лать успе́хи   to make progress

Жела́ю вам успе́ха.   I wish you good luck.

по́льзоваться успе́хом   to be a success

успе́шно   (adv.) successfully

успе́шный   successful

успока́ивать(ся) (успоко́ить(ся)) to calm, soothe, appease

успока́ивать свою́ со́весть   to salve one's own conscience

Успоко́йтесь.   Compose yourself. Calm yourself.

успоко́ить(ся)—see успока́ивать(ся)

*устава́ть (уста́ть)   to get tired

уста́лость   (f.) tiredness, weariness, fatigue

уста́лый   tired, weary, fatigued

У вас уста́лый вид.   You look tired.

уста́ть—see устава́ть

у́стный   oral, verbal

устра́ивать (устро́ить)   to arrange, organize, establish

устра́ивать сканда́л   to make a row

устра́ивать свои́ дела́   to settle one's affairs

устро́ить так, что́бы   to arrange so as to

устро́ить ребёнка в шко́лу   to get a child into school

Это меня́ вполне́ устра́ивает. That suits me completely.

устра́иваться (устро́иться)   to settle

Всё устро́илось.   Everything has turned out all right.

Он хо́чет устро́иться в Москве́. He wants to settle in Moscow.

устра́иваться в но́вой кварти́ре to settle in a new apartment

устремле́ние   aspiration

у́стрица   oyster

устро́ить(ся)—see устра́ивать(ся)

усту́пка   concession

идти́ на усту́пки   to make concessions

усыла́ть (усла́ть)   to send away

утаи́ть—see таи́ть

утверди́тельно   (adv.) affirmatively

утверди́ть—see утвержда́ть

утвержда́ть (утверди́ть)   to affirm, maintain, assert, confirm

утвержде́ние   assertion, statement

утере́ть—see утира́ть

утеша́ть (уте́шить)   to comfort, console

утеше́ние   comfort, consolation

утеши́тельный   comforting, consoling

уте́шить—see утеша́ть

утира́ть (утере́ть)   to wipe, dry

у́тка   duck

утоми́тельный   tiresome, tiring, wearing

утоми́ть—see томи́ть, утомля́ть

утомле́ние   tiredness, weariness

утомля́ть (утоми́ть)   to tire, weary

утону́ть—see тону́ть

утопи́ть(ся)—see топи́ть(ся)

у́тренний   morning (adj.)

у́тро   morning

в де́вять часо́в утра́   at nine o'clock in the morning

До́брое у́тро.   Good morning.

у́тром   in the morning

утю́г   iron (for clothes), flatiron

уха́живать   to nurse, look after, court

уха́живать за ребёнком   to tend to a child
*ý**хо (pl. у́ши)**   ear
   влюби́ться по́ уши   to be head over heels in love
   в одно́ у́хо вошло́, в друго́е вы́шло   in one ear and out the other
   Он уша́м не ве́рил.   He could not believe his ears.
***уходи́ть (уйти́)**   to leave, depart (on foot)
   Все си́лы ухо́дят на э́то.   One's whole energy is spent on it.
   От э́того не уйдёшь.   You can't get away from it.
уходи́ть в отста́вку   to retire
   уходи́ть в себя́   to withdraw into oneself
уча́ствовать   to take part in, participate
уча́стие   participation, collaboration
   принима́ть уча́стие в чём-либо   to take part in something
уче́бник   textbook, manual
уче́бный   educational, school
   уче́бное заведе́ние   educational institution
   уче́бный год   school year
уче́ние   studies, learning
   ко́нчить уче́ние   to finish one's studies
***учени́к, учени́ца**   student (m., f.)
учёный   learned, learned person, scholar, scientist
учи́тель, учи́тельница   teacher (m., f.)
***учи́ть (вы́учить, на́учить)**   to learn, study, teach
   Она́ у́чит му́зыку.   She is studying music.
   Он у́чит её му́зыке.   He teaches her music.
учи́ться   to learn, study
   Век живи́—век учи́сь.   Live and learn.
   учи́ться в университе́те   to attend the university
   учи́ться на со́бственных оши́бках   to profit by one's own mistakes
ую́т   comfort, coziness

ую́тно   comfortably, cozily
ую́тный   cozy, comfortable
   ую́тная ко́мната   cozy room

Ф

фа́брика   factory, mill
фабрика́нт   manufacturer
фабри́чный   industrial, manufacturing
   фабри́чная ма́рка   trademark
   фабри́чный го́род   industrial city
фа́була   plot, story
фа́за   phase, period
   фа́зы луны́   phases of the moon
факт   fact
   го́лые фа́кты   bare facts, naked facts
   факт то, что   the fact is that
   Фа́кты-упря́мая вещь.   You can't fight facts.
факти́чески   (adv.) practically, actually, in fact
факти́ческий   actual, factual, virtual
фа́ктор   factor
   вре́менные фа́кторы   transitory factors
факульте́т   department of a university
   быть на юриди́ческом факульте́те   to be a student in the law school
   медици́нский факульте́т   medical school
фальсифици́рованный   counterfeited, forged, adulterated
фальши́вый   false, artificial, counterfeit
   фальши́вая но́та   false note
   фальши́вые зу́бы   false teeth
фами́лия   surname, family name
фамилья́рно   (adv.) unceremoniously
фамилья́рный   unceremonious, familiar
фанати́ческий   fanatic
фантази́ровать   to daydream, dream, let one's imagination run

фанта́зия fancy, fantasy, imagination
фантасти́ческий fantastic, fabulous
Фаренге́йт Fahrenheit
фа́ртук apron
фарфо́р porcelain, china
фарш stuffing
фарширо́ванный stuffed
  фарширо́ванная ры́ба gefilte fish
фасо́н fashion, style
  на друго́й фасо́н in a different fashion
фата́льный fatal
фа́уна fauna
февра́ль (m.) February
федера́ция federation
фейерве́рк fireworks
фен hairdryer
феномена́льный phenomenal
фе́рма farm
  моло́чная фе́рма dairy farm
фе́рмер farmer
фе́тровый felt
  фе́тровая шля́па felt hat
фехтова́ние fencing
фе́я fairy
фиа́лка violet
фи́га fig
фигу́ра figure
  кру́пная фигу́ра outstanding figure
  представля́ть собо́ю жа́лкую фигу́ру to cut a poor figure
  У неё хоро́шая фигу́ра. She has a good figure.
фигу́рка statuette, figurine
фи́зик physicist
фи́зика physics
физи́ческий physical
  физи́ческая си́ла physical strength
  физи́ческий кабине́т physics laboratory
фикти́вный fictitious
фи́кция fiction
филантро́п philanthropist
филантропи́ческий philanthropic
филе́ fillet
филе́й sirloin
филиа́л subsidiary, branch office

фило́соф philosopher
филосо́фски (adv.) philosophically
филосо́фия philosophy
фильм film
  снима́ть фильм to make a film
  цветно́й фильм color film
фина́л finale
финанси́рование financing
фина́нсовый financial
фина́нсы finances, financial position
фи́ник date (fruit)
фиоле́товый violet (color)
фи́рма firm, company
флаг flag
флане́ль (f.) flannel
фле́йта flute
  игра́ть на фле́йте to play the flute
фли́гель (m.) wing of a building, annex
флиртова́ть to flirt
фло́ра flora
флот fleet, the navy
  возду́шный флот air force
фойе́ (n., not declined) foyer, lobby
фо́кус trick; focus
фона́рь (m.) lantern, lamp
  подста́вить фона́рь кому́-либо to give someone a black eye
  у́личный фона́рь street light
фонд fund, stock, reserve
  фо́ндовая би́ржа stock exchange
фонта́н fountain
  фонта́н красноре́чия fountain of eloquence
фо́ра odds
  дать фо́ру to give odds
фо́рма form, shape, uniform
  в пи́сьменной фо́рме in written form
  в фо́рме ша́ра in the form of a globe
  граммати́ческие фо́рмы grammatical forms
  надева́ть фо́рму to put on a uniform
  оде́тый не по фо́рме not properly dressed
форма́льность (f.) formality
фо́рмула formula

фортепиа́но piano
фотографи́ровать
  (сфотографи́ровать) to take a
  photograph
фотогра́фия photography
фра́за phrase, sentence
  пусты́е фра́зы mere words
франт dandy
францу́з, францу́женка
  Frenchman, woman (m., f.)
францу́зский French
фрукт fruit
фунда́мент foundation,
  groundwork
фундамента́льный fundamental,
  solid, substantial
фуникулёр funicular (railway)
функциона́льный functional
фу́нкция function
фунт pound
фуро́р furor
  произвести́ фуро́р to create a
  furor
фут foot
  длино́ю в два фу́та two feet
  long
футбо́л football, soccer
  футболи́ст football player
футуристи́ческий futuristic
фуфа́йка jersey, sweater
фы́ркать (фы́ркнуть) to snort,
  sniff
  презри́тельно фы́ркнуть to sniff
  scornfully
фы́ркнуть—see **фы́ркать**

X

хала́т dressing gown, bathrobe
хандра́ the blues
  На него́ напа́ла хандра́. He has
  the blues.
*****ха́ос** chaos
*****хара́ктер** disposition, temper,
  character
  име́ть твёрдый хара́ктер to have
  a strong will or character
  тяжёлый хара́ктер difficult
  nature
характери́стика characteristics

характе́рно (adv.)
  characteristically
характе́рный typical, distinctive,
  characteristic
ха́та hut
  Моя́ ха́та с кра́ю. It's no concern
  of mine. (My hut is on the
  outskirts.)
*****хвали́ть (похвали́ть)** to
  commend, praise
хва́стать(ся) (похва́стать(ся)) to
  brag, boast
хвата́ть (схвати́ть) to snatch,
  seize, grasp, grab
  хвата́ть кого́-либо за́ руку to
  seize someone by the hand
  хвата́ть что́-либо на лету́ to be
  very quick at something
  хвата́ться за соло́минку to grasp
  at a straw
хвата́ть (хвати́ть) to suffice, be
  enough, last out
  Ему́ хвати́ло вре́мени. He had
  the time.
  На сего́дня хва́тит. That will do
  for today.
  Э́того ему́ хва́тит на ме́сяц. It
  will last him for a month.
хвати́ть—see **хвата́ть**
хвост tail, train
  бить хвосто́м to lash the tail
  хвост коме́ты tail of a comet
хи́мик chemist
хими́ческий chemical
хи́мия chemistry
хиру́рг surgeon
хи́тро (adv.) slyly, cunningly
*****хи́трый** cunning, artful, sly
хладнокро́вие coolness,
  composure, equanimity
  сохраня́ть хладнокро́вие to keep
  one's head
хладнокро́вный cool, composed
*****хлеб** bread, grain
  жить на чужи́х хлеба́х to live at
  someone else's expense
  зараба́тывать себе́ на хлеб to
  earn one's living
  отби́ть (perf) у кого́-либо хлеб
  to take the bread out of
  someone's mouth
хле́бница breadbasket

хлеб-соль hospitality (bread and salt)

хлопота́ть (похлопота́ть) to bustle about, take the trouble, solicit

   Не хлопочи́те! Don't bother!

   хлопота́ть о ме́сте to seek a job

хло́поты trouble, cares, fuss

   несмотря́ на все его́ хло́поты in spite of all the trouble he has taken

   Не сто́ит хлопо́т. It is not worth the trouble.

хму́риться (нахму́риться) to frown, lower, be overcast

хму́рый gloomy, sullen

*__**хо́д**__ motion, run, course, speed, entry

   быть в ходу́ to be in vogue

   за́дний ход backward motion

   знать все ходы́ и вы́ходы to know all the ins and outs

   ло́вкий ход clever move

   ти́хий ход slow speed

   ход мы́слей train of thought

   ход собы́тий course of events

*__**ходи́ть**__ to go, walk (habitual action)

   По́езд хо́дит ка́ждый день. There is a train every day.

   Слу́хи хо́дят. Rumors are afloat.

   Ту́чи хо́дят по не́бу. Storm clouds are drifting across the sky.

   ходи́ть вокру́г да о́коло to beat around the bush

   ходи́ть в шко́лу to attend school

   ходи́ть на лы́жах to ski

   ходи́ть по магази́нам to go shopping

   ходи́ть по́д руку to walk arm in arm

ходьба́ walking

   полчаса́ ходьбы́ half an hour's walk

*__**хозя́ин**__ master, boss, proprietor, owner, host, landlord

   Он хоро́ший хозя́ин. He is thrifty and industrious.

   хозя́ин положе́ния master of the situation

хозя́йка mistress, owner, hostess, landlady

   дома́шняя хозя́йка housewife

*__**хозя́йничать**__ (imp.) to keep house, manage a household, play the boss

хозя́йство economy, household

   занима́ться хозя́йством to keep house

   пла́новое хозя́йство planned economy

   се́льское хозя́йство agriculture

холм hill, mound

хо́лод cold

холоде́ц jellied meat

холоди́льник refrigerator

хо́лодно (adv.) coldly, it is cold

   Мне хо́лодно. I am cold.

   хо́лодно встре́тить кого́-либо to receive someone coldly

*__**холо́дный**__ cold, cool

холосто́й unmarried (of men)

холостя́к bachelor

хор chorus

хорони́ть (похорони́ть) to bury

хоро́шенький pretty, nice

   хоро́шенькая исто́рия a pretty kettle of fish

хороше́ть (похороше́ть) to grow prettier, better-looking

*__**хоро́ший**__ good

   Всего́ хоро́шего. Goodbye. (All of the best.)

   Она́ хороша́ собо́й. She is good-looking.

   хоро́шая пого́да good weather

   Что хоро́шего? What's new?

   Э́то де́ло хоро́шее. That's a good thing.

*__**хорошо́**__ (adv.) good, well, nice

   Вот хорошо́. That's fine.

   Вы хорошо́ сде́лаете, е́сли придёте. You would do well to come.

   Ему́ хорошо́ здесь. He is comfortable here.

   о́чень хорошо́ very well

   хорошо́ ска́зано well said

   Хорошо́ то, что хорошо́ конча́ется. All's well that ends well.

хоте́ть (захоте́ть) to wish, want

как хоти́те   just as you like
Он не хо́чет мне зла.   He means no harm to me.
Он о́чень хо́чет её ви́деть.   He wants to see her very much.
хоте́ть спать   to want to sleep
хо́чешь, не хо́чешь   willy-nilly
хоте́ться (захоте́ться)   to want, feel like
Ему́ хо́чется поговори́ть с ва́ми.   He wants to talk with you.
Мне хо́чется пить.   I am thirsty.
не так, как хоте́лось бы   not as one would like it
*****хоть**   even, if you wish, at least
Ему́ ну́жно хоть два дня.   He ought to have at least two days.
Не могу́ сде́лать э́то, хоть убе́й.   I can't do this for the life of me.
Хоть бы он поскоре́е пришёл.   If only he would come.
хоть сейча́с   at once if you like
хотя́   although, though
хотя́ бы   if only, even if, at least
Мы должны́ говори́ть хотя́ бы на двух языка́х.   We should speak at least two languages.
хотя́ бы и так   even if it were so
хохота́ть   to laugh boisterously
хра́брый   brave, valiant, gallant
храни́тель   (m.) keeper, guardian
храни́ть   to keep, retain
храни́ть в па́мяти   to keep in one's memory
храни́ть в та́йне   to keep something secret
храни́ть де́ньги в сберка́ссе   to keep one's money in a savings bank
храпе́ть   to snore
хребе́т   spinal column, backbone
хрен   horseradish
христиа́нство   Christianity
хрома́ть   to limp
хрома́ть на пра́вую но́гу   to be lame in the right leg
У него́ хрома́ет орфогра́фия.   His spelling is poor.
хромо́й   lame, limping
хро́ника   news summary
хрони́ческий   chronic
хруста́ль   (m.) cut glass, crystal

ху́денький   slender, slim
худе́ть (похуде́ть)   to grow thin
ху́до   (adv.) ill, badly
худо́жественный   art, artistic
худо́жественный фи́льм   movie (feature film)
худо́жество   art
худо́жник   artist
худо́й   lean, thin, bad, worn-out
на худо́й коне́ц   if worse comes to worst
*****ху́же**   worse
Пого́да сего́дня ху́же, чем вчера́.   The weather is worse today than yesterday.
тем ху́же   so much the worse
ху́же всего́   worst of all

Ц

цара́пать (цара́пнуть)   to scratch, claw, scribble
цара́пина   scratch, abrasion
цара́пнуть—see **цара́пать**
цари́ть   to reign
Цари́л мрак.   Darkness reigned.
цвет   color
Како́го цве́та?   What color?
цвет лица́   complexion
цветно́й   colored
цвето́к   flower
целеустремлённость   purposefulness
целико́м   (adv.) as a whole, wholly
целова́ть(ся) (поцелова́ть(ся))   to kiss (each other)
це́лый   whole, entire, intact
по це́лым неде́лям   for weeks on end
це́лая дю́жина   a whole dozen
цел и невреди́м   safe and sound
це́лые чи́сла   whole numbers
*****цель**   (f.) aim, goal, object, purpose
дости́чь це́ли   to achieve one's goal
отвеча́ть це́ли   to answer the purpose
попа́сть в цель   to hit the mark
с како́й це́лью?   for what purpose?

*цена́   price, worth, cost
  знать себе́ це́ну   to know one's own value
  любо́й цено́й   at any price
  твёрдые це́ны   fixed prices
  Э́то не име́ет цены́.   It is priceless.
цензу́ра   censorship
цени́ть (оцени́ть)   to value, estimate, appreciate
  высоко́ цени́ть себя́   to think much of oneself
  Его́ не це́нят.   He is not appreciated.
це́нный   valuable
цент   cent
центр   center
центра́льный   central
цепь   (f.) chain, bonds
  го́рная цепь   mountain range
  спусти́ть с це́пи   to let loose
церемо́ниться   to stand on ceremony
церемо́ния   ceremony
  без церемо́ний   informally
це́рковь   (f.) church
цивилиза́ция   civilization
ци́ник   cynic
цини́ческий   cynical
цинк   zinc
цирк   circus
цита́та   quotation
цити́ровать   to quote, cite
ци́фра   figure, cipher
цыга́нский   (adj.) gypsy

Ч

*чай   (m.) tea
ча́йка   seagull
ча́йник   teapot
ча́йная ло́жка   teaspoon
ча́йная ро́за   tea rose
*час   hour
  в кото́ром часу́   at what time
  в час дня   at 1:00 P.M.
  Кото́рый час?   What time is it?
  приёмные часы́   reception or visiting hours
  че́рез час   in an hour

часово́й   clock, watch (adj.), sentry (noun)
  дви́гаться по часово́й стре́лке   to move clockwise
  часова́я опла́та   payment by the hour
части́ца   fraction, little part, particle
ча́стный   private
*ча́сто   (adv.) often, frequently
часть   (f.) part, share, portion
  бо́льшая часть   greater part
  бо́льшей ча́стью   for the most part
  запасны́е ча́сти   spare parts
  по частя́м   in parts
  ча́сти те́ла   parts of the body
часы́   (plural only) watch, clock, time-piece
  поста́вить часы́   to set a watch
  Часы́ отстаю́т.   The watch is slow.
  Часы́ спеша́т.   The clock is fast.
чахо́тка   consumption
ча́шка   cup
*ча́ще   more often
ча́яние   expectation, hope
  сверх ча́яния   beyond expectations
*чей, чья, чьё, чьи   whose (m., f., n., pl.)
чек   check
*челове́к (pl. лю́ди)   man, person, human being
челове́ческий   human
  челове́ческая приро́да   human nature
челове́чество   humanity, mankind
*чем   than
  ме́ньше чем   less than
  Чем бо́льше, тем лу́чше.   The more, the better.
  Чем писа́ть, вы бы ра́ньше спроси́ли.   You'd better ask first and write afterward.
чемода́н   valise, suitcase
чемпио́н   champion
чепуха́   nonsense
  говори́ть чепуху́   to talk nonsense
чередова́ть(ся)   to take turns, alternate
*че́рез   over, across, through (with acc.)

перейти́ че́рез доро́гу   to walk across the street

писа́ть че́рез стро́чку   to write on every other line

че́рез неде́лю   in a week

че́реп   skull

чересчу́р   too

  чересчу́р мно́го   much too much

  Э́то уже́ чересчу́р.   That's going too far.

чере́шня   cherry

черни́ла   (pl.) ink

*чёрный   black

  на чёрный день   against a rainy day

  ходи́ть в чёрном   to wear black

  чёрные мы́сли   gloomy thoughts

  чёрный как смоль   jet-black, pitch-black

  чёрный ры́нок   black market

чёрт   devil, deuce

  Како́го чёрта он там де́лает?   What the blazes is he doing there?

  Чёрт возьми́!   The devil take it!

  Чёрт зна́ет что!   It's outrageous!

черта́   trait, line

  черты́ лица́   features

  Э́то фами́льная черта́.   It is a family trait.

чертёнок   imp

чертовщи́на   devilry

чеса́ться (почеса́ться)   to scratch oneself, itch

  У него́ че́шется нос.   His nose itches.

  У неё ру́ки че́шутся э́то сде́лать.   Her fingers itch to do it.

чесно́к   garlic

че́стно   (adv.) honestly, fairly, frankly

че́стность   (f.) honesty

*че́стный   honest, fair

  дать че́стное сло́во   to give one's word of honor

  Че́стное сло́во!   Upon my word!

честолюби́вый   ambitious

честь   (f.) honor

  в честь кого́-либо   in honor of someone

  де́ло че́сти   matter of honor

  Не име́ю че́сти знать вас.   I do not have the honor of knowing you.

  Счита́ю за честь.   I consider it an honor.

  Э́то де́лает ему́ честь.   It does him credit.

четве́рг   Thursday

  в четве́рг   on Thursday

че́тверть   (f.) one-fourth, a quarter

  че́тверть ча́са   a quarter of an hour

четвёртый   fourth

четы́ре   four

четы́реста   four hundred

четы́рнадцать   fourteen

четы́рнадцатый   fourteenth

чин   rank, grade

чини́ть (почини́ть)   to repair, mend

чино́вник   official, functionary

*число́   number, date

  в большо́м числе́   in great numbers

  в пе́рвых чи́слах ию́ня   in the first days of June

  Како́е сего́дня число́?   What is today's date?

  неизве́стное число́   unknown quantity

чи́стить (почи́стить)   to clean, scour, scrub

чи́сто   (adv.) cleanly, neatly, purely, it is clean

чистота́   cleanliness, purity

*чи́стый   clean, neat, tidy, pure

  бриллиа́нт чи́стой воды́   a diamond of the first water

  чи́стая рабо́та   neat job

  чи́стое безу́мие   sheer madness

  чи́стый вес   net weight

  чи́стый слу́чай   pure chance

чита́ть (прочита́ть, проче́сть)   to read

  чита́ть ле́кцию   to give a lecture

чиха́ть (чихну́ть)   to sneeze

чихну́ть—see **чиха́ть**

чи́ще   cleaner

член   member, limb

  член парла́мента   member of parliament

  член уравне́ния   term of an equation

чрезвыча́йно (adv.) extraordinarily, extremely

чрезвыча́йный extraordinary, extreme

чте́ние reading

*что what, that

всё, что он знал all that he knew

Мне что́-то не хо́чется. I somehow don't feel like it.

Ну и что́ же? Well, what of it?

потому́ что because

Что вы! You don't say so!

Что де́лать? What is to be done?

Что зна́чит э́то сло́во? What does this word mean?

что́-нибудь anything

Что с ва́ми? What is the matter with you?

что́-то something, somehow

*что́бы that, in order that

Невозмо́жно, что́бы он сказа́л э́то. He could not possibly have said that.

Он говори́л гро́мко, что́бы все слы́шали. He spoke loudly so that all would hear.

Он не мо́жет написа́ть ни стро́чки без того́, что́бы не сде́лать оши́бки. He can't write a line without making a mistake.

Он ра́но встал, что́бы быть там во́время. He got up early in order to be there on time.

Он хоте́л, чтобы она́ слы́шала. He wanted her to hear.

чувстви́тельность (f.) sensitivity, perceptibility, sentimentality

чувстви́тельный sensible, perceptible, painful, sensitive

*чу́вство sense, feeling

обма́н чувств delusion, illusion

прийти́ в чу́вство to come to one's senses

пять чувств the five senses

чу́вство ме́ры sense of proportion

чу́вство прекра́сного feeling for the beautiful

чу́вство ю́мора sense of humor

*чу́вствовать (почу́вствовать) to feel, sense

Как вы себя́ чу́вствуете? How do you feel?

чу́вствовать го́лод to be hungry

чу́вствовать ра́дость to feel joy

чу́вствовать свою́ вину́ to feel one's guilt

чу́дно (adv.) beautifully, wonderfully, it is beautiful

чу́дный wonderful, marvelous, beautiful

чу́до miracle, wonder, marvel

чужо́й someone else's, strange, alien

в чужи́е ру́ки into strange hands

на чужо́й счёт at someone else's expense

под чужи́м и́менем under an assumed name

чужи́е края́ foreign lands

чуло́к stocking

чума́зый dirty-faced, smudgy

чу́ткий sensitive, keen, tactful, delicate

чу́ткий подхо́д tactful approach

чу́ткий сон light sleep

чу́ткость (f.) sensitiveness, keenness, tactfulness, delicacy

чуть hardly, slightly, just

Он чуть дьı́шит. He can hardly breathe.

Он чуть не упа́л. He nearly fell.

чуть-чуть a little

Ш

*шаг step, stride, footstep

в двух шага́х a few steps away

ло́вкий шаг clever move

на ка́ждом шагу́ at every step

сде́лать пе́рвый шаг to take the first step

шаг за ша́гом step by step

ша́гом at a walking pace

*шали́ть to play pranks, be naughty

шалу́н, шалу́нья playful person, mischievous child (m., f.)

шаль (f.) shawl

шампа́нское champagne

шанс chance

име́ть мно́го ша́нсов   to have many chances

ни мале́йшего ша́нса   not the ghost of a chance

ша́пка   cap

шар   ball, sphere, globe

возду́шный шар   balloon

шарф   scarf, muffler

ша́ткий   unsteady, shaky, tottering

ша́хматы   chess

игра́ть в ша́хматы   to play chess

шве́дский   Swedish

шве́йный   sewing

шве́йная маши́на   sewing machine

швейца́рский   Swiss

швея́   seamstress

шевели́ть (шевельну́ть)   to stir, move

Он па́льцем не шевельнёт.   He won't stir a finger.

шевельну́ть—see шевели́ть

шеде́вр   masterpiece

шёлк   silk

шёлковый   silken

Он стал, как шёлковый.   He has become as meek as a lamb.

шепну́ть—see шепта́ть

шёпот   whisper

шёпотом   in a whisper, under one's breath

шепта́ть (шепну́ть)   to whisper

шерсть   wool

шерстяно́й   woolen

шестидеся́тый   sixtieth

шестна́дцать   sixteen

шестна́дцатый   sixteenth

шесто́й   sixth

шесть   six

шестьдеся́т   sixty

шестьсо́т   six hundred

ше́я   neck

броса́ться кому́-либо на ше́ю   to throw one's arms around someone's neck

получи́ть по ше́е   to get it in the neck

по ше́ю   up to the neck

сиде́ть у кого́-либо на ше́е   to be a burden to someone

шика́рный   chic, smart

ши́на   tire

шине́ль   (f.) overcoat (uniform)

ши́ре   broader, wider

ширина́   width, breadth

*широ́кий   wide, broad

в широ́ком смы́сле   in the broad sense

жить на широ́кую но́гу   to live in grand style

широ́кая пу́блика   general public

широ́кое обобще́ние   sweeping generalization

широко́   (adv.) widely, broadly

смотре́ть широко́   to take a broad view of things

широко́ толкова́ть   to interpret loosely

широта́   width, breadth, latitude

широта́ ума́   breadth of mind

шить (сшить)   to sew

шитьё   sewing, needlework

шкаф   cupboard, closet, wardrobe

шко́ла   school

вы́сшая шко́ла   college, university

нача́льная шко́ла   elementary school

романти́ческая шко́ла литера-ту́ры   romantic school of literature

сре́дняя шко́ла   secondary, high school

ходи́ть в шко́лу   to attend school

челове́к ста́рой шко́лы   man of the old school

шку́ра   skin, hide

дрожа́ть за свою́ шку́ру   to tremble for one's life

спаса́ть свою́ шку́ру   to save one's own skin

Я не хоте́л бы быть в его́ шку́ре.   I would not like to be in his place.

шля́па   hat

Де́ло в шля́пе.   It's in the bag.

шнур   cord

шокола́д   chocolate

шо́рох   rustle

шотла́ндский   Scottish

шо́у   show

шофёр   chauffeur, driver

шпага́т   string, cord, twine

шпи́лька   hairpin

шпина́т   spinach

шприц syringe
шрифт print, type font
штаны́ (pl.) trousers, breeches
штат state
шта́тский civil
што́пать (зашто́пать) to darn
што́пор corkscrew
што́ра blind, shade
  спусти́ть (perf.) **што́ры** to draw
  the blinds
штраф fine, penalty
шту́ка piece, thing
  Вот так шту́ка! That's a fine
  thing!
  В том-то и шту́ка! That's just the
  point.
  штук де́сять about ten pieces
шту́чный piece
шту́чная рабо́та piecework
шу́ба fur coat
шу́лер cheat, cardsharp
*****шум** noise, uproar
  мно́го шу́ма из ничего́ much ado
  about nothing
  шум и гам hue and cry
шуме́ть to make a noise, be noisy
шу́мный noisy, loud
шурша́ние rustling
шурша́ть to rustle
шути́ть (пошути́ть) to joke, jest
  Не шути́! Don't trifle with this!
  Он не шу́тит. He is serious.
*****шу́тка** joke, jest
  в шу́тку in jest
  шу́тки в сто́рону joking aside
  Э́то не шу́тки. It is not a
  laughing matter.
шутя́ (adv.) in jest, for fun, easily
  не шутя́ seriously

Щ

щади́ть (пощади́ть) to spare
  Не щади́те расхо́дов. Do not
  spare expenses.
  не щадя́ себя́ without sparing
  oneself
  щади́ть чью́-либо жизнь to
  spare someone's life
ще́дрость (f.) generosity, liberality

ще́дрый generous, liberal
  ще́дрой руко́й lavishly
щека́ cheek
щекота́ть (пощекота́ть) to tickle
  У меня́ в го́рле щеко́чет. My
  throat tickles.
  щекота́ть чьё-либо самолю́бие
  to tickle someone's vanity
щекотли́вый ticklish, delicate
  щекотли́вый вопро́с ticklish
  point
щено́к puppy
щётка brush
  зубна́я щётка toothbrush

Э

эволюцио́нный evolutionary
эгои́зм selfishness
эгои́ст egoist, selfish person
эгоисти́ческий selfish, egotistical
экза́мен examination
  вы́держать экза́мен to pass an
  exam
  держа́ть экза́мен to take an
  exam
  провали́ться на экза́мене to fail
  at an exam
экзаменова́ть (проэкзаменова́ть)
  to examine
экземпля́р copy, specimen
экипа́ж carriage, crew
эконо́мика economics
экономи́ст economist
эконо́мить (сэконо́мить) to
  economize, save
экономи́ческий economical
эконо́мия economy
  для эконо́мии вре́мени to save
  time
  полити́ческая эконо́мия
  political economy
  соблюда́ть эконо́мию to save,
  economize
экра́н screen
экску́рсия excursion, trip
экспанси́вный effusive
экспа́нсия expansion
экспеди́ция expedition
эксперимéнт experiment

экспериментáльный experimental
экспéрт expert
экспéртный expert (adj.)
эксплуатáция exploitation
э́кспорт export
экспресси́вный expressive
экспрéссия expression
экстáз ecstasy
экстенси́вный extensive
экстравагáнтный extravagant
экстрáкт extract
э́кстренно urgently
эксцентри́ческий eccentric
эксцéсс excess
элевáтор grain elevator
элегáнтность (f.) elegance
элегáнтный elegant
элéгия elegy
электри́ческий electric
электри́чество electricity
элемéнт element (chemistry)
элементáрный elementary
эликси́р elixir
эмáлевый enamel (adj.)
эмáль (f.) enamel
эмансипáция emancipation
эмоционáльный emotional
эмóция emotion
эмфати́ческий emphatic
энерги́чный energetic
энéргия energy
энтузиáзм enthusiasm
энциклопéдия encyclopedia
эпидéмия epidemic
эпóха age, era, epoch
э́ра era
эроти́ческий erotic
эскалáтор escalator
эски́з sketch, study, outline
эстети́ческий aesthetic
*этáж floor, story
э́тика ethics
эти́ческий ethical
*э́то this, it, that
　　Как э́то возмóжно? How is it
　　possible?
　　Кто э́то? Who is that?
　　пóсле э́того after that
　　при всём э́том in spite of all this
　　Что э́то? What is that?
　　Э́то моя́ кни́га. This is my
　　book.

Э́то хорошó. That's good.
э́тот, э́та, э́то, э́ти this, these, (m.,
　　f., n., pl.)
этю́д study, sketch
эффéкт effect
эффéктный spectacular, effective
э́хо echo

Ю

юбилéй anniversary, jubilee
ю́бка skirt
юг south
ю́жный southern
ю́мор humor
　　чу́вство ю́мора sense of humor
юмористи́ческий humorous,
　　comic
ю́ность (f.) youth
ю́ноша (m.) youth, lad
юриди́ческий juridical, legal
юри́ст lawyer

Я

*я I
я́блоко apple
я́блочный apple (adj.)
　　я́блочный пирóг apple pie
яви́ться—see явля́ться
явлéние appearance, occurrence
　　обы́чное явлéние everday
　　occurrence
　　явлéние прирóды natural
　　phenomenon
явля́ться (яви́ться) to appear,
　　present oneself, occur
　　как тóлько я́вится подходя́щий
　　слу́чай as soon as an
　　opportunity presents itself
　　явля́ться в укáзанное врéмя to
　　present oneself at a fixed time
　　явля́ться кстáти to arrive
　　opportunely
я́вно (adv.) it is evident, evidently,
　　obvious
я́вный evident, obvious, manifest
я́года berry

одного́ по́ля я́годы   birds of a feather

яд   poison, venom

  яд его́ рече́й   the venom of his words

я́дерный   nuclear

ядови́тый   poisonous, toxic

я́зва   ulcer, sore

*язы́к   language, tongue

  владе́ть каки́м-то языко́м   to know a language

  копчёный язы́к   smoked tongue

  литерату́рный язы́к   literary language

  о́бщий язы́к   common language

  о́стрый язы́к   sharp tongue

  показа́ть язы́к   to stick out one's tongue

  родно́й язы́к   mother tongue

  ру́сский язы́к   Russian language

  У него́ отня́лся язы́к.   He became speechless. (His tongue failed him.)

  чеса́ть язы́к   to wag one's tongue.

  Язы́к до Ки́ева доведёт.   You can get anywhere if you know how to use your tongue. (The tongue will take you as far as Kiev.)

языково́й   linguistic

язы́ческий   heathen, pagan

яи́чница   omelet

  яи́чница-болту́нья   scrambled eggs

яи́чный   egg (adj.)

*яйцо́   egg

  яйцо́ в мешо́чек   poached egg

  яйцо́ всмя́тку   soft-boiled egg

я́корь   (m.) anchor

я́мочка   dimple

янва́рь   (m.) January

янта́рь   (m.) amber

япо́нский   Japanese

я́ркий   bright, vivid, brilliant

  я́ркое описа́ние   vivid description

  я́ркий приме́р   striking example

  я́ркий свет   bright light

я́рко   brightly, strikingly, vividly

я́ркость   (f.) brightness, brilliance, vividness

я́рмарка   fair

я́рость   (f.) fury, rage

  вне себя́ от я́рости   beside oneself with rage

я́сно   (adv.) clearly, distinctly, it is clear

  ко́ротко и я́сно   in a nutshell (short and clear)

я́сность   clearness, lucidity

я́сный   clear, lucid, distinct

я́щик   box, drawer, chest

  откла́дывать в до́лгий я́щик   to shelve, procrastinate

GLOSSARY OF GEOGRAPHICAL NAMES

Австра́лия   Australia
А́встрия   Austria
Адриати́ческое мо́ре   Adriatic Sea
Азербайджа́н   Azerbaijan
А́зия   Asia
Алба́ния   Albania
Алжи́р   Algeria
А́льпы   The Alps
Аля́ска   Alaska
Аме́рика   America
А́нглия   England
Ара́вия   Arabia
Аргенти́на   Argentina
А́страхань   Astrakhan
Атланти́ческий океа́н   Atlantic Ocean
А́фрика   Africa
Байка́л   Baikal (Lake)
Баку́   Baku
Белору́ссия   Belarus
Бе́льгия   Belgium
Болга́рия   Bulgaria
Бонн   Bonn
Бо́стон   Boston
Брази́лия   Brazil
Брюссе́ль   Brussels
Вашингто́н   Washington
Великобрита́ния   Great Britain
Ве́нгрия   Hungary
Владивосто́к   Vladivostok
Во́лга   Volga (River)
Волгогра́д   Volgograd
Га́мбург   Hamburg
Герма́ния   Germany
Гру́зия   Georgia
Да́ния   Denmark
Детро́йт   Detroit
Днепр   Dnieper (River)
Дон   Don (River)
Дуна́й   Danube (River)
Евро́па   Europe
Еги́пет   Egypt
Жене́ва   Geneva
Иерусали́м   Jerusalem
Изра́иль   Israel
И́ндия   India
Иорда́ния   Jordan
Ира́к   Iraq

Ира́н   Iran
Ирла́ндия   Ireland
Испа́ния   Spain
Ита́лия   Italy
Кавка́з   The Caucasus (Mountains)
Карпа́тские го́ры   The Carpathian Mountains
Каспи́йское мо́ре   Caspian Sea
Ки́ев   Kiev
Кита́й   China
Копенга́ген   Copenhagen
Коре́я   Korea
Крым   Crimea
Лама́нш   English Channel
Ло́ндон   London
Лос-А́нджелес   Los Angeles
Магнитого́рск   Magnitogorsk
Мадри́д   Madrid
Ме́ксика   Mexico
Москва́   Moscow
Мю́нхен   Munich
Нева́   Neva (River)
Нидерла́нды   The Netherlands
Норве́гия   Norway
Нью-Йо́рк   New York
Оде́сса   Odessa
Пана́мский кана́л   Panama Canal
Пари́ж   Paris
Пирене́и   Pyrenees (Mountains)
По́льша   Poland
Португа́лия   Portugal
Рейн   Rhine (River)
Рим   Rome
Росси́я   Russia
Сан-Франци́ско   San Francisco
Санкт-Петербу́рг   Saint Petersburg
Се́верная Аме́рика   North America
Се́на   Seine (River)
Сиби́рь   Siberia
Си́рия   Syria
Скали́стые го́ры   Rocky Mountains
Слова́кия   Slovak Republic
Соединённые Шта́ты Аме́рики   United States of America
Содру́жество Незави́симых Госуда́рств   Commonwealth of Independent States
Средизе́мное мо́ре   Mediterranean Sea
Стокго́льм   Stockholm

Таджикиста́н Tajikistan
Ташке́нт Tashkent
Тбили́си Tbilisi
Те́мза Thames (River)
Ти́хий океа́н Pacific Ocean
То́кио Tokyo
Ту́рция Turkey
Узбекиста́н Uzbekistan
Украи́на Ukraine
Ура́л Urals (Mountains)
Филаде́льфия Philadelphia
Финля́ндия Finland

Фра́нция France
Хе́льсинки Helsinki
Чёрное мо́ре Black Sea
Че́хия Czech Republic
Чика́го Chicago
Чи́ли Chile
Швейца́рия Switzerland
Шве́ция Sweden
Шотла́ндия Scotland
Югосла́вия Yugoslavia
Ю́жная Аме́рика South America
Япо́ния Japan

GLOSSARY OF
PROPER NAMES

Ага́фья Agatha
Агне́са Agnes
Аделаи́да, Аде́ль Adelaide, Adelle
Алексе́й Alexei
Алекса́ндр Alexander
Алекса́ндра Alexandra
Али́са Alice
Альфре́д Alfred
Анастаси́я Anastasia
Анато́лий Anatole
Андре́й Andrew
А́нна Anna
Анто́н Anthony
Арту́р Arthur
Бори́с Boris
Вади́м Vadim
Валенти́н Valentin
Валенти́на Valentina
Ва́льтер Walter
Варва́ра Barbara
Васи́лий Vassily
Ве́ра Vera
Ви́ктор Victor
Вильге́льм William
Влади́мир Vladimir
Владисла́в Vladislav
Гео́ргий George
Ге́рман Herman
Григо́рий Gregory
Дави́д David
Дани́ил Daniel
Дими́трий Dimitry
Дороте́я Dorothy
Е́ва Eva
Евге́ний Eugene
Екатери́на Catherine
Еле́на Helen
Елизаве́та Elizabeth
Заха́р Zachary
Ива́н John, Ivan
Илья́ Elias, Ilya

Ио́сиф Joseph
Ири́на Irene, Irina
Карл Carl
Кла́вдия Claudia
Константи́н Constantine
Лавре́нтий Lawrence
Ле́в Leo, Lou
Леони́д Leonid
Луи́за Louise, Louisa
Лука́ Luke, Luka
Любо́вь Amy, Lyubov
Людми́ла Ludmilla
Мака́р Macar, Mark
Макси́м Maxim
Маргари́та Margaret
Мари́на Marina
Мари́я Marie, Mary
Ма́рфа Martha
Матве́й Matthew
Михаи́л Michael
Наде́жда Nadezhda
Ната́лия Natalia
Ники́та Nikita
Никола́й Nicholas, Nikolai
Оле́г Oleg
О́льга Olga
Па́вел Paul, Pavel
Пётр Peter
Самуи́л Samuel
Святосла́в Sviatoslaff
Серге́й Sergei
Симео́н Simon
Со́фья Sofia
Суса́нна Susan, Suzanna
Татья́на Tatyana
Тимофе́й Timothy
Фёдор Theodore, Fyodor
Фили́пп Philip
Фома́ Thomas
Шарло́тта Charlotte
Эдуа́рд Edward
Элеоно́ра Eleanore
Ю́лия Julia
Ю́рий Yury
Я́ков Jacob, Yakov

ENGLISH–RUSSIAN

A

abandon (to)   оставля́ть, поки́нуть
abbreviate (to)   сокраща́ть
abbreviation   сокраще́ние
ability   спосо́бность (f.)
able (to be)   мочь
able   спосо́бный
abortion   або́рт (m.), вы́кидыш (m.)
about   о (prep.), о́коло (gen.), про
 (acc.)
above   наверху́, над (inst.)
abruptly   ре́зко
absence   отсу́тствие
absent (to be)   отсу́тствовать
absent-minded   рассе́янный
absent-mindedly   машина́льно,
 рассе́янно
absolute   абсолю́тный,
 соверше́нный
absolutely   безусло́вно,
 соверше́нно
absorb (to)   вса́сывать, впи́тывать
absorbed   углублённый
abstain (to)   возде́рживаться
abstinent   тре́звый
abstract   абстра́ктный
absurd   абсу́рдный
absurdity   абсу́рд, неле́пость (f.)
abundant   оби́льный
abuse (to)   руга́ть
abusive   оскорби́тельный
academy   акаде́мия
accent   акце́нт
accepted   при́нятый
accident   несча́стный слу́чай
accidental   случа́йный
accidentally   печа́янно, случа́йно
accommodate (to)
 приспоса́бливать, устра́ивать
accommodated (to be)
 помеща́ться
accompany (to)   провожа́ть,
 сопровожда́ть,
 аккомпани́ровать
accomplish (to)   соверша́ть,
 выполня́ть
according   согла́сно, по (dat.)
accumulate (to)   набира́ть(ся)
accuracy   аккура́тность (f.),
 то́чность (f.)

accusation   обвине́ние
accuse (to)   обвиня́ть
accustomed (to become)
 привыка́ть
ache (to)   боле́ть
achievement   достиже́ние
acid rain   кисло́тный дождь
acknowledge (to)   признава́ть
acknowledgement   призна́ние
acquaintance   знако́мый
acquainted (to become)
 знако́миться
acquire (to)   приобрета́ть
across   че́рез (acc.)
act (to)   де́йствовать, игра́ть (on
 stage)
act   акт (of a play); де́ло (deed);
 докуме́нт (legal document)
action   де́йствие
actively   акти́вно
actor   актёр, арти́ст
actress   актри́са, арти́стка
actual   факти́ческий
actually   действи́тельно,
 факти́чески
acupuncture   иглотерапи́я
acute   о́стрый
add (to)   прибавля́ть,
 присоединя́ть
add to (to)   добавля́ть, прибавля́ть
addition   сложе́ние, добавле́ние,
 приба́вка
additional   дополни́тельный,
 приба́вочный
address (to)   адресова́ть,
 обраща́ться, выступа́ть
address   а́дрес
adjacent   сосе́дний
administration   администра́ция
administrator   администра́тор
admire (to)   любова́ться
admirer   кавале́р, покло́нник
admit (to)   впуска́ть, принима́ть
adopted   при́нятый
adoration   обожа́ние
adore (to)   обожа́ть
adroit   ло́вкий
adult   взро́слый
advance   ава́нс
advantage   преиму́щество
 to take advantage of
  воспо́льзоваться

advantageously вы́годно
adventure приключе́ние
adversity невзго́да
advertise (to) реклами́ровать
advertisement рекла́ма,
 объявле́ние
advertising agency рекла́мное
 аге́нтство
advice сове́т
advise (to) рекомендова́ть,
 сове́товать
affected неесте́ственный
affectionate ла́сковый, лю́бящий
affirm (to) утвержда́ть
affirmatively утверди́тельно
afresh сно́ва
after за (inst.), по́сле (gen.)
afterward по́сле, пото́м, спустя́
again опя́ть
against про́тив (gen.)
age во́зраст
agency аге́нтство
agent де́йствующая си́ла, аге́нт,
 представи́тель
aggression агре́ссия
aggressive агресси́вный
agitation агита́ция, волне́ние
ago тому́ наза́д
 long ago давно́
agony аго́ния
agree (to) соглаша́ться
agreeable прия́тный, согла́сный
agreement догово́р, контра́кт,
 соглаше́ние
agriculture се́льское хозя́йство
ah ах
ahead вперёд, впереди́
aid по́мощь (f.)
aim цель (f.)
aimless бесце́льный
air во́здух
airfield аэродро́м
airplane савмолёт
airy возду́шный
alarm трево́га
alarm clock буди́льник
alas! увы́!
album альбо́м
alcohol алкого́ль (m.)
algebra а́лгебра
alien чужо́й
alike равно́

all весь (вся, всё, все)
alley переу́лок
alliance сою́з
allot (to) наделя́ть
allow (to) позволя́ть, пуска́ть,
 разреша́ть
allure (to) увлека́ть, соблазни́ть
alluring привлека́тельный,
 зама́нчивый
ally (to) соединя́ть(ся)
almond минда́ль
almost почти́
alone оди́н, одино́кий
 to leave alone оста́вить в поко́е
along вдоль (gen.), по (dat.)
alongside ря́дом
aloud вслух
alphabet а́збука, алфави́т
already уже́
also и, то́же, та́кже
altar алта́рь (m.)
alter (to) изменя́ть, переде́лать
alteration измене́ние
alternate (to) чередова́ть(ся)
although хотя́
altitude высота́
altruism альтруи́зм
always всегда́
amaze (to) удивля́ть
amazement удивле́ние, изумле́ние
amazing изуми́тельный,
 удиви́тельный
ambassador посо́л
amber янта́рь (m.)
ambition амби́ция
ambitious честолюби́вый
America Аме́рика
American америка́нский
amiable любе́зный
among ме́жду (inst.), среди́ (gen.)
amorous любо́вный
amount коли́чество
amusement заба́ва, развлече́ние
analysis разбо́р, ана́лиз
anatomy анато́мия
anchor я́корь (m.)
ancient стари́нный
and и, да
anew сно́ва
angel а́нгел
anger гнев
angle у́гол

angry (to be) зли́ться, рассерди́ться, серди́ться

angry злой, раздражённый, серди́тый

animal живо́тное

animated живо́й, одушевлённый

animatedly оживлённо, живо

animation одушевле́ние, увлече́ние

animosity озлобле́ние

anniversary годовщи́на

announce (to) объявля́ть

announcement объявле́ние

announcer ди́ктор (radio or TV)

annoy (to) раздража́ть

annoyance доса́да, неприя́тность (f.)

annually ежего́дно

another друго́й

answer (to) отвеча́ть

answer отве́т

ant мураве́й

anticipate (to) ожида́ть

antique стари́нный (adj.)

anxiety трево́га, забо́та

anxious озабо́ченный

any вся́кий, любо́й

anybody кто уго́дно, кто́-нибудь

anyhow как уго́дно, ка́к-нибудь

apartment кварти́ра

apology извине́ние

apparatus аппара́т

apparently ви́дно, очеви́дно, по-ви́димому

appear (to) обознача́ться, появля́ться, явля́ться

to appear to каза́ться

appearance вид, нару́жность, явле́ние

appease (to) успока́ивать

appetite аппети́т

appetizing аппети́тный

applaud (to) аплоди́ровать

apple я́блоко

appoint (to) назнача́ть

appreciate (to) цени́ть

approach (to) бли́зиться, подходи́ть, приближа́ться

approach подхо́д

approximate приблизи́тельный

approximate (to) приближа́ться

approximately о́коло (gen.), приблизи́тельно

apricot абрико́с

April апре́ль (m.)

apron пере́дник, фа́ртук

architect архите́ктор

ardent жа́ркий, пы́лкий, стра́стный

ardor пыл

area пло́щадь

argue (to) спо́рить

argument спор, аргуме́нт

arid сухо́й

arithmetic арифме́тика

arm рука́

armchair кре́сло

army а́рмия

aroma арома́т

aromatic аромати́ческий

around вокру́г (gen.), круго́м

arouse (to) возбужда́ть

arrange (to) аранжи́ровать, ула́дить, устра́ивать

arrangement устро́йство

arrest аре́ст

to arrest взять под аре́ст

arrival прие́зд, прихо́д

arrive (to) приезжа́ть, приходи́ть

arson поджо́г

art иску́сство

article статья́

artificial фальши́вый, иску́ственный

artist худо́жник

artistic артисти́ческий, худо́жественный

as как

as far as до

as if как бу́дто

as soon as как то́лько

as though бу́дто

ascent подъём

ashamed (to be) стесня́ться

ashtray пе́пельница

ask (to) проси́ть, спра́шивать

asleep (to fall) засыпа́ть

asparagus спа́ржа

aspiration устремле́ние

aspirin аспири́н

assemble (to) собира́ть(ся)

assent согла́сие

assert (to) утвержда́ть, дока́зывать
assertion утвержде́ние
assimilate (to) осво́ить
assist (to) помога́ть
assistant помо́щник
association ассоциа́ция
assortment ассортиме́нт
assurance уве́рение
assure (to) уверя́ть
assured уве́ренный
asterisk звёздочка
astonish (to) удивля́ть
astonished (to be) поража́ться
astonishment удивле́ние
at в (prep.), у (gen.)
  at first внача́ле
  at last наконе́ц
athlete атле́т
athletic спорти́вный
atlas а́тлас
atmosphere атмосфе́ра
atomic а́томный
attach (to) привя́зывать
attache case кейс
attached привя́занный
attachment привя́занность, приспособле́ние
attack припа́док
attain (to) достига́ть
attempt (to) про́бовать, пыта́ться
attempt попы́тка
attend (to) прису́тствовать
attention внима́ние
attentively внима́тельно
attic мезони́н, черда́к
attitude отноше́ние
attract (to) привлека́ть
attractive интере́сный, привлека́тельный
auction аукцио́н
audibly слы́шно
audience пу́блика
August а́вгуст
aunt тётя
author а́втор, писа́тель
authority авторите́т, власть, влия́ние
autobiography автобиогра́фия
autocracy автокра́тия
automatic автомати́ческий
auto mechanic's shop автосе́рвис
automobile автомоби́ль (m.)
autonomy автоно́мия
autumn о́сень (f.)
available нали́чный, предоста́вленный в распоряже́ние
avenue бульва́р
aversion антипа́тия
aviation авиа́ция
avoid (to) избега́ть
awaken (to) разбуди́ть, просну́ться
awakening пробужде́ние
away! прочь!
awfully стра́шно, ужа́сно
awkward нело́вкий, неуклю́жий

B

baby ребёнок
bachelor холостя́к
back за́дний (adj.), обра́тно, наза́д (adv.)
backbone хребе́т
backing подде́ржка
backward наза́д
bacon беко́н
bad плохо́й, скве́рный
badly ду́рно, пло́хо, скве́рно
bag мешо́к
baggage бага́ж
bake (to) печь
baked печёный
balance бала́нс
balcony балко́н
bald (headed) лы́сый
ball мяч, шар
ballet бале́т
banana бана́н
bandage (to) бинтова́ть
bank банк (savings)
bar (to) устра́ивать препя́тствие, прегражда́ть
bar полоса́, брусо́к
barber парикма́хер
barbershop парикма́херская
bare (to) обнажа́ть, раскрыва́ть
bare го́лый
bargain (to) торгова́ться
bark (to) ла́ять

bark кора́
barren неплодоро́дный
barrier барье́р
base осно́ва, ба́зис
baseball (adj.) бейсбо́льный
baseball player бейсболи́ст
basement подва́л
baseness по́длость
bashful засте́нчивый
bashfulness засте́нчивость
basin ми́ска
basis ба́за, осно́ва
basket корзи́на
bath ва́нна
bathe (to) купа́ться
bathrobe хала́т
bathroom ва́нная
be (to) быть, быва́ть (to be sometimes)
beach пляж
beam луч
bear (to) носи́ть, терпе́ть
bear медве́дь
beard борода́
beast зверь
beat (to) бить, би́ться
beautiful краси́вый, прекра́сный
beauty красота́, краса́вица
because потому́ что
beckon (to) подозва́ть
become (to) де́латься, становӣ́ться, ста́ться
bed крова́ть (f.), посте́ль (f.)
bedroom спа́льня
bee пчела́
beer пи́во
beet свёкла
before впереди́ (adv.), до (gen.), пе́ред (inst.)
beforehand зара́нее
beg (to) проси́ть
begin (to) начина́ть, стать
beginner начина́ющий
beginning нача́ло
   from the beginning снача́ла
behavior поведе́ние
behind за (acc., inst.), позади́ (gen.) позади́ (adv.)
belief ве́ра
believe (to) ве́рить, ду́мать
bell ко́локол
belong (to) принадлежа́ть

below внизу́
belt по́яс
bench скамья́
bend (to) гнуть, нагиба́ть
bend поворо́т
berry я́года
beside по́дле (gen.), ря́дом с (inst.)
besides кро́ме (gen.), поми́мо (gen.), сверх (gen.)
best лу́чший
best-seller бестсе́ллер
betray (to) изменя́ть
better лу́чший (adj.), лу́чше (adv.)
between ме́жду (inst.)
beyond по ту сто́рону, по́зже
Bible Би́блия
bicarbonate бикарбона́т
bicycle велосипе́д
big большо́й, кру́пный
bill счёт, законопрое́кт
billion биллио́н, миллиа́рд
bind (to) свя́зывать
binding переплёт
biochemist биохи́мик
biography биогра́фия
biologist био́лог
biology биоло́гия
birch tree берёза
bird пти́ца
birth рожде́ние
birthday день рожде́ния
bite (to) куса́ть, укуси́ть
bite уку́с
bitter го́рький
bitterness озлобле́ние
black чёрный
blanket одея́ло
blend (to) сме́шивать
blessing благослове́ние
blind слепо́й
blindness слепота́
bliss блаже́нство
blizzard пурга́
block кварта́л
blood кровь (f.)
bloom (to) расцвета́ть
blouse блу́зка, ко́фточка
blow (to) дуть
blow уда́р
blue голубо́й, си́ний
blush (to) красне́ть
board, blackboard доска́

boardinghouse пансио́н
boat ло́дка
body ко́рпус, те́ло
boil (to) кипе́ть
boiled варёный
bold сме́лый
boldly сме́ло
bone кость (f.)
book кни́га
bookstore кни́жный магази́н
bore (to) наску́чить, надоеда́ть
bored (to be) скуча́ть
boring ску́чный
born (to be) роди́ться
borrow (to) брать; брать взаймы
  (money)
both о́ба (m., n.), о́бе (f.)
bottle буты́лка
bottom дно
boulevard бульва́р
boundary грани́ца, рубе́ж
bow (to) кла́няться
box коро́бка, сунду́к, я́щик
boy ма́льчик
brag (to) хва́стать(ся)
braid коса́
brain мозг
brake (to) тормози́ть
brake то́рмоз
brand ма́рка
brassiere ли́фчик
brave хра́брый
bravely хра́бро, сме́ло
bread хлеб
break (to) лома́ть, наруша́ть
break разры́в, перело́м; переры́в
  (lunch, coffee)
breakfast за́втрак
  to have breakfast за́втракать
breast грудь (f.)
breathe (to) вздыха́ть, дыша́ть
breeze ве́тер
bridge мост
brief кра́ткий, сокращённый
briefcase портфе́ль
bright я́ркий, све́тлый
brighten (to) проясне́ть
brilliance блеск
brilliantly блестя́ще
bring (to) приводи́ть, привози́ть,
  приноси́ть
brisk бо́дрый, живо́й

broad широ́кий
broken ло́манный, сло́манный
brook руче́й
broom метла́, ве́ник
brother брат
brown кори́чневый
brush щётка, кисть
brutal жесто́кий
bubble пузы́рь (m.)
budget бюдже́т
build (to) стро́ить
building зда́ние
bundle у́зел, паке́т
burn (to) горе́ть, жечь, сгора́ть
burst (to) ло́паться
bury (to) хорони́ть
bus авто́бус
bus stop остано́вка (авто́буса)
business де́ло
businessman коммерса́нт,
  бизнесме́н
busy за́нятый
but а, да, но, одна́ко
butter ма́сло
butterfly ба́бочка
button пу́говица
buttonhole пе́тля
buy (to) покупа́ть
by у (gen.), по (dat.), ми́мо
  (gen.)
  by the way кста́ти

C

cab такси́
cabbage капу́ста
cake кекс, торт
calamity бе́дствие
calculate (to) рассчи́тывать
calculation расчёт, счёт
calendar календа́рь
call (to) звать, оклика́ть
  to call on заходи́ть
calm (to) успока́ивать
cameraman опера́тор
camp ла́герь (m.)
can (to be able) мочь
candidate кандида́т
candle свеча́
candy конфе́та

cane па́лка

canvas high-tops ке́ды

cap ке́пка, ша́пка

capable спосо́бный

capacity объём, вмести́мость

capital city столи́ца

capitalist капитали́ст

captain капита́н

car маши́на (f.)

card ка́рточка

care забо́та, осторо́жность

career карье́ра

carefree беззабо́тный

careful аккура́тный, осторо́жный, тща́тельный

carefully внима́тельно, осторо́жно

careless небре́жный, невнима́тельный

caress (to) ласка́ть

caress ла́ска

carnival карнава́л

carpenter пло́тник

carrots морко́вь (f.)

carry (to) вози́ть (by conveyance) носи́ть (on foot)

carry out (to) исполня́ть, производи́ть

cartoon мультипликацио́нный фильм

case слу́чай

cashier касси́р

cassettes (tapes) кассе́ты

cat ко́шка

catch (to) лови́ть, пойма́ть

category катего́рия

cathedral собо́р

cattle скот

cause причи́на

  without cause беспричи́нно

cautiously осторо́жно

caviar икра́

cease (to) переста́ть

ceiling потоло́к

celebrate (to) пра́здновать

celery сельдере́й

cemetery кла́дбище

censorship цензу́ра

cent цент

center центр

central центра́льный

century век, столе́тие

cereal ка́ша

ceremony церемо́ния

certain уве́ренный, определённый

certainly коне́чно, непреме́нно, обяза́тельно

chain цепь (f.)

chair стул

chairman председа́тель (m.)

chalk мел

challenge (to) вызыва́ть

champagne шампа́нское

champion чемпио́н

chance слу́чай, шанс

  by chance случа́йно

change (to) изменя́ть, меня́ть(ся), преобража́ть

  to change one's clothes переоде́ть(ся)

  to change one's mind переду́мать

change измене́ние, переме́на, ме́лочь (f.) (money)

chapter глава́

character хара́ктер (personality)

characteristic характери́стика

charge (to) обвиня́ть, назнача́ть це́ну

charge обвине́ние

charm очарова́ние, пре́лесть (f.)

charming очарова́тельный, преле́стный

chart ка́рта

chat (to) болта́ть

cheap дешёвый

cheat шу́лер (at cards), обма́нщик

check (to) проверя́ть

check чек

cheek щека́

cheerful весёлый

cheese сыр

chemical хими́ческий

chemist хи́мик

chemistry хи́мия

cherry ви́шня, чере́шня

chess ша́хматы

chest грудь (f.) (part of the body); сунду́к, я́щик, комо́д

chic шика́рный

chicken ку́рица

chief глава́

chief (adj.) гла́вный

child ребёнок, дитя́

childish ребя́ческий

children де́ти, ребя́та

chimney труба́
chin подборо́док
china фарфо́р
chocolate шокола́д
choice вы́бор
choose (to) выбира́ть
chop (to) руби́ть
chopped ру́бленый
chord акко́рд
chorus хор
Christianity христиа́нство
Christmas Рождество́
church це́рковь
cigar сига́ра
cigarette сигаре́та
circle круг
circumstance обстоя́тельства
circus цирк
citizen гражда́нин (m.), гражда́нка (f.)
city го́род
civil шта́тский
civilization цивилиза́ция
claim прете́нзия, тре́бование
clap (to) аплоди́ровать
class класс
classical класси́ческий
classification классифика́ция
clause предложе́ние (gram.)
clean (to) стира́ть, чи́стить
clean чи́стый
cleanliness чистота́
clear зво́нкий, я́сный
clear up (to) проясня́ть
clever у́мный
climate кли́мат
climb поднима́ться
clinic амбулато́рия, кли́ника
clock часы́
close (to) закрыва́ть
close те́сный
close бли́зко от
closed закры́тый
cloth мате́рия
clothes оде́жда
cloud о́блако, ту́ча
cloudy па́смурный
club клуб
clumsy неуклю́жий, нело́вкий
coal у́голь
coarse гру́бый
coat пальто́

cobweb паути́на
coffee ко́фе
coffeepot кофе́йник
cognac конья́к
coin моне́та
coincide (to) совпада́ть
coincidence совпаде́ние
cold на́сморк, просту́да, холо́дный
    to catch cold простуди́ться
coldness хо́лод
collar воротни́к
colleague колле́га
collect (to) собира́ть(ся)
collection сбо́рник
college ко́лледж
collide (to) ста́лкиваться
collision столкнове́ние
color (to) кра́сить
color цвет
colored кра́шеный, цветно́й
colossal колосса́льный
comb (to) причёсывать(ся)
comb гребешо́к
combination комбина́ция, соедине́ние
combine (to) объединя́ть, сочета́ть
combined свя́занный, совме́стный
comedy коме́дия
comfort (to) утеша́ть
comfort удо́бство, утеше́ние, ую́т
comfortable удо́бный, ую́тный
comic смешно́й, юмористи́ческий
command (to) кома́ндовать, прика́зывать
command прика́з
commerce торго́вля, комме́рция
commercial комме́рческий
commission поруче́ние
commit (to) доверя́ть, соверша́ть
committee коми́ссия
common о́бщий, просто́й
communicate (to) сообща́ть
compact пу́дреница
company компа́ния, фи́рма
compare (to) сра́внивать
comparison сравне́ние
compel (to) принужда́ть, заставля́ть
compensation компенса́ция
compete (to) сопе́рничать
competition конкуре́нция
compile (to) составля́ть

complain (to) жа́ловаться
complaint жа́лоба
complete по́лный
complexion цвет лица́
complicated сло́жный
complication осложне́ние, усложне́ние
compliment комплиме́нт
compose (to) сочиня́ть
composer компози́тор
composition сочине́ние
composure хладнокро́вие
compote компо́т
compromise компроми́сс
compulsory обяза́тельный
computer компью́тер
 minicomputer ми́ни-ЭВМ
comrade това́рищ
conceal (to) пря́тать(ся), скрыва́ть(ся), таи́ть(ся)
conceited кичли́вый
concentrate (to) сосредото́чивать
concept иде́я, поня́тие
concern (to) каса́ться
concerning относи́тельно, насчёт, о (prep.), про (асс.)
concert конце́рт
conclude (to) заключа́ть
conclusion заключе́ние
condition положе́ние, состоя́ние, усло́вие
conduct (to) води́ть (lead), дирижи́ровать (orchestra); управля́ть (rule)
conduct поведе́ние
conductor дирижёр (orchestra), проводни́к (wire), конду́ктор (on train)
confession и́споведь
confidence дове́рие, уве́ренность
confident уве́ренный
confirm (to) утвержда́ть
conflict конфли́кт
confused пу́танный, расте́рянный, смущённый
confusion смуще́ние, сумбу́р
congratulate (to) поздравля́ть
congratulation поздравле́ние
connect (to) свя́зывать, соединя́ть(ся)
connection связь
conquer (to) побежда́ть

conscience со́весть (f.)
conscious сознаю́щий, созна́тельный
consciously созна́тельно
consent (to) соглаша́ться
consent согла́сие
conservation сохране́ние
conservative консервати́вный
consider (to) засчи́тывать, обду́мывать, счита́ть(ся)
consist (to) заключа́ться, состоя́ть
constant постоя́нный
constitution конститу́ция
constructive конструкти́вный
consul ко́нсул
consulate ко́нсульство
consultant ко́нсульта́нт
consumption потребле́ние; чахо́тка
contain (to) содержа́ть
contemporary совреме́нный
contempt презре́ние
contemptuous презри́тельный
content (to) удовлетворя́ть
contents содержа́ние
continent контине́нт
continuation продолже́ние
continue (to) продолжа́ть
continuity непреры́вность
continuously непреры́вно
contract контра́кт
contradict (to) противоре́чить
contradiction противоре́чие
contrary проти́вный
 on the contrary наоборо́т, напро́тив
contrast контра́ст, противополо́жность (f.)
control контро́ль
control oneself (to) сде́рживаться
convenient удо́бный
convention съезд
conversation бесе́да, разгово́р
converse (to) бесе́довать, разгова́ривать
conviction убежде́ние
convince (to) уверя́ть, убежда́ть
cook (to) гото́вить
cook по́вар
cookie пече́нье
cool прохла́дный, хладнокро́вный (person)

cooperative кооперати́в

copper медь

copy (to) копи́ровать,
  перепи́сывать

copy ко́пия, экземпля́р

coquette коке́тка

cord верёвка, шнур, шпага́т

cordial серде́чный, тёплый

cork про́бка

corkscrew што́пор

corn кукуру́за, мозо́ль

corned beef солони́на

corner у́гол

corpse труп

correct (to) исправля́ть,
  поправля́ть

correct ве́рный, пра́вильный

correspond (to) перепи́сываться

correspondence перепи́ска

correspondent корреспонде́нт

corridor коридо́р

cosmetics косме́тика

cost (to) сто́ить

cost цена́

cotton бума́жный

couch куше́тка

cough (to) ка́шлять

counsel (to) сове́товать

counsel сове́т

country дере́вня, страна́

  country house да́ча

couple па́ра

courage дух, му́жество, сме́лость
  (f.), хра́брость (f.)

courageous сме́лый

course курс

courteous ве́жливый

courtesy ве́жливость (f.),
  любе́зность (f.)

cousin кузе́н (m.), кузи́на (f.),
  двою́родный брат, двою́родная
  сестра́

cover (to) накрыва́ть,
  покрыва́ть

covered кры́тый

covering покры́шка

cow коро́ва

coward трус

cozy ую́тный

crackle (to) треща́ть

cradle колыбе́ль

cranberry клю́ква

cranky капри́зный

  to be cranky капри́зничать

craving жа́жда, жела́ние

creak (to) скрипе́ть

cream крем, сли́вки

crease скла́дка

create (to) создава́ть

creative тво́рческий

creep (to) по́лзать

crime преступле́ние

criminal престу́пник

crisis кри́зис

critical крити́ческий

criticism кри́тика

crooked криво́й

cross (to) переходи́ть

  to cross out зачёркивать

cross крест

crossing перехо́д

crowd толпа́

crown коро́на, коро́нка (dental)

cruel жесто́кий

cruelty жесто́кость (f.)

crush (to) уничтожа́ть

crust кора́

cry (to) пла́кать

cry крик

cucumber огуре́ц

cultural интеллиге́нтный,
  культу́рный

culture культура́

cunning хи́трый

cup ча́шка

cupboard шкаф

cure (to) изле́чивать

cure излече́ние, сре́дство

curiosity любопы́тство

curious любозна́тельный,
  любопы́тный

curly кудря́вый

current тече́ние, ток

cursed прокля́тый

curtail (to) сокраща́ть

curtain за́навес

curved криво́й

cushion поду́шка

custom нра́вы, обы́чай

cut (to) нареза́ть, ре́зать,
  поре́зать

cutlet котле́та

cynic ци́ник

cynical цини́чный

D

daily ежедне́вно
dam плоти́на
damage поврежде́ние
damned прокля́тый
damp сыро́й
dampness сы́рость (f.)
dance (to) танцева́ть
dance бал, та́нец
danger опа́сность (f.)
dangerous опа́сный
dare (to) сметь
daring де́рзкий, сме́лый
dark тёмный
darken (to) темне́ть
darkness темнота́
darn (to) што́пать
data да́нные
data base ба́за да́нных
data crunching сжа́тие да́нных
date число́ (of time); фи́ник
  (fruit); свида́ние (engagement)
daughter дочь (f.)
dawn заря́, рассве́т
day день (m.), су́тки (24 hours)
  day after tomorrow послеза́втра
  day before yesterday позавчера́
daydream (to) фантази́ровать,
  мечта́ть
daydream мечта́
dazzle (to) ослепля́ть
dazzling ослепи́тельный
dead мёртвый
deaf глухо́й
dealer торго́вец
dear дорого́й, ми́лый
death смерть
debate диску́ссия, спор
debt долг
decay (to) по́ртиться
deceased (the) поко́йник
deceive (to) обма́нывать
December дека́брь (m.)
decency прили́чие
decent поря́дочный, прили́чный
deceptive обма́нчивый
decide (to) реша́ть
decision реше́ние
deck па́луба
declaration заявле́ние, деклара́ция

decline (to) отка́зываться
decline упа́док
decrease (to) уменьша́ть
decree ука́з, прика́з
deep глубо́кий
defect дефе́кт, недоста́ток, брак
defend (to) защища́ть
defenseless беззащи́тный
define (to) определя́ть
definite определённый
definition определе́ние
deft ло́вкий
defy (to) вызыва́ть
degree гра́дус, сте́пень (f.)
  (extent)
delay (to) заде́рживать, ме́длить
delay опозда́ние
delegate делега́т
deliberate наме́ренный,
  рассчи́танный
delicacy то́нкость (f.), чу́ткость
  (f.)
delicate то́нкий, чу́ткий
delicious вку́сный
delight восто́рг, отра́да,
  наслажде́ние
delightful восхити́тельный,
  преле́стный
delirium бред
demand (to) тре́бовать
demand спрос, тре́бование
denial отрица́ние
dense густо́й
dental зубно́й
deny (to) отрица́ть
depart (to) пойти́, пое́хать,
  уходи́ть, уезжа́ть
department отде́л, отделе́ние,
  факульте́т (of a university)
departure отхо́д, отъе́зд
depend on (to) бази́ровать,
  зави́сеть (от)
dependable положи́тельный
dependence зави́симость (f.)
deposit (to) отлага́ть
deprivation лише́ние
deprive (to) лиша́ть
depth глубина́
descend (to) происходи́ть,
  спуска́ться
descent происхожде́ние
despise (to) презира́ть

description описа́ние
desert пусты́ня
deserted поки́нутый
deserve (to) заслу́живать
deserving досто́йный
desire жела́ние
desk пи́сьменный стол
despair отча́яние
desperately отча́янно
despise (to) презира́ть
dessert десе́рт, сла́дкое
destiny жре́бий, судьба́
destroy (to) разруша́ть,
     уничтожа́ть
destruction разруше́ние
detach (to) отделя́ть
detail дета́ль (f.), подро́бность
     (f.), мело́чь
detailed подро́бный
detain (to) заде́рживать
determination определе́ние
determine (to) определя́ть
detest (to) ненави́деть
develop (to) проявля́ть, развива́ть
development проявле́ние,
     разви́тие, рост
device прибо́р
devil бес, чёрт, дья́вол
devise (to) приду́мывать
devotion на́божность (f.),
     пре́данность (f.)
dew роса́
diagnosis диа́гноз
dial циферба́т
dialect диале́кт
diameter диа́метр
diamond бриллиа́нт, алма́з
dictionary слова́рь
die (to) сконча́ться, умира́ть
diet (to) сади́ться на дие́ту
diet дие́та
differ (to) отлича́ться,
     различа́ть(ся)
difference ра́зница, разногла́сие
     (of opinion), ра́зность (f.)
different друго́й, разли́чный,
     ра́зный
difficult тру́дный
difficulty затрудне́ние
dig (to) копа́ть, рыть
digest (to) перева́ривать
digestion пищеваре́ние

dignity досто́инство
diligence усе́рдие
diligent приле́жный, усе́рдный
dim нея́сный, сму́тный
dimension разме́р
diminish (to) па́дать, убавля́ть,
     уменьша́ть
dimple я́мочка
dine (to) обе́дать
dining room столо́вая
dinner обе́д
diplomacy дипломатия
direct (to) направля́ть, обраща́ть,
     руководи́ть, управля́ть
direct (adj.) прямо́й
direction направле́ние
director дире́ктор, режиссёр
     (theater)
dirt грязь (f.)
dirty гря́зный, чума́зый
disadvantage невы́года
disagreeable неприя́тный,
     неуго́дный
disappear (to) исчеза́ть
disappoint (to) разочгарова́ть
  to be disappointed быть
     разочаро́ванным
disappointed разочаро́ванный
disappointment разочарова́ние
disapproving неодобри́тельный
disaster бе́дствие
disastrous поги́бельный
discipline дисципли́на
disclose (to) раскрыва́ть
discomfort неудо́бство
discontent недово́льство
discount ски́дка
discourage (to) обескура́живать,
     отбива́ть охо́ту
discourteous нелюбе́зный
discourtesy нелюбе́зность
discover (to) находи́ть, открыва́ть
discovery откры́тие
discretion осторо́жность,
     усмотре́ние
discuss (to) обсужда́ть,
     переговори́ть, разбира́ть
discussion диску́ссия, обсужде́ние
disdain презре́ние
disease боле́знь (f.)
disgrace позо́р
disgust отвраще́ние

dish блю́до, (course)
dishes посу́да
dishonest нече́стный
disk диск, круг
disorder беспоря́док
display (to) пока́зывать
displeasure неудово́льствие
disposition нрав, скло́нность (f.), хара́ктер
dispute (to) спо́рить
disrespectfully неуважи́тельно
dissatisfaction недово́льство
dissatisfied недово́льный
distance расстоя́ние
distant далёкий
distinct отчётливый, я́сный
distinction отли́чие, разли́чие
distinguish (to) отлича́ть, различа́ть
distraction рассе́янность
distribute (to) выдава́ть, раздава́ть
district райо́н
distrust (to) не доверя́ть
distrust недове́рие
distrustful недове́рчивый
disturb (to) беспоко́ить, меша́ть, наруша́ть, трево́жить
divide (to) дели́ть(ся), разделя́ть(ся)
divine боже́ственный
division деле́ние, разделе́ние
divorce разво́д
dizzy (to be) чу́вствовать головокруже́ние
do (to) де́лать
doctor врач, до́ктор
doctrine уче́ние, доктри́на
document бума́га, докуме́нт
documentary (film) документа́льный фильм
dog пёс, соба́ка
doll ку́кла
dollar до́ллар
domestic семе́йный (family), ме́стный (local), дома́шний (animals)
door дверь
dose до́за
double вдво́е, двойно́й
doubt (to) сомнева́ться
doubt сомне́ние

dough те́сто
doughnut по́нчик
down вниз
  to get down слеза́ть, спуска́ться, сходи́ть
downstairs вниз, внизу́
doze (to) дрема́ть
dozen дю́жина
draft чертёж, план
drag (to) таска́ть, тяну́ть
drama дра́ма
drastic радика́льный
draw (to) рисова́ть (paint)
draw out (to) вынима́ть
drawer я́щик
dread боя́знь (f.), стра́шный (adj.)
dream (to) сни́ться
dream сон, сновиде́ние
dress (to) одева́ть(ся)
dress пла́тье
dressing-gown хала́т
dressmaker портни́ха
drink (to) пить
drink напи́ток
drive (to) гоня́ть, ката́ться (for pleasure), пра́вить
driver шофёр
drop (to) роня́ть
drop ка́пля
drown (to) тону́ть, топи́ть (something else), топи́ться (oneself)
drugstore апте́ка
drum бараба́н
drunk пья́ный
drunkard пья́ница
dry (to) суши́ть, утира́ть, со́хнуть
dry сухо́й
duck у́тка
due (adj.) сле́дуемый
duet дуэ́т
dull му́тный, па́смурный, тупо́й
dumb глу́пый (stupid), немо́й
  deaf-mute глухонемо́й
during во вре́мя
dust пыль (f.)
duty обя́занность (f.), пови́нность (f.)
dwelling жили́ще
dye кра́ска

E

each ка́ждый
eagle орёл
ear у́хо
early ра́нний, ра́но (adv.)
earn (to) зараба́тывать
earnest серьёзный
earring серьга́
earth земля́
east восто́к
Easter Па́сха
eastern восто́чный
easy лёгкий
eat (to) есть, ку́шать
echo э́хо
economical экономи́ческий
economize (to) эконо́мить
economy расчётливость (f.)
edge край
edit (to) редакти́ровать
edition изда́ние
editor реда́ктор
editorial staff, office реда́кция
educate (to) воспи́тывать, дава́ть
   образова́ние
educated интеллиге́нтный,
   культу́рный, образо́ванный
education образова́ние
educational образова́тельный
   (pert. to education); уче́бный
   (providing instruction)
effect впечатле́ние, де́йствие
effective эффе́ктный
efficient де́йственный
effort уси́лие
egg яйцо́
egoist эго́ист
eight во́семь
eighteen восемна́дцать
eighteenth восемна́дцатый
eighth восьмо́й
eightieth восьмидеся́тый
either та́кже, тот и́ли друго́й
   either . . . or . . . и́ли . . . и́ли . . .
elastic рези́на (f.)
elbow ло́коть (m.)
elder ста́рший
elderly пожило́й
election избра́ние, вы́боры
electric электри́ческий

electricity электри́чество
elegant изя́щный, элега́нтный
element элеме́нт
elementary нача́льный,
   элемента́рный
elephant слон
elevator лифт, элева́тор (grain)
eleven оди́ннадцать
eleventh оди́ннадцатый
eliminate (to) исключа́ть
else (adv.) ещё, кро́ме
   No one else has come. Никто́
   бо́льше не приходи́л.
elsewhere где́-нибудь в друго́м
   ме́сте
embarrassed сконфу́женный,
   смущённый
   to become embarrassed
   сконфу́зиться
embarrassment затрудне́ние,
   смуще́ние
embassy посо́льство
embrace (to) обнима́ть
embroidered расши́тый
emerge (to) появля́ться
emergency кра́йняя
   необходи́мость
emigrant эмигра́нт
eminent выдаю́щийся,
   знамени́тый
emotion волне́ние, эмо́ция
emphasize (to) подчёркивать,
   заостря́ть
emphatic эмфати́ческий
employ (to) дава́ть рабо́ту,
   нанима́ть
employee служащий
employment заня́тие, рабо́та,
   слу́жба
empty (to) вылива́ть
empty пусто́й
enamel эма́ль (f.)
enclose (to) окружа́ть,
   вкла́дывать
encore бис
encourage (to) ободря́ть,
   поощря́ть
encouragement ободре́ние
end (to) конча́ть(ся), ока́нчивать
end коне́ц, преде́л, оконча́ние
endeavor (to) пыта́ться, стара́ться
endeavor попы́тка

endurance вы́держка, терпе́ние
endure (to) выде́рживать, переноси́ть, терпе́ть
enemy враг
energy эне́ргия
engine маши́на, мото́р
engineer инжене́р, меха́ник
English англи́йский
enjoy (to) весели́ться (oneself), наслажда́ться
enjoyment наслажде́ние
enlarge (to) увели́чивать
enormous грома́дный, огро́мный
enough доста́точно, дово́льно
enter (to) входи́ть, вступа́ть (on foot), въезжа́ть (by vehicle)
entertain (to) развлека́ть, угоща́ть
entertainment развлече́ние
enthusiasm восто́рг, энтузиа́зм
entire це́лый, сплошно́й
entirely совсе́м
entrance вход, въезд
entrust (to) поверя́ть, доверя́ть
envelope конве́рт
envious зави́стливый
environment обстано́вка, окружа́ющая среда́
envy (to) зави́довать
envy за́висть (f.)
equal ра́вный
equality ра́венство
equalize (to) ура́внивать
equilibrium равнове́сие
era эпо́ха, э́ра
erase (to) стира́ть
eraser рези́нка
err (to) заблужда́ться, ошиба́ться
errand поруче́ние
error оши́бка
escalator эскала́тор
escape (to) избежа́ть, спасти́сь
escort (to) сопровожда́ть
especially осо́бенно, специа́льно
establish (to) устра́ивать
estate име́ние
esteem (to) уважа́ть
esteem уваже́ние
estimate (to) оце́нивать, составля́ть сме́ту
estimate оце́нка, сме́та
eternal ве́чный

eternity ве́чность (f.)
ether эфи́р
ethics э́тика
European европе́йский
evacuate (to) очища́ть, эвакуи́ровать
eve кану́н
even (adj.) гла́дкий, ро́вный
even (adv.) да́же, хоть
evening ве́чер
  in the evening ве́чером
event слу́чай (m.), собы́тие
ever всегда́
  forever навсегда́
  ever since с тех пор
  hardly ever почти́ никогда́
every вся́кий, ка́ждый, любо́й
everyone ка́ждый
everything всё
everywhere везде́, повсю́ду
evidence доказа́тельство, свиде́тельство
evident я́вный
evidently ви́дно
evil (n.) зло
evil (adj.) дурно́й, злой
exact то́чный, аккура́тный
exacting тре́бовательный
exactly и́менно, то́чно
exaggerate (to) преувели́чивать
exaggerated преувели́ченный
exaggeration преувеличе́ние
examination экза́мен
examine (to) осма́тривать, рассма́тривать, экзаменова́ть
example приме́р
  for example наприме́р
exceed (to) превыша́ть, переходи́ть грани́цы
excel (to) превосходи́ть
excellent отли́чный, прекра́сный
except (prep.) кро́ме (gen.)
exception исключе́ние
exceptionally нисключи́тельно
excess изли́шек
excessive чрезме́рный
exchange (to) обме́нивать
exchange обме́н
excite (to) возбужда́ть
excitement волне́ние
exclaim (to) а́хнуть, воскли́кнуть
exclude (to) исключа́ть

excursion экску́рсия
excuse (to) извиня́ть, проща́ть
  Excuse me. Извини́те. Прости́те.
excuse оправда́ние
execution исполне́ние (of an idea)
exercise (to) упражня́ть
exercise упражне́ние
exertion напряже́ние, уси́лие
exhaust (to) вытя́гивать, изнуря́ть
exhibition вы́ставка
exist (to) существова́ть
existence существова́ние
exit вы́ход
expand (to) расширя́ть(ся), увели́чивать(ся)
expansion разложе́ние, экспа́нсия, увеличе́ние
expect (to) ожида́ть
expectation ожида́ние, ча́яние
expel (to) исключа́ть
expense расхо́д
expensive дорого́й
experience (to) пережива́ть
experience о́пыт
experienced о́пытный
experiment о́пыт, экспериме́нт
experimental про́бный, эксперимента́льный
expert знато́к, специали́ст
explain (to) объясня́ть
explanation объясне́ние
explode (to) взрыва́ть
exploit (to) эксплуати́ровать
explore (to) иссле́довать
explosion взрыв
export э́кспорт
expose (to) разоблача́ть, раскрыва́ть
express oneself (to) выража́ть(ся)
expression выраже́ние
expressive экспресси́вный, вырази́тельный
exquisite преле́стный
extend (to) вытя́гивать, тяну́ться
extensive обши́рный, экстенси́вный
extent сте́пень (f.)
exterior вне́шний (adj.), нару́жность (noun, f.)
external вне́шний
extinguish (to) туши́ть
extra осо́бенно, сверх, э́кстра

extraordinary чрезвыча́йный
extravagant нерасчётливый, экстравага́нтный
extreme кра́йний, чрезвыча́йный (adj.), кра́йность (noun, f.)
extremely весьма́, кра́йне
eye глаз
eyebrow бровь (f.)
eyeglasses очки́ (pl.)
eyelid ве́ко
eyesight зре́ние

F

fabric материа́л, мате́рия
face лицо́
  face to face лицо́м к лицу́
facilitate (to) облегча́ть
facility лёгкость (f.)
fact факт
factory фа́брика
factual факти́ческий
faculty спосо́бность (f.), преподава́тельский соста́в
fade (to) вя́нуть, блёкнуть
fail (to) провали́ться (exam.), слабе́ть
failure неуда́ча
faint (to) упа́сть в о́бморок
faintheartedness малоду́шие
fair справедли́вый, че́стный
fairy фе́я
faith ве́ра, дове́рие
faithful ве́рный
fall (to) па́дать
  to let fall урони́ть
false фальши́вый
falsehood ложь (f.), непра́вда
fame изве́стность (f.), сла́ва
familiar знако́мый
  to become familiar with ознако́миться
family семе́йный (adj.), семья́ (noun)
famous знамени́тый
fan вентиля́тор
fancy (noun) фанта́зия, воображе́ние
fantastic фантасти́ческий
far далёкий (adj.), далеко́ (adv)

from far away и́здали
not far недалеко́
fare (carfare) пла́та за прое́зд
farewell проща́ние (n.)
 Farewell! Проща́й! до свида́ния!
farm фе́рма
farmer фе́рмер
farther да́льше
fascinating очарова́тельный,
 увлека́тельный
fashion фасо́н, мо́да
fashionable мо́дный
fast кре́пкий, ско́рый (of speed)
fasten (to) привя́зывать
 to fasten together скрепля́ть
fastidious разбо́рчивый
fat жир (n.), жи́рный, то́лстый
 (adj.)
fatal поги́бельный, фата́льный
fate жре́бий, судьба́
father оте́ц
fatherland оте́чество
faucet кран
fault вина́
favor ми́лость (f.), одолже́ние
favorite люби́мец (n.), люби́мый
 (adj.)
fax (noun) факс
fear (to) боя́ться
fear боя́знь (f.), страх
February февра́ль (m.)
federation федера́ция
fee вознагражде́ние, пла́та
feeble бесси́льный, сла́бый
feed (to) корми́ть, пита́ть
feel (to) ощуща́ть, чу́вствовать
feeling чу́вство
fellow па́рень (m.)
feminine же́нский
fencing фехтова́ние
fertility плодоро́дность (f.)
fervent пы́лкий, стра́стный
fetch (to) доста́ть, приноси́ть
fever жар
feverish лихора́дочный
few ма́ло, немно́го, не́сколько
 fewer ме́ньше
fiber фи́бра, волокно́
fiction беллетри́стика
fictitious фикти́вный, вообра-
 жа́емый
field по́ле

fifteen пятна́дцать
fifteenth пятна́дцатый
fifth пя́тый
fiftieth пятидеся́тый
fifty пятьдеся́т
fig инжи́р, фи́га
fight (to) боро́ться, дра́ться
fight борьба́, дра́ка
figure фигу́ра, ци́фра (number)
file (to) приня́ть к выполне́нию
 зака́з, регистри́ровать и храни́ть
file напи́льник, картоте́ка
fill (to) наполня́ть
 to fill in заполня́ть
fillet (meat) филе́
film фильм
filthy гря́зный
final оконча́тельный
finally наконе́ц
finances фина́нсы
financing финанси́рование
financial фина́нсовый
find (to) находи́ть
 to find out узнава́ть
fine (penalty) штраф
fine то́нкий
 fine fellow! молоде́ц!
 fine point то́нкость (f.)
finger па́лец
fingernail но́готь (m.)
finish (to) конча́ть(ся), ока́нчивать
finished ко́нчено, сде́лано
fire ого́нь (m.), пожа́р
fireplace ками́н
fireproof несгора́емый
firewood дрова́ (pl.)
fireworks фейерве́рк
firm фи́рма (company), кре́пкий,
 твёрдый (adj.)
first пе́рвый
 at first сперва́
 first-rate первокла́ссный
 for the first time впервы́е
fish ры́ба
fist кула́к
fit (to) сиде́ть, подходи́ть
fit припа́док (attack)
five пять
fix (to) исправля́ть, починя́ть
flag флаг
flame пла́мя
flap (to) маха́ть

flash (to) бле́сну́ть, мелька́ть, сверкну́ть
flashlight ручно́й электри́ческий фона́рь
flat пло́ский, ро́вный
flattering ле́стный
flattery лесть (f.)
flavor арома́т
fleet флот
flesh сыро́е мя́со
flexible ги́бкий
flight бе́гство, отступле́ние, полёт
flirt (to) флиртова́ть
float (to) пла́вать
flood пото́к, наводне́ние
floor пол, эта́ж (story)
flora фло́ра
flour мука́
flourishing здоро́вый, цвету́щий
flow (to) течь
flower цвето́к
fluently бе́гло, свобо́дно
fluid жи́дкость (noun, f.) жи́дкий (adj.)
fly (to) лета́ть
fly му́ха
flying лету́чий
focus (to) сосредото́чивать, фокуси́ровать(ся), наводи́ть на фо́кус
focus фо́кус
fog тума́н
flood (to) разлива́ться; затопля́ть
fold скла́дывать
fold скла́дка
folk (adj.) наро́дный
follow (to) следи́ть, сле́довать
following сле́дующий
fond не́жный, лю́бящий
font шрифт
food еда́, пи́ща
fool дура́к
foolish глу́пый
foolishness глу́пость (f.)
foot нога́, фут (of length)
  on foot пешко́м
football футбо́л
footstep шаг
for для (gen.), за (acc., inst.), на (extent of time)
  for the sake of ра́ди (gen.)
forbid (to) запреща́ть

force (to) заставля́ть, принужда́ть
force си́ла
forehead лоб
foreign иностра́нный
foreigner иностра́нец
foresight предви́дение
forest лес
forever наве́ки, навсегда́
forewarn (to) предупрежда́ть
forged фальсифици́рованный
forget (to) забыва́ть
forgetfulness забы́вчивость (f.)
forgive (to) извиня́ть, проща́ть
forgiveness проще́ние
fork ви́лка
form о́браз, фо́рма
formality форма́льность (f.)
formation строй
formed (to be) составля́ть(ся)
former бы́вший
formerly пре́жде, ра́ньше
formula фо́рмула
forsake (to) поки́нуть
fortieth сороково́й
fortunate счастли́вый, уда́чный
fortunately к сча́стью
fortune сча́стье, уда́ча, судьба́
fortune-teller гада́лка
forty со́рок
forward вперёд (adv.), передово́й (adj.)
found (to) создава́ть
foundation фунда́мент
founder основа́тель (m.)
fountain фонта́н
fountain pen авторучка
four четы́ре
fourteen четы́рнадцать
fourteenth четы́рнадцатый
fourth четвёртый
fowl дома́шняя пти́ца
foyer пере́дняя, фойе́ (noun not decl.)
fragment кусо́к, отры́вок
fragrance арома́т
fragrant арома́тный
frame ра́ма
frank и́скренний, открове́нный
frankness открове́нность (f.)
fraud обма́н
free беспла́тно (gratis), свобо́дный
freedom свобо́да, во́льность (f.)

freely свобо́дно
freeze (to) замерза́ть, мёрзнуть, замора́живать, ледени́ть
French францу́зский
frequently ча́сто
fresh све́жий
Friday пя́тница
fried жа́реный
friend друг (m.), подру́га (f.), прия́тель (m.) –ница (f.)
friendly дру́жеский, приве́тливый
friendship дру́жба
fright испу́г, страх
frighten (to) пуга́ть, напуга́ть
  to become frightened испуга́ться
frightening стра́шный
frog лягу́шка
from из (gen.), от (gen.), с (gen.)
  from behind из-за
front фаса́д (n.), пере́дний (adj.)
frost моро́з
frown (to) хму́риться
frozen мёрзлый, заморо́женный
fruit фрукт
fry (to) жа́рить(ся)
frying pan сковорода́
fuel горю́чее, то́пливо
  fuel oil мазу́т
fugitive бе́глый
fulfill (to) выполня́ть, исполня́ть
fulfillment выполне́ние, исполне́ние
full по́лный
fully вполне́
fun весе́лье, шу́тка (joke)
  to have fun весели́ться
function (to) де́йствовать
function фу́нкция
fund запа́с, фонд
fundamental основно́й, фундамента́льный
funeral по́хороны
funny заба́вный, смешно́й
fur мех
  fur coat шу́ба
furnace го́рн, печь, то́пка
furnish (to) обставля́ть
furniture ме́бель (f.), обстано́вка
fury бе́шенство, я́рость (f.)
fuss хло́поты, суета́

futile тще́тный
future бу́дущий (adj.), бу́дущее (n.)

G

gain (to) вы́играть (win)
  to gain weight полне́ть
gain дохо́ды
gallant гала́нтный
gallery галере́я
gallon галло́н
gamble (to) игра́ть в аза́ртные и́гры
game игра́
garage гара́ж
garbage му́сор
garden сад
garlic чесно́к
garment предме́т оде́жды, пла́тье
gas газ
gasoline бензи́н, газоли́н
gate воро́та
gather (to) собира́ть(ся)
gauze газ, ма́рля
gay весёлый (merry)
gender род
general (adj.) о́бщий
  in general вообще́
generality неопределённость
generally обы́чно, вообще́, широко́
generation поколе́ние
generosity ще́дрость (f.)
generous ще́дрый
genius гениа́льный (adj.), ге́ний
gentle мя́гкий
gentleman джентльме́н
genuine настоя́щий
geography геогра́фия
geometry геоме́трия
germ микро́б
German неме́цкий (adj.)
gesture жест
get (to) достава́ть (fetch), получа́ть (receive)
  to get along пожива́ть
  to get even with распла́чиваться
  to get up встава́ть

ghost привиде́ние
gift дар (talent), пода́рок
gifted спосо́бный, тала́нтливый
gigantic гига́нтский
girl де́вочка (little girl), де́вушка (young girl, unmarried)
give (to) дава́ть
  to give a present дари́ть
  to give back возвраща́ть, отдава́ть
  to give out выдава́ть, раздава́ть
glad рад, ра́достный
gladly охо́тно
glance взгляд
glands же́лезы
glass стака́н (drinking), стекло́, стекля́нный (adj.)
glasses очки́
gleam (to) мелька́ть
glimpse мелыка́ние, мимолётное впечатле́ние
glitter (to) блесте́ть, сверка́ть
globe гло́бус, шар
gloom мрак
gloomy мра́чный, угрю́мый
glory сла́ва
glove перча́тка
glue (to) кле́ить
go (to) идти́, ходи́ть (on foot), е́хать, е́здить (by conveyance)
goal цель (f.)
God Бог
gold зо́лото
golden золото́й
good добро́ (noun), до́брый, хоро́ший (adj.)
  good day до́брый день
  good evening до́брый ве́чер
  good morning до́брое у́тро
  good night споко́йной но́чи
good-bye до свида́ния
good-looking краси́вый
good-natured доброду́шный
goodness доброта́
gossip (to) спле́тничать
gossip спле́тник (m.), спле́тница (f.)
govern (to) пра́вить, управля́ть
government прави́тельство, управле́ние
grace ми́лость (f.)
graceful грацио́зный, изя́щный

gradually ма́ло-пома́лу, постепе́нно
graduate выпускни́к
graduating class вы́пуск
grammar грамма́тика
grand грандио́зный, великоле́пный
granddaughter вну́чка
grandfather де́душка
grandmother ба́бушка
grandson внук
grant (to) соглаша́ться, дава́ть субси́дию
grapes виногра́д
grasp (to) хвата́ть
grass трава́
grateful благода́рный
gratitude благода́рность (f.)
gratis беспла́тно, да́ром
grave моги́ла
gravely тяжело́
gravity тя́жесть (f.)
gravy подли́вка, со́ус
gray се́рый
  gray-haired седо́й
grease (to) ма́зать, сма́зывать
grease жир
greasy са́льный, жи́рный
great вели́кий
greatly о́чень си́льно
greedy жа́дный
green зелёный
greet (to) здоро́ваться, приве́тствовать
greeting приве́т, приве́тствие
grief го́ре, печа́ль (f.), скорбь (f.)
grieve (to) горева́ть
grind (to) растира́ть, тере́ть
groan (to) стона́ть
grocery story гастроно́м
ground земля́, фунда́мент
groundwork фунда́мент
group гру́ппа
grow (to) расти́, (become) станови́ться, де́латься
  to grow up выраста́ть
grown-up взро́слый
growth разви́тие, рост
grumble (to) ворча́ть, жа́ловаться
guarantee (to) гаранти́ровать
guarantee гара́нтия, руча́тельство
guard (to) охраня́ть, стере́чь

guard сто́рож
guardian храни́тель
guess (to) дога́дываться, отга́дывать
guess дога́дка, предположе́ние
guest гость (m.)
guidance руково́дство
guide (to) руководи́ть
guidebook спра́вочник
guilt вина́
guilty винова́тый
guitar гита́ра
gulp (to) глота́ть
gulp глото́к
gum десна́, рези́на
gun ружьё
gust поры́в
gypsy цыга́нский (adj.)

H

habit привы́чка
habitual обы́чный
hair во́лосы
  to cut hair остри́чь во́лосы
haircut стри́жка
hairdo причёска
hairdresser парикма́хер
hairdryer фен
hairpin шпи́лька
half полови́на
  by halves попола́м
  half a year полго́да
  half-hour полчаса́
  halfway на полпути́, возмо́жный компроми́сс
hall зал
halt прива́л, стой (кома́нда)
ham ветчина́
hammer мо́лот
hand рука́, стре́лка (of a clock), ручно́й (adj.)
handbag су́мка
handicraft ремесло́, ручна́я рабо́та
handkerchief носово́й плато́к
handle ру́чка
handmade ручно́й рабо́ты
handshake рукопожа́тие
handsome краси́вый

handwriting по́черк
handy удо́бный, сподру́чный
hang (to) висе́ть
  to hang up ве́шать
hanger ве́шалка
haphazardly ко́е-как
happen (to) происходи́ть, случа́ться
happiness сча́стье
happy счастли́вый
harbor порт
hard твёрдый (firm), тру́дный (difficult)
harden (to) тверде́ть
hardly едва́, чуть
hardness твёрдость (f.)
harm (to) вреди́ть
harm зло, вред
harmful вре́дный
harmless безвре́дный
harmonious гармони́ческий
harmony гармо́ния
harsh ре́зкий, гру́бый
harvest урожа́й
haste торопли́вость (f.)
hasten (to) ускоря́ть
hastily поспе́шно, спе́шно
hasty поспе́шный
hat шля́па
hate (to) ненави́деть
hatred не́нависть (f.)
haughty высокоме́рный
haunt (to) пресле́довать
have (to) име́ть
  to have to до́лжен (а, о, ы), приходи́ться
hay се́но
hazy тума́нный
he он
head глава́ (chief), голова́
head (to) заве́довать, возгла-вля́ть
headache головна́я боль
headmost передово́й
heal (to) зажива́ть
health здоро́вье
healthful поле́зный
healthy здоро́вый
hear (to) слы́шать
hearing слух
heart се́рдце
  by heart наизу́сть

of the heart серде́чный

heartburn изжо́га

heartless безду́шный

heat греть, нагрева́ть

  heating system отопле́ние

heat жара́

heaven не́бо

heavenly небе́сный

heavy си́льный (strong), тяжёлый, то́лстый

  to grow heavy толсте́ть

heel каблу́к

height высота́, рост

heir насле́дник

hell ад

hello здра́вствуйте

help (to) помога́ть

help по́мощь (f.)

helpless беспо́мощный, бесси́льный

hem (to) подшива́ть

hem подо́л, подши́вка

hen ку́рица

her её, ей

herd ста́до

here здесь, сюда́, тут

  from here отсю́да

  here are (is) вот

hero геро́й

heroine герои́ня

herring селёдка

hers её

herself она́, сама́

hesitate (to) колеба́ться

hide (to) пря́тать(ся), скрыва́ть(ся), таи́ть(ся)

hideous ужа́сный

high высо́кий

  high-principled иде́йный

highest вы́сший

high school diploma аттеста́т зре́лости

highway шоссе́

hill холм

him его́, ему́

himself он сам

hinder (to) меша́ть

hint намёк

hint at (to) намека́ть

hip бедро́

hire (to) взять напрока́т, нанима́ть

for hire дава́ть напрока́т

his его́

historical истори́ческий

history исто́рия

hit (to) бить, ударя́ть

hoarse хри́плый

hold (to) держа́ть(ся)

  to hold in сдержа́ться

  to hold out выде́рживать

hole ды́рка

holiday пра́здник

hollow пусто́й

holy свято́й

home дом

  at home до́ма

  to go home идти́ домо́й

homemade самоде́льный, дома́шний

homosexual гомосексуали́ст (m.), гомосексуа́льный (adj.)

honest поря́дочный, че́стный

honesty че́стность (f.)

honey мёд

honeymoon медо́вый ме́сяц

honor (to) почита́ть

honor честь (f.)

hook крюк

hope (to) наде́яться

hope наде́жда, ча́яние

hopeful наде́ющийся

hopeless безнаде́жный

horizon горизо́нт

horizontal горизонта́льный

horn рог

horoscope гороско́п

horrible ужа́сный

horror у́жас

horse конь (m.), ло́шадь (f.)

  horseback верхо́м

hospitable гостеприи́мный

hospital больни́ца, го́спиталь (m.)

hospitality гостеприи́мство, хлеб-соль (bread and salt)

host хозя́ин

hostess хозя́йка

hot горя́чий, (objects, emotions) жа́ркий

hotel гости́ница

hour час

house дом

housemaid го́рничная

housewarming новосе́лье

how как
  how much, many ско́лько
however одна́ко
huge огро́мный
hum (to) напева́ть
human челове́к (noun),
  челове́ческий (adj.)
humanitarian гуманита́рный
humanity челове́чество
humble скро́мный
humiliate (to) унижа́ть
humility смире́ние
humor ю́мор
humorous юмористи́ческий
hundred сто
hundredth со́тый
hunger го́лод
hungry голо́дный
hunter охо́тник
hunting охо́та
hurricane урага́н
hurry (to) спеши́ть,
  торопи́ться
hurt (to) боле́ть, сде́лать бо́льно
husband муж
hush (to) молча́ть
hyphen дефи́с, тире́
hypnosis гипно́з
hypocrite лицеме́р
hypothesis гипо́теза
hysterical истери́ческий

I

I я
ice лёд
ice cream моро́женое
icon ико́на
icy ледяно́й
idea иде́я, мысль (f.), поня́тие
ideal идеа́льный
idealistic идеалисти́ческий
identical одина́ковый
identity ли́чность (f.)
idiot идио́т
idle лени́вый
idleness лень (f.)
if е́сли
ignorance неве́дение, темнота́
ignorant неве́жественный

ignore (to) игнори́ровать
ill больно́й
  to fall ill заболе́ть
illegal незако́нный
illiteracy безгра́мотность
illiterate безгра́мотный
illness боле́знь (f.)
illuminate (to) освеща́ть
illumination освеще́ние
illusion иллю́зия
illustrate (to) иллюстри́ровать,
  поясня́ть
illustration поясне́ние, рису́нок
image и́мидж, о́браз
imaginary вообража́емый
imagination воображе́ние,
  фанта́зия
imagine (to) вообража́ть
imbalance дисбала́нс
imitate (to) изобража́ть,
  подража́ть
imitation подража́ние
immature незре́лый
immediate прямо́й, спе́шный
immediately неме́дленно, сра́зу
immense безме́рный, огро́мный
imminent бли́зкий
immobility неподви́жность (f.)
immodest нескро́мный
immoral безнра́вственный
immorality безнра́вственность (f.)
immortal бессме́ртный
immortality бессме́ртие, ве́чность
  (f.)
immovable неподви́жный
imp чертёнок
impartial беспристра́стный
impatience нетерпе́ние
impatient нетерпели́вый
imperfect дефе́ктный, непо́лный,
  брако́ванный
impersonal безли́чный
impertinence де́рзость (f.),
  на́глость (f.)
implore (to) умоля́ть
imply (to) намека́ть
impolite неве́жливый
important ва́жный
impossible невозмо́жно, нельзя́
impostor самозва́нец
impoverished обедне́вший
impression впечатле́ние

imprison (to) заключа́ть в тюрьму́

improve (to) поправля́ть(ся), улучша́ть(ся)

improvement улучше́ние

improvise (to) импровизи́ровать

imprudent неблагоразу́мный

impudence де́рзость (f.), наха́льство

impudent де́рзкий

impulse и́мпульс

impure нечи́стый

in в (prep.), в, на (acc., prep.)

  in case на вся́кий слу́чай, в слу́чае

  in fact факти́чески

inaccurate неаккура́тный

inactivity безде́йствие

inadequate неудовлетвори́тельный, недоста́точный

inanimate неодушевлённый

inappropriate неподходя́щий

inaudible несли́шный

incapable неспосо́бный

incentive побужде́ние

inch дюйм

incident слу́чай

inclination наклоне́ние

include (to) включа́ть

income дохо́д

incomparable бесподо́бный, несравни́мый

incompatible несовмести́мый

incompetent неспосо́бный, некомпете́нтный

incomplete непо́лный, несове́р-ше́нный

inconvenient неудо́бный

incorrect непра́вильный

incorruptible неподку́пный

increase (to) возраста́ть, приба-вля́ть, увели́чивать

increase умноже́ние, увеличе́ние

incredible невероя́тный

incredibility невероя́тность (f.)

indecent неприли́чный

indecision нереши́тельность (f.)

indeed пои́стине

indefinite неопределённый

independence незави́симость

independent незави́симый, самостоя́тельный

index и́ндекс, оглавле́ние

index finger указа́тельный па́лец

indicate (to) ука́зывать

indication при́знак

indifference безразли́чие, равно-ду́шие

indifferent равноду́шный

indignant негоду́ющий

indignation негодова́ние

indirect непрямо́й, побо́чный

indiscreet неосторо́жный, нескро́мный

indispensable необходи́мый

individual индивидуа́льный, ли́чный

indoors в до́ме, внутри́

induce (to) убежда́ть

indulge (to) позволя́ть себе́ удо-во́льствие, злоупотребля́ть

indulgence терпи́мость (f.)

indulgent терпи́мый

industrial фабри́чный

industrious приле́жный

industry промы́шленность (f.)

inedible несъедо́бный

inefficient неспосо́бный

inequality нера́венство

inexpensive дешёвый

inexperienced нео́пытный

infancy ра́ннее де́тство, младе́н-чество

infant ребёнок

infection зараже́нне

inferior ни́зший

inferiority неполноце́нность (f.)

infinite безграни́чный, бесконе́ч-ный

infinitive неопределённое наклоне́ние, инфинити́в

infinity бесконе́чность

influence (to) влия́ть

influence вес, влия́ние

inform (to) сообща́ть

informally без церемо́ний

information изве́стие (news), све́дение

ingenious остроу́мный

ingratitude неблагода́рность (f.)

inhabit (to) жить

inhabitant жи́тель (m.)

inherit (to) насле́довать
inheritance насле́дство
inhuman бесчу́вственный, жесто́-
кий, бесчелове́чный
initial нача́льный
initiate (to) вводи́ть
initiative инициати́ва
injection уко́л
injurious вре́дно
injury поврежде́ние
injustice несправедли́вость (f.)
ink черни́ла
inn гости́ница
inner вну́тренний
innocence неви́нность (f.)
innocent безви́нный (guiltless),
неви́нный (harmless)
inquire (to) спра́шивать
inquiry вопро́с, спра́вка
inquisitive любозна́тельный
insane безу́мный, сумасше́дший
insanity безу́мие
inscription на́дпись
insect насеко́мое
insensible бесчу́вственный
inseparable неразлу́чный
insert (to) вкла́дывать
inside внутри́
  inside out навы́ворот
insight интуи́ция, понима́ние
insignificant ничто́жный
insincere нейскренний
insincerity нейскренность (f.)
insist (to) наста́ивать
insistence насто́йчивость (f.)
inspect (to) рассма́тривать, про-
веря́ть
inspiration вдохнове́ние
install (to) помеща́ть, устана́-
вливать
instance приме́р, слу́чай
  for instance наприме́р
instant мгнове́ние, миг, моме́нт
instantly момента́льно
instead of вме́сто (gen.)
instep подъём
instinct инсти́нкт
institute институ́т
instruct (to) учи́ть
instruction нака́з (order),
обуче́ние
instructor инстру́ктор

instrument инструме́нт, ору́дие
insufficient недоста́точный
insult (to) оскорбля́ть
insult оскорбле́ние
insulting оскорби́тельный
insurance страхо́вка
insure (to) страхова́ть(ся)
intact це́лый
intellect ум
intellectual интеллектуа́льный,
мы́слящий
intelligence ра́зум, ум
intelligent у́мный
intense си́льный
intensity интенси́вность (f.)
intention наме́рение
intentional наме́ренный
interest (to) интересова́ть
interest интере́с
interested (to become)
заинтересова́ться
interesting интере́сный
interfere (to) вме́шивать(ся)
interior вну́тренность (f.)
intermission переры́в
internal вну́тренний
international междунаро́дный
interpret (to) переводи́ть
interpretation перево́д, взгля́д
interpreter перево́дчик
interrupt (to) прерыва́ть
interval па́уза, переры́в
interview интервью́
intimacy инти́мность (f.)
intimate инти́мный
into в (acc.)
intolerable несно́сный, нестерпи́-
мый
intolerant нетерпи́мый
intoxicate (to) опьяня́ть, воз-
бужда́ть
intoxication опьяне́ние
intricate сло́жный
intrigue интри́га
introduce (to) вводи́ть, пред-
ставля́ть (a person)
introduction введе́ние,
представле́ние
intuition интуи́ция
invalid недействи́тельный (adj.),
больно́й, нетрудоспосо́бный
(adj. or noun)

invaluable бесце́нный
invent (to) выду́мывать, изобре-
та́ть, приду́мывать
invented вы́думанный
investigate (to) иссле́довать
investigation иссле́дование
invisible неви́димый
invitation приглаше́ние
invite (to) приглаша́ть
inviting привлека́тельный
involuntary нево́льно
iodine йо́д
Irish ирла́ндский
iron (to) гла́дить
iron желе́зо, утю́г (for ironing),
желе́зный (adj.)
irony иро́ния
irregular незакономе́рный,
непра́вильный
irresistible неотрази́мый
irresponsibility
безотве́тственность (f.)
irritate (to) раздража́ть
irritation раздраже́ние
island о́стров
isolate (to) изоли́ровать,
отделя́ть
isolated изоли́рованный
issue изда́ние
it оно́
Italian италья́нский
itch (to) чеса́ться
itinerary маршру́т
its его́
ivory слоно́вая кость
ivy плющ

J

jacket жаке́т
jail тюрьма́
jam варе́нье
January янва́рь (m.)
Japanese япо́нский
jar ба́нка
jaw че́люсть (f.)
jealous ревни́вый
to be jealous ревнова́ть
jealousy за́висть, ре́вность (f.)
jelly желе́

jewel драгоце́нность (f.)
Jewish евре́йский
job рабо́та
join (to) присоединя́ться, соеди-
ня́ться
joint суста́в, ме́сто соедине́ния,
совме́стный (adj.)
joke (to) шути́ть
joke анекдо́т, шу́тка
jokingly шутя́
journalist журнали́ст
journey пое́здка
joy отра́да, ра́дость (f.)
joyous ра́достный
judge (to) суди́ть
judge судья́
judgment суд (legal),
усмотре́ние
juice сок
juicy со́чный
July ию́ль (m.)
jumble ка́ша (fig.)
jump (to) пры́гать, скака́ть
to jump off соска́кивать
to jump out выска́кивать
jump прыжо́к
June ию́нь (m.)
junior мла́дший
just справедли́вый (adj.)
just (hardly) едва́, чуть
justice справедли́вость (f.) суд
justification оправда́ние
justify (to) опра́вдывать(ся)
juvenile малоле́тний

K

keen си́льный (strong), чу́ткий
keep (to) держа́ть, сохраня́ть,
храни́ть
kernel зерно́
kerosene кероси́н
key ключ
kick (to) ударя́ть ного́й,
брыка́ться (animal)
kidney по́чка
kill (to) убива́ть
killer уби́йца
kin род, родство́
kind сорт (m.), до́брый (adj.)

kindly до́брый, тёплый
kindness любе́зность (f.)
king коро́ль (m.)
kiss (to) целова́ть(ся)
kiss поцелу́й
kitchen ку́хня
knee коле́но
kneel (to) стоя́ть на коле́нях
knife нож
knight ры́царь
knit (to) вяза́ть
knock (to) стуча́ть
knock стук
knot (to) завя́зывать
knot у́зел
know (to) знать
  it is known изве́стно
  it is not known неизве́стно
  little known малоизве́стный
  to know how уме́ть
  well-known изве́стный
knowledge зна́ние
kopeck копе́йка
Kremlin Кремль

L

label ярлы́к
labor труд
laboratory лаборато́рия
laborer рабо́чий
lace шнуро́к
lack (to) недостава́ть
lack недоста́ток, отсу́тствие
ladder ле́стница
lady да́ма
lag (to) отстава́ть
lake о́зеро
lamb бара́нина
lame хромо́й
lamp ла́мпа, фона́рь (m.) (lantern)
lampshade абажу́р
land земля́
landlord хозя́ин
landscape пейза́ж
language язы́к
  common language о́бщий язы́к
lantern фона́рь (m.)
lard са́ло
large большо́й, кру́пный

last (to) продолжа́ться (continue),
  хвата́ть (last out)
last (adj.) после́дний, про́шлый
late по́здний
  to be late опа́здывать
lately за после́днее вре́мя
later по́зже
  two days later два дня спустя́
  laugh (to) смея́ться
  to burst out laughing засмея́ться
  to laugh boisterously хохота́ть
laughter смех
launder (to) стира́ть
lavatory убо́рная
lavish ще́дрый
law зако́н, пра́вило, пра́во
  law court суд
lawful зако́нный
lawless беззако́нный
lawn лужа́йка
lawyer адвока́т, юри́ст
lay (to) класть, положи́ть
layer слой
lazy лени́вый
  lazy person лентя́й (m.), -ка (f.)
lead (to) води́ть, руководи́ть
leader руководи́тель (m.)
leadership руково́дство
leaf лист
leak (to) течь
lean (to) наклоня́ться, опира́ться
  to lean over перегиба́ться
leap (to) пры́гать, скака́ть
leap прыжо́к, скачо́к
learn (to) учи́ть(ся), вы́учить(ся)
learned учёный
learning уче́ние
least наиме́ньший
  at least по кра́йней ме́ре
leather ко́жа
leave (to) оставля́ть, уезжа́ть,
  уходи́ть
  to leave out пропуска́ть
leave о́тпуск (vacation)
lecture докла́д, ле́кция
lecturer ле́ктор
left ле́вый
  to the left нале́во
leg нога́
legal зако́нный, юриди́ческий
  (profession)
legislation законода́тельство

legitimate зако́нный
leisure досу́г
lemon лимо́н
lend (to) одолжа́ть
length длина́
lengthen (to) удлиня́ть(ся)
less ме́ньше
lessen (to) убавля́ть, уменьша́ть
lesson уро́к
let (to) дава́ть, позволя́ть, пуска́ть
  let us дава́й, дава́йте (plus
  infinitive)
letter бу́ква (alphabet), письмо́
  (correspondence)
lettuce сала́т
level у́ровень
liable отве́тственный
liar лгун
liberal либера́льный, ще́дрый
  (lavish)
liberate (to) освобожда́ть
liberty во́льность (f.), свобо́да
library библиоте́ка
license пра́во, разреше́ние
  driver's license води́тельские
  права́
lie (to) лгать (falsify), лежа́ть (rest)
  to lie down ложи́ться
lie ложь (f.)
life жизнь (f.)
lifeless безжи́зненый
lift (to) поднима́ть
light (to) зажига́ть
  to light up освеща́ть
light лёгкий (adj.), све́тлый
  (bright) (adj.), свет (noun)
lighten (to) светле́ть (make
  brighter), облегча́ть (in weight)
lighter зажига́лка
lighting освеще́ние
lightning мо́лния
likable симпати́чный
like (to) люби́ть, нра́виться
like как (as), подо́бный, похо́жий
  (similar)
likely возмо́жно, наве́рно
likeness схо́дство
likewise то́же
limb член, коне́чность
limit (to) ограни́чивать
limit грани́ца, ограниче́ние,
  преде́л

limp (to) хрома́ть
line ли́ния, ряд (row), строка́ (of a
  page)
linen бельё (household or
  underwear), полотно́
linger (to) ме́длить
lingerie да́мское бельё
linguistic языково́й
lining подкла́дка
link (to) свя́зывать,
  соединя́ть
link связь (f.), звено́
lion лев
lip губа́
lipstick губна́я пома́да
liquid жи́дкий (adj.), жи́дкость
  (noun, f.)
liquor спиртно́й напи́ток
list спи́сок
listen слу́шать
literacy гра́мотность (f.)
literally буква́льно
literary литерату́рный
literature литерату́ра
little ма́ленький
  a little ма́ло, немно́го
live (to) жить
live живо́й
lively живо́й
liver печёнка
living room гости́ная
load груз, тя́жесть
loaf (to) безде́льничать
loaf (of bread) буханка́, це́лый
  хлеб
loan заём
lobby прихо́жая, фойе́
lobster ома́р
local зде́шний, ме́стный
locality ме́сто
locate (to) находи́ть (find), посе-
  ля́ться
location помеще́ние
lock (to) запира́ть
  locked up взаперти́
lock замо́к
locomotive локомоти́в
logic ло́гика
logical логи́ческий, логи́чный
loneliness одино́чество
lonely одино́кий, уединённый
long (to) тоскова́ть

long дли́нный (distance), до́лго
  (time)
  long ago давно́, давны́м-давно́
  not long недо́лго
longing жела́ние
look (to) гляде́ть, смотре́ть
  Look! Посмотри́те!
  Look out! Осторо́жно!
  to look for иска́ть
  to look over просма́вривать
look взгля́д
loop пе́тля
loose свобо́дный
lose (to) теря́ть, проигра́ть (at
  playing)
  to lose one's self-possession
  теря́ться
loss поте́ря
lost затеря́нный, потеря́нный
  to get lost заблуди́ться
lot (a) мно́го
loud гро́мкий
love (to) люби́ть
  in love влюблённый
  to fall in love влюбля́ться
love любо́вь (f.)
loved люби́мы
lovely ми́лый
loving любящий, не́жный
low ни́зкий (height), ти́хий (faint)
lower to спуска́ть
loyal ве́рный
loyalty ве́рность (f.), лоя́льность
  (f.)
luck сча́стье
lucky счастли́вый, уда́чный
luggage бага́ж
luminous све́тлый
lump глы́ба, кусо́к (small piece)
lunch за́втрак
lung лёгкое
luster блеск
luxurious роско́шный
luxury ро́скошь (f.)
lyrical лири́ческий

M

machine маши́на
mad сумасше́дший

madam госпожа́, мада́м
made сде́ланный
madman безу́мец
madness сумасше́ствие, безу́мие
magazine журна́л
magician маг
magistrate судья́
magnet магни́т
magnificent великоле́пный,
  превосхо́дный
magnifying увеличи́тельный
maid служа́нка
mail по́чта
main гла́вный
maintain (to) содержа́ть
maintenance содержа́ние
  (support), обслу́живание (service)
majority большинство́
make (to) де́лать
male (adj.) мужско́й
man мужчи́на (m.), челове́к
  (person)
manage (to) заве́довать,
  управля́ть
management администра́ция,
  управле́ние
manager дире́ктор, заве́дующий
mankind челове́чество
manner мане́ра, нра́в ы
manufacture (to) произво́дство
manuscript ру́копись (f.)
many мно́гие, мно́го
marble мра́мор
March март
margin по́ле
mark (to) отмеча́ть
  to mark off отче́ркивать
mark пятно́ (spot), ме́тка
market база́р, ры́нок
marketing ма́ркетинг
marriage брак
marry (to) жени́ттьcя (men),
  выходи́ть за́муж (women)
marvel (to) удивля́ться
marvel чу́до
marvelous чуде́сный
masculine мужско́й
mask (to) скрыва́ть
mask ма́ска
mass ма́сса
master (to) овладе́ть, вы́учить
master ма́стер, хозя́ин

masterpiece шеде́вр
match (to) подходи́ть
match спи́чка
matchless бесподо́бный
material материа́л
maternal матери́нский
mathematician матема́тик
mathematics матема́тика
matter вещество́
 a matter of course я́сное де́ло
mattress матра́с
mature взро́слый, зре́лый
maximum ма́ксимум
May май (m.)
may мочь, мо́жно
mayonnaise майоне́з
me меня́ (acc.), мне (dat.)
meadow луг
mean (to) зна́чить
mean (adj.) злой, захуда́лый,
 неприя́тный, низкий
meaning значе́ние, смысл (sense)
meanness ме́лочность (f.), ни́зость
 (f.)
means сре́дства
 by means of посре́дством
meanwhile ме́жду тем
measure (to) ме́рить
measure ме́ра
meat мя́со
mechanic меха́ник
mechanical механи́ческий
mechanically машина́льно
mechanized механизи́рованный
medicine лека́рство, медици́на
 (the profession)
 medical treatment лече́ние
mediocre посре́дственный
mediocrity посре́дственность (f.)
meditate (to) размышля́ть
meditation размышле́ние
medium середи́на (noun), сре́дний
 (adj.)
meet (to) встреча́ть
 I'm very happy to meet you.
 Очень прия́тно с ва́ми познако́-
 миться.
 meeting встре́ча, свида́ние,
 собра́ние (gathering)
 melancholy меланхо́лия (noun),
 меланхоли́ческий (adj.)
 melodious мелоди́чный

melody мело́дия
melon ды́ня
melt (to) та́ять
member член
memorable па́мятный
memorize (to) запомина́ть
memory па́мять (f.)
mend (to) исправля́ть, чини́ть
mental у́мственный
mention (to) отмеча́ть,
 упомина́ть
menu меню́
merchandise това́ры
merchant купе́ц, торго́вец
merciful милосе́рдный
merciless немилосе́рдный
mercy милосе́рдие
merit (to) заслу́живать
merit заслу́га
merry весёлый
message сообще́ние
messenger курье́р, посы́льный
metal мета́лл
metallic металли́ческий
metallurgy металлу́ргия
method ме́тод, спо́соб
microphone микрофо́н
microscope микроско́п
midday по́лдень (m.)
middle середи́на (noun), сре́дний
 (adj.)
 in the middle of посреди́ (gen.)
midnight по́лночь (f.)
midway полпути́
might си́ла
mighty грома́дный (huge),
 си́льный (strong)
mild мя́гкий
mildness мя́гкость (f.)
mile ми́ля
milk молоко́
mill ме́льница, фа́брика
million миллио́н
mind (to) следи́ть, забо́титься
 I don't mind. Я ничего́ не име́ю
 про́тив.
mind ум
mineral ископа́емый, минера́л
minimum ми́нимум
minister мини́стр (state), свяще́н-
 ник (church)
mirror зе́ркало

minority меньшинство
minute мину́та
 this very minute сию́ мину́ту
 Wait a minute. Подожди́те
 мину́ту.
miracle чу́до
miscellaneous разнообра́зный
mischief беда́, вред, ша́лость
mischievous зло́бный,
 шаловли́вый
miser скупо́й, бедня́га
miserable жа́лкий, несча́стный
miserliness ску́пость (f.)
miserly скупо́й
misfortune беда́, го́ре, несча́стье
miss (to) скуча́ть, пропуска́ть
 (leave out)
Miss, Mrs. госпожа́
mission поруче́ние, зада́ние,
 делега́ция
mist тума́н
mistake оши́бка
 to be mistaken заблужда́ться
 to make a mistake ошиба́ться
Mister, Mr. господи́н
mistrust (to) не доверя́ть
misty тума́нный
misunderstand (to) непра́вильно
 поня́ть
misunderstanding недоразуме́ние
mittens ва́режки
mix (to) сме́шивать
 to mix up (confuse) пу́тать
mixed сме́шанный
moan (to) стона́ть
mob толпа́
mobile передвижно́й
mobilize (to) мобилизова́ть
mock (to) насмеха́ться
mocking насме́шка
mode мо́да
model моде́ль, тип,
 показа́тельный (adj.),
 манеке́нщица (n.)
moderate уме́ренный
moderation уме́ренность (f.)
modern новомо́дный, но́вый,
 совреме́нный
modernism модерни́зм
modest скро́мный
modesty скро́мность (f.)
modification видоизмене́ние

modify (to) видоизменя́ть
moist сыро́й
moisten (to) увлажня́ть
moment мгнове́ние, миг, моме́нт
Monday понеде́льник
money де́ньги
monkey обезья́на
monotonous однозву́чный (tone),
 однообра́зный
monotony однообра́зие
monstrous чудо́вищный
month ме́сяц
monthly ежеме́сячный
monument па́мятник
mood настрое́ние
moody угрю́мый
moon луна́, ме́сяц
mop шва́бра
moral мора́ль (noun, f.),
 мора́льный, нра́вственный (adj.)
more бо́льше, ещё
moreover к тому́ же, кро́ме того́
morning у́тро (noun), у́тренний
 (adj.)
 in the morning у́тром
morose угрю́мый
morsel кусо́чек
mortal сме́ртный
mortality сме́ртность (f.)
mortgage закла́д, закладна́я
Moscow Москва́, моско́вский
 (adj.)
mosquito кома́р
most наибо́льший
mostly гла́вным о́бразом
moth моль (f.)
mother мать (f.)
motion движе́ние, ход
motionless неподви́жный
motivate (to) побужда́ть,
 мотиви́ровать
motive побужде́ние, моти́в
motor дви́гатель (m.), мото́р
mound холм
mount (to) влеза́ть, поднима́ться
mountain гора́
mourn (to) опла́кивать, се́товать
mournful печа́льный, ско́рбный
mourning тра́ур
mouse мышнь (f.)
mouth рот
 mouthful глото́к

move (to) дви́гаться, переезжа́ть (a household)
  to move off удаля́ться
movement движе́ние
movies кино́
moving тро́гательный
much гора́здо, мно́го
  how much ско́лько
mud грязь
muddy гря́зный, му́тный
multiplication умноже́ние
multiply (to) увели́чивать, размножа́ться, умножа́ть (arith.)
mumble (to) бормота́ть
municipal городско́й
murder (to) убива́ть
murder уби́йство
murderer уби́йца
murmur (to) жужжа́ть, журча́ть
muscle му́скул
museum музе́й
mushrooms грибы́
music му́зыка
musical музыка́льный
  musical group анса́мбль
musician музыка́нт
must до́лжен (-а́, -о́, -ы́)
mustache усы́
mustard горчи́ца
mute немо́й
mutter (to) бормота́ть
mutton бара́нина
mutually взаи́мно, обою́дно
my мой, (моя́, моё, мои́)
myself я сам; себя́, меня́ самого́
mysterious неве́домый, таи́нственный
mystery та́йна; (film, book) дете́ктив
mysticism ми́стика

N

nail гвоздь (hardware), но́готь, ко́готь (m.)
naïve наи́вный
naked го́лый
name (to) называ́ть, дава́ть и́мя
name и́мя, назва́ние (inanimate things), фами́лия (surname)

What is your name? Как вас зову́т?
named (to be) называ́ть
namely и́менно, то есть (т. е.)
nap (to) поспа́ть
napkin салфе́тка
narrate (to) расска́зывать
narrow у́зкий
nasty проти́вный
nation на́ция
national наро́дный
nationalistic националисти́ческий
nationality наро́дность (f.), национа́льность (f.)
native родно́й, коренно́й жи́тель
  native country ро́дина
natural есте́ственный, натура́льный
naturally есте́ственно, натура́льно, коне́чно (of course)
nature нату́ра, приро́да
naughty дурно́й, капри́зный
  to be naughty капри́зничать
navy флот
near о́коло, у (prep. with gen.), бли́зко (adv.), бли́зкий (adj.)
  near at hand побли́зости
  to draw near бли́зиться, приближа́ться
nearly почти́
nearsighted близору́кий
neat аккура́тный, чи́стый
necessary необходи́мый, ну́жный
  it is necessary на́до, необходи́мо, ну́жно
necessity на́добность (f.), необходи́мость (f.)
neck ше́я
necklace ожере́лье
necktie га́лстук
need (to) нужда́ться
  I need мне ну́жно
need нужда́
needle иго́лка
needless изли́шний, нену́жный
negation отрица́ние
negative отрица́тельный, негати́вный
neglect (to) пренебрега́ть
neglect небре́жность (f.)
negotiations перегово́ры

neighbor сосе́д, -ка (m., f.)
neighborhood окре́стность (f.)
neighboring сосе́дний
neither никако́й
  neither...nor ни...ни
nephew племя́нник
nerve нерв
nervous не́рвный
  to be nervous не́рвничать
nest гнездо́
neuter сре́дний (adj.), сре́днего ро́да
neutral нейтра́льный
never никогда́
  Never mind. Ничего́, нева́жно.
nevertheless всё-таки, несмотря́ на
new но́вый
news изве́стие, но́вость (f.)
newspaper газе́та
next сле́дующий
nice прия́тный, сла́вный
nickname кли́чка
niece племя́нница
night ночь
  at night но́чью
  Good night! Споко́йной но́чи.
nightmare кошма́р
nine де́вять
nineteen девятна́дцать
nineteenth девятна́дцатый
ninetieth девяно́стый
ninety девяно́сто
ninth девя́тый
nitrates (pl.) нитра́ты
no нет
nobody никто́, ничто́жество (derogatory)
noise шум
  to make noise шуме́ть
noisy шу́мный
nominate (to) назнача́ть, называ́ть
nomination назначе́ние
none никако́й, ни оди́н
nonsense вздор, ерунда́
  to talk nonsense говори́ть чепуху́
noon по́лдень (m.)
no one никто́
nor та́кже не
norm но́рма
normal норма́льный

north се́вер
northern се́верный
nose нос
not не, ни
  not at all ниско́лько
  there is not нет
note (to) отмеча́ть
note запи́ска, примеча́ние
notebook тетра́дь (f.)
nothing ничто́; ничего́
notice (to) замеча́ть
notice предупрежде́ние
noticeably заме́тно
notify (to) предупрежда́ть, сообща́ть
notion иде́я
noun и́мя существи́тельное
nourish (to) пита́ть
nourishment пита́ние
novel рома́н
novelty новизна́
November ноя́брь (m.)
now сейча́с, тепе́рь
nowadays тепе́рь
nowhere нигде́ (location), никуда́ (direction)
nuance отте́нок
nuclear я́дерный
nude наго́й, обнажённый
nuisance неудо́бство, неприя́тность
numb онеме́лый
number но́мер, число́
numerous многочи́сленный
nurse медсестра́ (medical), ня́ня (for children)
nursery де́тская, я́сли
nut оре́х, га́йка (hardware)

O

oak дуб
oar весло́
oath прися́га
oats овёс
obedience послуша́ние
obedient поко́рный, послу́шный
obey (to) повинова́ться
object (to) протестова́ть, быть про́тив

objection возражéние
objective объектѝвный
obligation обязáтельство, повѝнность (f.)
oblige (to) обязывать
obliging любéзный
obscure мрáчный, неясный, неизвéстный (unknown)
obscurity мрак, тьма
observation замечáние (remark), наблюдéние
observe (to) замечáть (notice), наблюдáть
observer наблюдáтель (m.)
obsolete отжѝвший
obstacle препятствие
obstetrician акушéрка
obstinacy упрямство
obstinate упрямый
obtain (to) доставáть
obvious очевѝдный, ясный
obviously очевѝдно
occasion слýчай
occasional рéдкий, случáйный
occasionally ѝзредка, врéмя от врéмени
occupation занятие
occupy (to) занимáть(ся)
occur (to) происходѝть, случáться
occurrence происшéствие, слýчай
ocean океáн
October октябрь (m.)
odd стрáнный
ode óда
odor зáпах
of из, от (gen.)
 of course конéчно, разумéется
 out of из-за
off с (gen.)
 Off! Прочь!
 to get off слезáть, сходѝть
offend (to) обижáть
offended обѝженный
offense оскорблéние, преступлéние (legal), наступлéние (military)
 to take offense оскорбляться
offensive оскорбѝтельный
offer (to) предлагáть, представлять
offer предложéние
office канцелярия, контóра

official официáльный (adj.), чинóвник (noun)
often чáсто
oil мáсло, нефть
ointment мазь (f.)
old стáрый
 old age стáрость (f.)
 olden times старинá
 old-fashioned старомóдный
 old man старѝк
 old woman старýха
olive маслѝна
omelet омлéт, яѝчница
on на (acc. and prep.)
once однáжды
 at once сейчáс же
 once in a while иногдá
 once more ещé раз
one одѝн (однá, однó, однѝ)
 one and a half полторá
oneself себя
onion лук
only едѝнственный (adj.), тóлько (adv.)
open (to) открывáть, раскрывáть
open откровéнный, открытый
open-hearted простодýшный
opening отвéрстие (hole), открытие (season)
opera óпера
operate (to) оперѝровать
operation операция
opinion мнéние
 in my opinion по-мóему
opponent протѝвник
opportunely кстáти, своеврéменно
opportunity удóбный слýчай, возмóжность (f.)
oppose (to) сопротивляться
opposed to прóтив (gen.)
opposite прóтив (gen.)
opposition противополóжность (f.), противорéчие
oppress (to) притеснять
oppression притеснéние
optician óптик
optimism оптимѝзм
optimist оптимѝст
optimistic оптимистѝческий
or а, ѝли, лѝбо
 either . . . or ѝли...ѝли, лѝбо... лѝбо

oral   у́стный
orange   апельси́н (noun), ора́нжевый (color)
orator   ора́тор
orchard   фрукто́вый сад
orchestra   орке́стр
ordeal   тяжёлое испыта́ние
order (to)   заказа́ть (commercial), приказа́ть (command)
order   поря́док (neatness), зака́з (commercial order), прика́з (command), строй (system)
  out of order   не рабо́тать
  to put in order   приводи́ть в поря́док
ordinarily   обыкнове́нно
ordinary   обыкнове́нный
organ   орга́н (musical), о́рган (anatomy)
organization   организа́ция, устро́йство
organize (to)   устра́ивать
organized   организо́ванный
Orient   восто́чные стра́ны, Восто́к
origin   происхожде́ние
original   оригина́льный, первонача́льный
originality   оригина́льность (f.)
ornament   украше́ние
orphan   сирота́
other   друго́й, ино́й
  on the other hand   зато́, с друго́й стороны́
  otherwise   ина́че
  ounce   у́нция
  our   наш (а, е, и)
  ourselves   (мы) са́ми
  out   из (gen.)
outburst   взрыв
outcome   результа́т
outing   прогу́лка
outlast (to)   пережива́ть
outlet   выходно́е отве́рстие, электри́ческая розе́тка
outline (to)   намеча́ть
outline   очерта́ние, эски́з, ко́нтур
outlook   вид, перспекти́ва
output   проду́кция
outrage   безобра́зие, оскорбле́ние
outside   вне (prep. with gen.), посторо́нний (adj.)

outward   вне́шний
oven   духо́вка, печь (f.)
over   над (inst.), сверх (gen.), че́рез (across) (acc.)
overcoat   пальто́ (not declined), шине́ль (f.)
overcome (to)   преодолева́ть
overcooked   пережа́ренный, перева́ренный
overdue   просро́ченный
overeat (to)   перееда́ть
overestimate (to)   переоце́нивать
overflow (to)   перелива́ться
overlook (to)   не замеча́ть, смотре́ть сквозь па́льцы
overpay (to)   перепла́чивать
overseas   за мо́рем
overshoes   гало́ши
overstep (to)   переступа́ть
overstrain (to)   переутомля́ть, перенапряга́ть
overstrain   переутомле́ние
overtake (to)   настига́ть
overthrow (to)   опроки́дывать, сверга́ть
owe (to)   быть до́лжным
own (to)   владе́ть
own   родно́й, со́бственный, свой (своя́, своё, свой)
owner   владе́лец, хозя́ин
oxygen   кислоро́д
oyster   у́стрица
ozone layer   озоносфе́ра

P

pace   темп
pacific   ми́рный
pack (to)   укла́дываться
package   паке́т, па́чка
pact   пакт
page   страни́ца
pain   боль (f.)
painful   чувстви́тельный
painfully   бо́льно
painless   безболе́зненный
paint (to)   кра́сить, рисова́ть (artistic)
paint   кра́ска

painting жи́вопись (f.)
pair па́ра
pajamas пижа́ма
pale бле́дный
  to grow pale бледне́ть
pamphlet брошю́ра
pan кастрю́ля
pancakes бли́нчики, ола́дьи
pane око́нное стекло́, грань
panel пане́ль; то́нкая доска́ для
    жи́вописи; распредели́тельная
    доска́
panic па́ника
pants брю́ки, штаны́
paper бума́га
parade пара́д
paradise рай
paragraph абза́ц, пара́граф
parallel паралле́льный
paralysis парали́ч
parcel паке́т
pardon (to) извиня́ть, проща́ть,
    поми́ловать
pardon проще́ние
parenthesis ско́бки
parents роди́тели (pl.)
Parisian пари́жский
park парк
parrot попуга́й
part (to) проща́ться, расстава́ться,
    разделя́ть
part роль (f.) (acting), часть (f.)
  little part части́ца
partial части́чный, пристра́стный
    (favoring)
  partial to неравноду́шный
participate (to) уча́ствовать
participation уча́стие
particular тре́бовательный
particularly осо́бенно
partner партнёр
party ве́чер, вечери́нка (social),
    па́ртия
pass (to) проезжа́ть (by
    conveyance), проходи́ть (on
    foot), передава́ть (give),
    вы́держать (examination)
passage прое́зд, прохо́д
passenger пассажи́р, -ка
passion пыл, страсть (f.)
passionate горя́чий, пы́лкий,
    стра́стный

passionately стра́стно
passive пасси́вный
passport па́спорт
past про́шлое (n.), проше́дший
    про́шлый (adj.), ми́мо (prep. with
    gen.)
paste (to) кле́ить
paste па́ста
pastry пече́нье, пиро́жное
patch запла́та
path тропи́нка
pathetic патети́чный
patience терпе́ние
patient пацие́нт (n.).
    терпели́вый
patriot патрио́т
patriotism патриоти́зм
patron покрови́тель
patronage покрови́тельство
pattern (sewing) вы́кройка,
    шабло́н
pause па́уза
pavement тротуа́р
paw ла́па
pay (to) плати́ть
  to pay off распла́чиваться
payment упла́та
peace мир, тишина́ (quiet), поко́й
    (quiet)
peaceful ми́рный, споко́йный
peach пе́рсик
peak верши́на
peanut земляно́й оре́х
pear гру́ша
pearl же́мчуг
peas горо́шек
pebble га́лька
peculiar осо́бенный
peculiarity осо́бенность (f.)
peel (to) снима́ть кору́, снима́ть
    ко́жицу
peel ко́рка
pen ру́чка
  fountain pen авторучка
penalty штраф
pencil каранда́ш
penetrate (to) проника́ть внутрь
peninsula полуо́стров
pension пе́нсия
pensive мечта́тельный
people наро́д, на́ция, лю́ди
pepper пе́рец

perceive (to) замечать, ощущать
percent на сотню, %
percentage процент
perfect идеальный, совершенный
perfection совершенство
perfectly вполне, совершенно
perform (to) играть (on stage), исполнять
performance игра, спектакль (m.)
performer исполнитель
perfume духи
perhaps может быть
peril опасность (f.)
period период, точка (punctuation)
periodical журнал (magazine), периодический (adj.)
perish (to) погибать
perishable скоропортящийся
permanent постоянный
permission разрешение, позволение
permit (to) позволять, пускать, разрешать
perpendicular перпендикуляр
perpetual вечный, бесконечный
persecute (to) преследовать
persecution преследование
perseverance настойчивость (f.)
persist (to) настаивать
persistent настойчивый, упорный
person лицо, человек
personal личный, собственный
personality личность (f.)
perspective перспектива
perspiration пот
perspire (to) потеть
persuade (to) убеждать, уговаривать
pesticides (pl.) пестициды
pet (to) ласкать
petroleum нефть, петролеум, керосин
petticoat нижняя юбка
petty мелкий
pharmacy аптека
phase фаза
phenomenon необыкновенное явление
philanthropist благотворитель (m.), филантроп
philosopher философ

philosophically философски
philosophy философия
phone телефон
photograph (to) снимать, фотографировать
photograph фотографическая карточка, снимок
photography фотография
phrase фраза
physical физический
physician врач
physicist физик
physics физика
pianist пианист, -ка (m., f.)
piano рояль (m.), пианино
pick (to) срывать
  to pick out выбирать
  to pick up поднимать
picnic пикник
picture картина, рисунок
pie пирог
piece кусок, кусочек, штука (n.), штучный (adj.)
piercing пронзительный
pig свинья
pigeon голубь
pile куча
pill пилюля
pillow подушка
pillowcase наволочка
pilot авиатор, лётчик
pin булавка
pinch (to) ущипнуть
pineapple ананас
pine tree сосна
pink розовый
pious набожный
pipe труба, трубка (for tobacco)
pistol револьвер, пистолет
pitiful жалкий
pity жалость (f.), сожаление
  It's a great pity. Очень жаль.
place (to) помещать
place место
plain простой
plan (to) составлять план
plan план
plane ровный
planet планета
plant (to) сажать
plant завод (factory), растение (botany)

plaster штукату́рка
plastic пласти́ческий
plate таре́лка
plateau плато́, плоского́рье
platform платфо́рма
play (to) игра́ть
play спекта́кль (m.), пье́са
playground де́тский городо́к
plead (to) проси́ть, умоля́ть
pleasant прия́тный
please (to) нра́виться
please пожа́луйста
pleasure удово́льствие
pleat скла́дка
pledge обеща́ние
plentiful оби́льный
plenty оби́лие (noun), доста́точно
    (adv.)
plot за́говор (conspiracy), сюже́т,
    фа́була (of a story)
plug про́бка, заты́чка
plum сли́ва
plumber водопрово́дчик
plump пу́хленький
plus плюс
pneumonia воспале́ние лёгких
pocket карма́н
pocketbook су́мка
poem поэ́ма, стихотворе́ние
poet поэ́т
poetic поэти́ческий
poetry поэ́зия
point (to) пока́зывать, ука́зывать
point о́стрый коне́ц, пункт,
    то́чка
pointed остроконе́чный
pointer стре́лка
poison яд
poisonous ядови́тый
pole столб, шест, по́люс
police поли́ция
policeman полице́йский
policy поли́тика, страхово́й по́лис
    (insurance)
polish (to) наводи́ть гля́нец,
    полирова́ть
polish гля́нец
Polish по́льский
polite ве́жливый, любе́зный
politeness ве́жливость (f.)
political полити́ческий
politics поли́тика

pollution (environmental)
    загрязне́ние окружа́ющей
    среды́
pond пруд
pool лу́жа, прудо́к, бассе́йн
poor бе́дный
  to become poor бедне́ть
Pope ри́мский па́па
popular наро́дный, популя́рный
popularity популя́рность
population населе́ние
porch крыльцо́
pork свини́на
port порт
portable перено́сный, складно́й
porter носи́льщик
portion по́рция
portrait портре́т
portray (to) изобража́ть,
    опи́сывать
pose по́за
position положе́ние
positive уве́ренный
possess (to) облада́ть, владе́ть
possibility возмо́жность (f.)
possible возмо́жно, мо́жно
post по́чта (mail)
postage stamp почто́вая ма́рка
postcard откры́тка
poster афи́ша
posterity пото́мство
post office по́чта
postpone (to) отложи́ть
pot кастрю́ля
potato карто́фель (m.)
pound фунт
pour (to) налива́ть (a liquid),
    насыпа́ть (dry products)
  to pour out вылива́ть, высыпа́ть
poverty бе́дность (f.)
powder (to) пу́дриться
powder пу́дра
power власть (f.)
powerful си́льный
practical практи́чный
practice (to) упражня́ться
practice пра́ктика
praise (to) хвали́ть
prank вы́ходка
pray (to) моли́ть
prayer моли́тва
precaution предосторо́жность (f.)

precede (to) предше́ствовать
precious драгоце́нный
precise то́чный
precisely то́чно
precision то́чность (f.)
predicament затрудни́тельное
  положе́ние
predict (to) предсказа́ть
preface предисло́вие
prefer (to) предпочита́ть
preference предпочте́ние
pregnant бере́менная
prejudice предрассу́док
preliminary предвари́тельный
premature преждевре́менный
premeditated преднаме́ренный
preparation приготовле́ние
prepare (to) приготовля́ть
prepared гото́вый
prepay (to) плати́ть вперёд
preposition предло́г
prescribe (to) предпи́сывать
prescription реце́пт
presence прису́тствие
present (to) представля́ть
present настоя́щее (noun), ны́не
  (adv.), настоя́щий (adj.)
 at present тепе́рь
preservation сохране́ние
preserve (to) сохраня́ть
preserves варе́нье
president председа́тель (m.),
  президе́нт
press (to) нажима́ть, гла́дить
  (clothes)
press печа́ть (f.) (journalism)
pressing спе́шный
pressure давле́ние, нажа́тие
prestige прести́ж
prestigious прести́жный
presume (to) предполага́ть
pretend (to) притворя́ться, де́лать
  вид
pretension прете́нзия
pretty хоро́шенький (adj.),
  дово́льно (adv.)
 to grow pretty хороше́ть
prevent (to) предупрежда́ть
prevention предупрежде́ние
previous предыду́щий
price цена́
pride самолю́бие

priest свяще́нник
primary перви́чный, основно́й
prime minister премье́р-мини́стр
principal гла́вный
principle при́нцип
print (to) печа́тать
prison тюрьма́
private ча́стный
privilege привиле́гия
prize (to) цени́ть
prize награ́да, приз
probably вероя́тно
problem зада́ча, пробле́ма
procedure процеду́ра
proceed (to) продолжа́ть
process проце́сс
proclamation воззва́ние,
  официа́льное объявле́ние
produce (to) выраба́тывать
producer производи́тель (one who
  produces), продю́сер (of a film)
 product проду́кт
production произведе́ние,
  произво́дство (manufacture)
profession профе́ссия, ремесло́
professor профе́ссор
profile про́филь
profit (to) приноси́ть по́льзу
 to profit by воспо́льзоваться
profit дохо́д, по́льза
profitable при́быльный
profound углублённый
program програ́мма
programming программи́рование
progress (to) продвига́ться,
  развива́ться
progress прогре́сс
progressive передово́й,
  прогресси́вный
prohibit (to) воспреща́ть(ся),
  запреща́ть
prohibition запреще́ние
project (to) броса́ть,
  проекти́ровать
project прое́кт
prolong (to) растя́гивать
prolonged продолжи́тельный
promise (to) обеща́ть
promise обеща́ние
prompt (to) подсказа́ть
prompt бы́стрый
pronoun местоиме́ние

pronounce (to) произноси́ть
pronunciation произноше́ние
proof доказа́тельство
proofreader корре́ктор
propaganda агита́ция, пропага́нда
proper прили́чный (decent)
property иму́щество, со́бственность (f.)
prophecy предсказа́ние
prophesy (to) проро́чить, предска́зывать
prophet проро́к
proportion пропо́рция
proposal предложе́ние
propose (to) предлага́ть
prose про́за
prospect вид, наде́жда
prosper (to) процвета́ть
prosperity процвета́ние
prosperous процвета́ющий, бога́тый
protect (to) защища́ть
protection защи́та
protector защи́тник
protest проте́ст
proud го́рдый
prove (to) дока́зывать
proverb посло́вица
provide (to) обеспе́чивать
province о́бласть (f.)
provisions проду́кты (pl.)
provoke (to) возбужда́ть, провоци́ровать
prudence благоразу́мие
prudent благоразу́мный
prune черносли́в
psychiatrist психиа́тр
psychologist психо́лог
psychology психоло́гия
public пу́блика (noun), обще́ственный (adj.)
publication изда́ние
publicity рекла́ма
publicize (to) реклами́ровать
publish (to) издава́ть (books), публикова́ть (to announce)
publishing house изда́тельство
publisher изда́тель (m.)
puddle лу́жа
puff out (to) надува́ть
pull (to) тяну́ть, таска́ть

pulse пульс
pump насо́с
punctual аккура́тный, пунктуа́льный
puncture прокол
pungency острота́
pungent о́стрый, е́дкий
punk (fashion) панк
punish (to) нака́зывать
punishment наказа́ние
pupil учени́к, учени́ца (m., f.)
puppy щено́к
purchase (to) покупа́ть
purchase поку́пка
pure чи́стый
purity чистота́
purpose цель (f.), наме́рение
purposely наро́чно
purse кошелёк
pursue (to) пресле́довать
push (to) толка́ть
put (to) класть, положи́ть, (horizontally); ста́вить (vertically)
to put away убира́ть
to put down подавля́ть, запи́сывать
to put forth проявля́ть, пуска́ть
to put forward выдвига́ть, предлага́ть
to put in вставля́ть, вкла́дывать, всо́вывать
to put off откла́дывать
to put on надева́ть, принима́ть вид
to put out выгоня́ть, удаля́ть
to put through выполня́ть
to put up поднима́ть, стро́ить, воздвига́ть
pyramid пирами́да
puzzle зага́дка

Q

quaint необы́чный, стра́нный
qualification квалифика́ция
qualified квалифици́рованный
qualify (to) квалифици́ровать(ся)
quality ка́чество
quantity коли́чество

quarrel (to) ссо́риться
quarter че́тверть, четверта́к (25¢)
queer стра́нный
quench (to) туши́ть, утоля́ть
  (thirst)
question (to) спра́шивать
question вопро́с
questionable сомни́тельный,
  спо́рный
questionnaire анке́та
quick бы́стрый, ско́рый
quicken (to) ускоря́ть
quiet тишина́ (noun), споко́йный,
  ти́хий (adj.)
quietly споко́йно, ти́хо
quit (to) оставля́ть рабо́ту (a job),
  переста́ть (stop)
quite во́все, вполне́, совсе́м
quiver (to) дрожа́ть
quotation цита́та
quotation marks кавы́чки
quote (to) цити́ровать

R

rabbi равви́н
rabbit кро́лик
race ра́са (species), ска́чки, бега́
  (horseraces), го́нка (auto)
radiator радиа́тор
radio ра́дио
rag тря́пка
rage бе́шенство, я́рость (f.)
ragged поно́шенный, рва́ный
railroad желе́зная доро́га
  railroad car ваго́н
  railroad station вокза́л
rain дождь
rainbow ра́дуга
raincoat плащ
rainy дождли́вый
raise (to) повыша́ть, поднима́ть
  (lift)
raisin изю́м
rank чин
rap (to) стуча́ть
rapid бы́стрый, ско́рый
rapidly бы́стро
rapture упое́ние, экста́з
rare ре́дкий

rarity ре́дкость (f.)
rash сыпь (noun, f.) (skin),
  стреми́тельный (adj.) (hasty)
raspberries мали́на
rate (to) оце́нивать, счита́ть
rate проце́нт (percent), темп
  (speed), ско́рость (f.) (speed)
rather дово́льно, скоре́е, слегка́
ratio пропо́рция
rational рассу́дочный
rationally рациона́льно
rave (to) бре́дить, восторга́ться
raw сыро́й
ray луч
razor бри́тва
reach (to) достава́ть, достига́ть,
  доезжа́ть
react (to) реаги́ровать
reaction реа́кция
read (to) чита́ть
readily охо́тно
reading чте́ние
ready гото́вый
  in readiness нагото́ве
  ready-made гото́вые изде́лия
real настоя́щий
realistic реалисти́ческий
realization осозна́ние, реализа́ция
realize (to) представля́ть себе́,
  понима́ть я́сно
really действи́тельно, неуже́ли,
  ра́зве
realm сфе́ра
rear (to) воспи́тывать (bring up)
rear за́дний
reason (to) рассужда́ть
reason причи́на (cause), ра́зум
  (intelligence)
reasonable разу́мный
reassure (to) успока́ивать
rebel (to) восстава́ть
rebel бунтовщи́к
rebellion восста́ние
recall (to) вспомина́ть
receipt распи́ска
receive (to) получа́ть, принима́ть
receiver получа́тель (m.),
  приёмник
recent неда́вний, но́вый
recently неда́вно
reception приём (n.), приёмный
  (adj.)

recess перерыв

recipe рецепт

reciprocal взаимный

recite (to) декламировать

recklessly азартно, сломя голову

recognition признание

recognize (to) признавать, узнавать

recollect (to) вспоминать

recollection воспоминание

recommend (to) рекомендовать

recommendation рекомендация

reconcile (to) примирять

reconciliation примирение

record (to) записывать

record запись, протокол

recover (to) поправляться

recovery излечение

rectangle прямоугольник

recycle (to) рециклировать

red красный

Red Cross Красный Крест

red-haired рыжий

reduce (to) убавлять (weight), уменьшать

reduction снижение, скидка (price)

refer (to) ссылаться, упоминать

reference рекомендация

  in reference to относительно

  reference book справочник

refine (to) очищать, усовершенствовать

refined изящный

refinement изысканность (f.)

reflect (to) отражать, мыслить, размышлять

reflection отражение, размышление (thought)

reform (to) улучшать

reform реформа, улучшение

refrain (to) сдерживать, воздерживаться

refresh (to) освежать

refreshment оживление, освежающий напиток

refrigerator холодильник

refuge убежище

refugee эмигрант, беженец

refund (to) возвращать

refund возмещение, возврат (money)

refusal отказ

refuse (to) отказывать

regard уважение

regime режим

regiment полк

region район

register (to) регистрировать(ся)

regret (to) жалеть

regret сожаление

regular правильный, регулярный

regulate (to) регулировать

regulation правило

rehearsal репетиция

rehearse (to) репетировать

reign царить

reinforce (to) подкреплять

reject (to) отклонять, отказывать

rejoice (to) радоваться

relate (to) рассказывать

relation отношение, связь (f.)

relationship отношение

relative родственник

relaxation отдых, развлечение

release (to) освобождать

release освобождение

relent (to) смягчаться

reliable надёжный, солидный

reliability надёжность (f.)

relief облегчение

relieve (to) облегчать

religion религия

religious религиозный

reluctance неохота

reluctantly неохотно, нехотя

rely (to) полагаться

remain (to) оставаться

remainder остаток

remaining остальной

remark (to) замечать

remark замечание

remarkable замечательный

remedy средство от болезни, лекарство

remember (to) помнить, вспоминать

remembrance воспоминание

remind (to) напоминать

reminder напоминание

remodeling переделка, ремонт

remorse раскаяние

remote далёкий, удалённый

remove (to) снимать, убирать

rename (to) переименовáть
render (to) окáзывать
renew (to) обновлять
renewal возобновлéние
rent (to) нанимáть
rent арéндная плáта
repair (to) исправлять,
    поправлять, починить
repairs ремóнт
repay (to) заплатить, отплáчивать
repayment отплáта
repeat (to) повторять
repeatedly многокрáтно
repent (to) раскáиваться
repertoire репертуáр
repetition повторéние
replacement замéна (f.)
reply (to) отвечáть
reply отвéт
report (to) сообщáть
report доклáд, сообщéние
reporter корреспондéнт
represent (to) представлять
representation представительство
representative представитель (m.)
repress (to) подавлять
repression подавлéние
reprimand выговор
reproach (to) попрекáть, упрекáть
reproach упрёк
reproduction репродýкция
republic респýблика
reputation извéстность (f.),
    репутáция
request (to) просить
request прóсьба, трéбование
require (to) нуждáться
required потрéбный,
    обязáтельный
requirement трéбование
rescue (to) спасáть
research исслéдование
  research assistant нáучный
    сотрýдник
resemblance схóдство
resembling похóжий
resent (to) негодовáть
resentment негодовáние
reservation оговóрка; мéсто,
    закáзанное зарáнее
reserve фонд, запáс
reservoir хранилище, резервуáр

residence местожительство,
    прожавáние
resident житель (m.)
resign (to) откáзываться, уходить
    в отстáвку
resignation откáз, отстáвка
resigned покóрный
resist (to) сопротивляться
resistance сопротивлéние
resolute решительный, твёрдый
resolution решительность (f.)
resolve (to) решáть (decide),
    разрешáть (a problem)
resort курóрт
resource срéдство
respect (to) уважáть
respect почтéние, уважéние
respected уважáемый
respectful почтительный
responsibility обязанность (f.),
    отвéтственность (f.)
responsible отвéтственный
rest (to) отдыхáть
rest óтдых, покóй
restaurant ресторáн
restless беспокóйный
restoration восстановлéние
restore (to) восстанáвливать
restrain (to) сдéрживать
restraint сдéржанность (f.)
  with restraint сдéржанно
restrict (to) ограничивать
restriction ограничéние
result (to) слéдовать
result результáт
resume (to) продолжáть
retain (to) сохранять, удéрживать
retaliate (to) отплáчивать
retaliation отплáта
retire (to) выходить в отстáвку
retired отставнóй
retreat (to) отступáть
return (to) возвращáть(ся)
return возвращéние
reveal (to) проявлять, раскрывáть
revelation откровéние
revenge (to) мстить
revenge ревáнш, месть
reverse (to) перевернýть
reverse обрáтный
review обзóр, рецéнзия (theater)
revise (to) проверять, изменять

revive (to) оживля́ть
revoke (to) отменя́ть
revolt (to) восстава́ть
revolt восста́ние
revolution револю́ция
revolutionary революцио́нный
revolve (to) враща́ться
reward (to) вознагражда́ть
reward награ́да
rhyme ри́фма
rhythm ритм
rib ребро́
ribbon ле́нта
rice рис
rich бога́тый
  to grow rich богате́ть
richness бога́тство
rid of (to get) избавля́ть(ся) от
riddle зага́дка
ride (to) е́здить, ката́ться (for
  pleasure)
ridicule (to) осме́ивать
ridiculous неле́пый, смешно́й
right ве́рный, пра́вильный (adj.)
  (correct), пра́вый (adj.),
  (position), пра́во (n.)
  all right хорошо́
  to the right напра́во
rigid неги́бкий, неподви́жный
ring (to) звони́ть
ring кольцо́
  wedding ring обруча́льное
  кольцо́
ring звоно́к (sound)
rinse (to) полоска́ть
ripe спе́лый
ripen (to) зреть
rise (to) поднима́ться (increase,
  mount), встава́ть (get up),
  восходи́ть (sun)
rise повыше́ние, подъём
risk (to) рискова́ть
risk риск
ritual ритуа́л
rival конкуре́нт, сопе́рник
rivalry сопе́рничество
river река́ (noun), речно́й (adj.)
road доро́га
roam (to) броди́ть (only on foot)
roar (to) реве́ть
roast (to) жа́рить
roast жа́реное

roast beef ро́стбиф
rob (to) гра́бить
robber разбо́йник
robbery ограбле́ние
robe хала́т
robot ро́бот
robust кре́пкий, здоро́вый
rock (to) кача́ть
rock ка́мень (m.)
rock musician ро́кер
rock star рок-звезда́
rocket раке́та
rocky камени́стый, скали́стый
rogue жу́лик
role роль (f.)
roll (to) кати́ться
roll бу́лка (bread), свя́зка,
  кату́шка
romance рома́н
romantic романти́ческий
roof кры́ша
room ко́мната
  no room (space) нет ме́ста
root ко́рень (m.)
rope верёвка
rose ро́за
rot (to) по́ртить(ся), гнить
rotten испо́рченный, гнило́й
rough гру́бый, неделика́тный
  (crude), неро́вный
round вокру́г (gen.), круго́м
  (adv.), кру́глый (adj.)
roundabout обхо́дный
rouse (to) буди́ть, возбужда́ть
  (anger)
route маршру́т
routine рути́на, поря́док (order)
row ряд
royalties (author's) а́вторские
rub (to) тере́ть
rubber рези́на
ruble ру́бль (m.)
rude неве́жливый
rug ковёр
ruin (to) разруша́ть
ruin ги́бель (f.)
rule (to) пра́вить, управля́ть
rule зако́н, пра́вило
ruler лине́йка
rumor слух
run (to) бе́гать, течь (water)
running бего́м

run down издёрганный
rupture разры́в
rural се́льский
rush (to) торопи́ться
Russia Росси́я (f.)
Russian ру́сский (noun and adj.)
  in Russian по-ру́сски
rust (to) ржаве́ть
rusty заржа́вленный
rye рожь

S

sack мешо́к
sacred свяще́нный
sacrifice (to) же́ртвовать
sacrifice же́ртва
sad гру́стный, печа́льный
  to be sad грусти́ть
safe невреди́мый; сейф (n.)
safety безопа́сность (f.)
sail (to) пла́вать
sail па́рус
sailing пла́вание
sailor матро́с
sake (for the sake of) ра́ди
salad сала́т
salad bowl сала́тник
salary жа́лование
sale распрода́жа
salesman продаве́ц
saleswoman продавщи́ца
salmon лососи́на
salt соль (f.)
salty солёный
salute (to) приве́тствовать
salvation спасе́ние
same одина́ковый (identical)
  all the same всё-таки
  it's all the same всё равно́
sample образе́ц
samovar самова́р
sand песо́к
sandal санда́лия
sandwich бутербро́д
sandy песо́чный
sane норма́льный
sanitary санита́рный
sap сок
sarcasm сарка́зм

sarcastic саркасти́ческий
satellite спу́тник
satiate (to) насыща́ть
satin атла́с
satisfaction удовлетворе́ние
satisfactory удовлетвори́тельный
satisfied дово́льный, сы́тый
satisfy (to) удовлетворя́ть
saturate (to) насыща́ть
saturation насы́щенность (f.)
Saturday суббо́та
sauce подли́вка, со́ус
saucepan кастрю́ля
sausage колбаса́
savage ди́кий (adj.), дика́рь
  (noun.)
save (to) спаса́ть, избавля́ть
say (to) говори́ть, сказа́ть
scale весы́ (weight), га́мма
  (musical)
scalp скальп
scan (to) разгля́дывать
scandal сканда́л
  to talk scandal спле́тничать
scanty ску́дный, ограни́ченный
scar шрам
scare испу́г
scarce недоста́точный, ре́дкий
scarcely едва́, то́лько что
scare (to) пуга́ть
scarf шарф
scarlet а́лый
scattered рассе́янный
scene сце́на
scented арома́тный
schedule расписа́ние
scheme схе́ма, прое́кт
scholar учёный
  scholarly research нау́чное
  иссле́дование
scholarship стипе́ндия
school шко́ла
schoolteacher преподава́тель,
  -ница (m., f.)
science нау́ка
scientific нау́чный
scientist учёный
scissors но́жницы
scold (to) руга́ть
scorch (to) обжига́ть
score счёт
scorn (to) презира́ть

scornful презри́тельный

Scottish шотла́ндский

scoundrel негодя́й

scrape (to) скрести́

scratch (to) цара́пать, чеса́ться (oneself)

scratch цара́пина

scream (to) крича́ть

scream крик

screen экра́н (movies), ши́рма

screw винт

scribble (to) писа́ть небре́жно

scrupulous щепети́льный

scrutinize (to) рассма́тривать

sculptor ску́льптор

sculpture скульпту́ра

sea мо́ре

seagull ча́йка

seal (to) запеча́тывать, опеча́тывать

seal печа́ть (f.)

seam шов

seamstress швея́

search (to) иска́ть, иссле́довать

search по́иски

seashore морско́й бе́рег

season вре́мя го́да, сезо́н (events)

seasoning припра́ва

seat (to) сесть (oneself)

seat ме́сто

second второ́й (number), секу́нда (n.)

secondhand поде́ржанный

secret секре́т, та́йна (n.)

  in secret вта́йне (adv.)

secretary секрета́рша

sect се́кта

section отде́л, отделе́ние

secure (to) обеспе́чивать

secure уве́ренный (in something), безопа́сный (not dangerous)

security гара́нтия, безопа́сность

seduce (to) соблазня́ть

see (to) ви́деть

seed зерно́

seem (to) каза́ться

segment отре́зок

seize (to) хвата́ть, захва́тывать

seldom и́зредка, ре́дко

select (to) выбира́ть

selected и́збранный

selection ассортиме́нт, вы́бор

self сам (а, о, и), себя́ (reflex. pron.)

self-confidence самоуве́ренность (f.)

self-control вы́держка

self-gonverment самоуправле́ние

selfish эгоисти́ческий

selfishness эгои́зм

self-satisfied самодово́льный

sell (to) продава́ть

semester семе́стр

semicolon то́чка с запято́й

senate сена́т

senator сена́тор

send (to) посыла́ть, усыла́ть (away)

senior ста́рший, выпускни́к

sensation ощуще́ние

sense (to) ощуща́ть, чу́вствовать

sense чу́вство, смысл

senseless бессмы́сленный

sensibility здравомы́слие

sensible здравомы́слящий

sensitive чу́ткий, чувстви́тельный

sensitivity чу́ткость, чувстви́тельность (f.)

sensual сладостра́стный

sensuality сладостра́стность (f.)

sentence пригово́р (legal), фра́за, предложе́ние (grammar)

sentiment чу́вство

sentimental сентимента́льный

separate (to) отделя́ть(ся), разделя́ть(ся), расходи́ться

separate отде́льный

separation отделе́ние, разделе́ние

September сентя́брь (m.)

serene споко́йный

series се́рия

serious серьёзный

seriously всерьёз

servant слуга́, служа́нка (female)

serve (to) подава́ть (meals), служи́ть, обслу́живать

service обслу́живание (maintenance), слу́жба (work), услу́га (good turn)

set (to) ста́вить, класть, назнача́ть, (determine) тверде́ть (harden), заходи́ть (sun)

  to set aside отложи́ть

  to set free пуска́ть

set прибо́р
settle (to) ула́дить, реша́ть (decide), устра́ивать (in a new place)
settlement упла́та, расчёт, населе́ние (people)
seven семь
seventeen семна́дцать
seventeenth семна́дцатый
seventh седьмо́й
seventy се́мьдесят
seventieth семидеся́тый
several не́сколько
severe стро́гий, суро́вый, тяжёлый (heavy)
sew (to) шить,
  to sew on нашива́ть
sewing шитьё
  sewing machine шве́йная маши́на
sex пол, род
shabby поно́шенный
shade тень (f.), што́ра (window)
shadow тень (f.)
shake (to) дрожа́ть, трясти́сь
shaky ша́ткий
shallow ме́лкий
shame стыд, позо́р (disgrace)
shameful позо́рный
shameless бессты́дный
shape фо́рма
share (to) дели́ть(ся), разделя́ть
share до́ля, часть (f.), а́кция (stock)
shareholder акционе́р
sharp о́стрый, ре́зкий
sharpen (to) заостря́ть, точи́ть
sharpness острота́
shave (to) брить(ся)
shawl шаль (f.)
she она́
shed (to) роня́ть, теря́ть
sheep овца́
sheer прозра́чный, лёгкий
sheet простыня́ (bed), лист (paper)
shelf по́лка
shell скорлупа́
shelter (to) приюти́ть, прикрыва́ть
shelter прикры́тие
shepherd пасту́х
shield (to) защища́ть

shield щит
shift (to) передвига́ть
shine (to) блесте́ть, свети́ть(ся), чи́стить
ship (to) грузи́ть, отправля́ть
ship кора́бль (m.)
shipment погру́зка, перево́зка
shirt руба́шка
shiver (to) дрожа́ть, вздра́гивать
shiver дрожь (f.)
shock (to) потряса́ть, шоки́ровать (behavior)
shock уда́р
shoe башма́к, ту́фля
  running shoes кроссо́вки
shoot (to) стре́лять
shop ла́вка, магази́н
shore бе́рег
short коро́ткий, ни́зкий
shortage недоста́ток
shorten (to) сокраща́ть
shorthand стеногра́фия
shot вы́стрел
shoulder плечо́
shout (to) крича́ть
shout крик
shove (to) су́нуть(ся), толка́ть
shovel лопа́та
show (to) пока́зывать, дока́зывать
show вы́ставка, представле́ние, шо́у
shower душ (bath)
shrill пронзи́тельный
shrimp креве́тка
shrink (to) сади́ться
shun (to) избега́ть
shut (to) закрыва́ть
shut закры́тый
shy засте́нчивый, ро́бкий
  to be shy стесня́ться
sick больно́й
sickness боле́знь (f.)
side бок (physical), сторона́
sidewalk тротуа́р
sideways на боку́
sieve си́то
sigh (to) вздыха́ть
sigh вздох
sight вид (view), зре́ние
sign (to) подписа́ться
sign знак
signal (to) сигнализи́ровать

signal сигна́л
signature по́дпись
significance значе́ние
significant многозначи́тельный
significantly многозначи́тельно
signify (to) зна́чить
silence молча́ние, тишина́
silent молчали́вый
  to be silent молча́ть
  to become silent замолча́ть
silk шёлк
silken шёлковый
silly глу́пый
silver серебро́ (n.)
similar похо́жий, подо́бный
similarity схо́дство
simple просто́й, несло́жный
simplicity простота́
simplification упроще́ние
simply про́сто
simulate (to) симули́ровать
simultaneous одновре́менный
sin (to) греши́ть
sin грех
since с (prep., gen.), так как
sincere и́скренний, нелицеме́рный
sincerity и́скренность (f.)
sinful гре́шный
sing (to) петь
singer певе́ц, певи́ца
singing пе́ние
single еди́нственный, оди́н
singular еди́нственное число́
  (grammar), необыча́йный
  (unusual)
sinister злове́щий
sink (to) тону́ть, топи́ть
  (something else)
sink ра́ковина
sinner гре́шник
sip (to) потя́гивать
sip ма́ленький глото́к
sir су́дарь, сэр
sister сестра́
sit (to) сиде́ть, сесть (down)
site местоположе́ние
situated (to be) находи́ться
situation положе́ние, ситуа́ция
six шесть
sixteen шестна́дцать
sixteenth шестна́дцатый
sixth шесто́й

sixtieth шестидеся́тый
sixty шестьдеся́т
size величина́, разме́р
skate (to) ката́ться на конька́х
skates коньки́
skeleton скеле́т
skeptical скепти́ческий
sketch (to) рисова́ть эски́зы
sketch эски́з, набро́сок
skill иску́сство, мастерство́
skilled квалифици́рованный
skillful иску́сный, уме́лый
skillfully мастерски́
skin ко́жа
skip (to) скака́ть, пропуска́ть
  (miss)
skirt ю́бка
skis лы́жи
skull че́реп
sky не́бо
skyscraper небоскрёб
slander (to) клевета́ть
slander клевета́
slang жарго́н
slanting косо́й
slap пощёчина
slaughter (to) убива́ть
slave раб
slavery ра́бство
sleep (to) спать
sleep сон
sleepy со́нный
sleeve рука́в
sleigh са́ни (only in pl.)
slender то́нкий
slice (to) ре́зать, нареза́ть
slice ло́мтик
slide (to) скользи́ть
slight лёгкий
slightly слегка́, чуть
slim то́нкий, стро́йный
slip (to) скользи́ть
slip оши́бка (error), комбина́ция
  (underwear)
slippery ско́льзкий
slope накло́н
slow ме́дленный
  to be slow ме́длить, отстава́ть
  (clock)
slowly ме́дленно, потихо́ньку
sly хи́трый
small ма́ленький, ме́лкий

small things, change ме́лочь

smart у́мный (clever), наря́дный (clothes)

smash (to) разбива́ть

smear (to) ма́зать

smell (to) ню́хать (sniff), па́хнуть (of)

smell за́пах

smile (to) улыба́ться

smile улы́бка

smoke (to) кури́ть

smoke дым

smoking куре́ние

smooth гла́дкий

smother (to) души́ть, туши́ть

smudgy чума́зый

snake змея́

snapshot сни́мок

snatch (to) хвата́ть

sneer (to) насме́шливо улыба́ться

sneeze (to) чиха́ть

snore (to) храпе́ть

snow снег

snowstorm мете́ль

so так

and so on и так да́лее (и т. д.)

just so и́менно так

so much сто́лько

soak (to) мо́кнуть, впи́тывать (up)

soap мы́ло

sob (to) рыда́ть

sobbing рыда́ние

sober тре́звый

sociable компане́йский

social обще́ственный

socialism социали́зм

society о́бщество, свет

sock носо́к, носки́ (pl.)

sofa дива́н, софа́

soft мя́гкий

soften (to) смягча́ться

soil (to) па́чкать(ся)

soil по́чва, земля́

soild гря́зный

sold про́данный

soldier солда́т

sole подо́шва (of foot, shoe), еди́нственный (adj.) (only)

solemn торже́ственный

solemnity торжество́

solicit (to) проси́ть

solid соли́дный, твёрдый

solidity твёрдость (f.)

solitary уединённый, одино́кий (lonely)

solitude уедине́ние, одино́чество

solution реше́ние (answer), разреше́ние, раство́р (chemical)

solve (to) разреша́ть

somber мра́чный

some не́который

somebody кто́-то, кто́-нибудь

somehow ка́к-то, ка́к-нибудь

something что́-то, что́-нибудь

sometimes иногда́

somewhat слегка́

somewhere где́-то, куда́-то (direction)

son сын

song пе́сня

soon ско́ро

soot са́жа

soothe (to) успока́ивать, утеша́ть, облегча́ть (pain)

sore ра́на, я́зва (n.), чувстви́тельный, боле́зненный (adj.)

sorrow печа́ль (f.), скорбь (f.), го́ре

sorry (to feel) жале́ть

I'm sorry. Мне жа́лко.

sort (to) разбира́ть

sort сорт, род

soul душа́

sound (to) звуча́ть

sound звук

soundless беззву́чный

soup суп

sour ки́слый

sour cream смета́на

source исто́к, ключ

south юг

southern ю́жный

Soviet сове́тский

sow (to) се́ять

space простра́нство, расстоя́ние

space (adj.) косми́ческий

Spanish испа́нский

spare (to) щади́ть, бере́чь

spare запасно́й, ли́шний (extra)

spark и́скра

sparkle (to) блесте́ть, сверка́ть

sparrow воробе́й

speak (to) говори́ть
special специа́льный
specialist специали́ст
specialty специа́льность (f.)
species тип, разнови́дность
specific определённый, характе́рный
spectacle спекта́кль (m.), зре́лище
spectator зри́тель (m.)
speech речь (f.)
speed ско́рость, быстрота́ (f.)
speedy бы́стрый, ско́рый
spell (to) писа́ть, писа́ться (is spelled)
spell заклина́ние
spelling написа́ние
spend (to) тра́тить
  to spend time проводи́ть вре́мя
sphere шар (ball), сфе́ра, о́бласть
sphinx сфинкс
spice (to) приправля́ть
spice пря́ность (f.)
spicy пря́ный
spider пау́к
spill (to) пролива́ть, просы́пать
spin (to) кружи́ться
spinach шпина́т
spine спинно́й хребе́т
spirit дух
spiritual духо́вный
spit (to) плева́ть
spite зло́ба
  in spite of несмотря́ на то
splash (to) забры́згивать
splendid великоле́пный, роско́шный
splendor ро́скошь (f.), пы́шность (f.)
split (to) тре́скаться
split тре́щина
spoil (to) по́ртить(ся), балова́ть (a child)
spoiled испо́рченный, избало́ванный (child)
sponge гу́бка
spontaneous самопроизво́льный
spoon ло́жка
sport спорт
spot пятно́
spouse супру́г, -а (m., f.)
spread (to) распространя́ть(ся), разма́зывать (bread)

spring (to) пры́гать
spring весна́ (season), прыжо́к (jump), исто́чник (source)
spur шпо́ра
spurn (to) отверга́ть с презре́нием
square квадра́т, пло́щадь (f.)
squeak (to) скрипе́ть
squeeze (to) сжима́ть
squirrel бе́лка
stabilize (to) стабилизи́ровать
stable сто́йкий, усто́йчивый
stack (to) скла́дывать в стог, в ку́чу
stack стог, ку́ча
stadium стадио́н
staff штат слу́жащих, штаб, но́тные лине́йки (musical)
stage сце́на
stain (to) па́чкать(ся)
stain пятно́
stairs ле́стница
stammer (to) заика́ться
stamp ма́рка (postage), штамп
stand (to) стоя́ть
standard станда́рт, у́ровень (m.), но́рма (f.)
standard станда́ртный (adj.)
star звезда́
starch крахма́л
stare (to) смотре́ть при́стально
stare взгляд
start (to) начина́ть
  to start out (on a trip), отправля́ться
start нача́ло
starve (to) умира́ть от го́лода, голода́ть
state (to) заявля́ть
state штат, госуда́рство (government), состоя́ние (condition)
statement утвержде́ние, заявле́ние
station ста́нция
stationary неподви́жный
stationery официальный бланк, канцеля́рские принадле́жности
statistics стати́стика
statue ста́туя
staunch пре́данный
stay (to) остава́ться, пробы́ть
stay пребыва́ние

steady усто́йчивый
steak бифште́кс
steal (to) красть
steam пар
steamship парохо́д
steel сталь (f.)
steep круто́й
steer (to) управля́ть
stem ствол
stenographer стенографи́стка
step похо́дка, шаг
stern стро́гий, суро́вый (adj.)
stew (to) туши́ть(ся), вари́ть(ся)
stew тушёное мя́со
stick to втыка́ть, прикле́ивать
stick па́лка
sticky кле́йкий
stiff туго́й, ги́бкий
stiffen (to) де́лать неги́бким, тверде́ть
still (to) успока́ивать
still ти́хий, споко́йный (adj.), еще́ (yet) (adv.)
stimulant возбужда́ющее сре́дство, сти́мул
stimulate (to) побужда́ть
sting (to) куса́ть, ужа́лить, укуси́ть
sting уку́с
stinginess ску́пость (f.)
stingy скупо́й
stipend стипе́ндия
stir (to) шевели́ть(ся), меша́ть
stitch (to) шить
stitch стежо́к
stock фонд, запа́с
  stock market фо́ндовая би́ржа
stockholder акционе́р
stocking чуло́к
stomach желу́док
stone ка́мень (m.)
stony ка́менный
stool скаме́ечка, табуре́тка
stoop (to) сгиба́ться
stop (to) остана́вливать(ся), конча́ть
stopper про́бка
store ла́вка, магази́н
storm бу́ря
stormy бу́рный
story расска́з, по́весть, исто́рия, эта́ж (floor)

stout по́лный
stove печь (f.)
straight прямо́й
straighten (to) выпрямля́ть, приводи́ть в поря́док (straighten up)
straightforward прямоду́шный
strain напряже́ние
strange чужо́й, стра́нный
stranger незнако́мец
strap реме́нь (m.)
stratosphere стратосфе́ра
straw соло́ма
strawberry клубни́ка
stream пото́к, река́ (river)
street у́лица
streetcar трамва́й
strength си́ла
strengthen (to) укрепля́ть
strenuous си́льный, энерги́чный
stress давле́ние, ударе́ние
stretch (to) тяну́ть(ся), растя́гивать
strict стро́гий
stride большо́й шаг
strike (to) ударя́ть (hit), бастова́ть
strike забасто́вка (labor)
string верёвка, шпага́т
strip (to) сдира́ть, разде́ть(ся) (clothes)
stripe полоса́
stroll (to) гуля́ть
stroll прогу́лка
stroke уда́р
strong си́льны, кре́пкий
structure зда́ние, соста́в, строе́ние, структу́ра
struggle борьба́
  struggle with (to) би́ться, боро́ться
stubborn упо́рный, упря́мый
student студе́нт,-ка; учени́к, учени́ца (m., f.)
studies уче́ние
studio сту́дия
studious приле́жный
study (to) учи́ться, изуча́ть, занима́ться
study кабине́т (room), эски́з, этю́д (sketch)
stuff (to) набива́ть, заполня́ть
stuffing фарш
stuffy ду́шный

stumble (to) спотыка́ться
stun (to) оглуша́ть
stunt по́двиг
stupendous изуми́тельный
stupid глу́пый, тупо́й
stupidity глу́пость (f.)
stupor оцепене́ние
sturdy си́льный, кре́пкий
stutter (to) заика́ться
style фасо́н, стиль (m.)
stylish мо́дный
subdue (to) подчиня́ть
subject те́ма, предме́т, сюже́т
  (theme)
subjugate (to) покоря́ть
submission подчине́ние
submissive поко́рный
submit (to) подчиня́ться
subordination подчине́ние
subscribe (to) подпи́сывать(ся)
subscription подпи́ска
subsequently зате́м, впосле́дствии
subsidiary филиа́л
subsist (to) существова́ть
substance су́щность (f.), содер-
  жа́ние
substantial реа́льный, значи́тель-
  ный, фундамента́льный
substitute (to) замеща́ть (for)
substitute замести́тель (m.)
substitution заме́на
subtle то́нкий
subtract (to) вычита́ть
subtraction вычита́ние
suburb при́город
subway метро́, тонне́ль
succeed (to) насле́довать (to title
  or office), уда́ться, достига́ть
  це́ли
success уда́ча, успе́х
successful уда́чный, успе́шный
succession после́довательность
  (f.)
 in succession подря́д
successor насле́дник
such тако́й, э́такий
sudden внеза́пный, неожи́данный
suddenly вдруг
suddenness неожи́данность (f.)
suffer (to) страда́ть, терпе́ть
  (endure)
suffering страда́нне

suffice (to) хвата́ть
sufficient доста́точно
sugar са́хар
 sugar bowl са́харница
suggest (to) предлага́ть
suggestion предложе́ние
suicide самоуби́йство
suit костю́м
suitable подходя́щий
sulfur се́ра
sulk (to) ду́ться
sullen угрю́мый
sum су́мма
summary конспе́кт
summer лето, ле́тний (adj.)
summit верши́на
summon (to) вызыва́ть
sumptuous роско́шный, пы́шный
sum up (to) резюми́ровать
sun со́лнце (n.)
sunburn зага́р
Sunday воскресе́нье
sunny со́лнечный
sunrise восхо́д
sunset захо́д, зака́т
suntan зага́р
superb прекра́сный
superficial пове́рхностный
superfluous изли́шний, ли́шний
superior ве́рхний, лу́чший
superiority превосхо́дство,
  пе́рвенство
superstition суеве́рие
supervise (to) наблюда́ть
supper у́жин
 to eat supper у́жинать
supplement добавле́ние, приба́вка
supplementary дополни́тельный
supply (to) снабжа́ть
supply запа́с
support (to) подде́рживать, содер-
  жа́ть
support подде́ржка
suppose (to) полага́ть, предпола-
  га́ть
supposition предположе́ние
supreme верхо́вный, вы́сший
suppress (to) подавля́ть
sure ве́рный, уве́ренный
surely коне́чно, наве́рно
surface пове́рхность (f.)
surgeon хиру́рг

surgery хирургия
surmise (to) догадываться
surmount (to) преодолевать
surname фамилия
surpass (to) превосходить
surplus излишек
surprise (to) удивлять(ся) (be surprised)
surprise сюрприз
surprising удивительный
surrender (to) сдаваться
surround (to) окружать
surroundings окрестности
survey (to) осматривать
survey осмотр, обзор (review), опрос
survive (to) пережить
susceptibility впечатлительность (f.)
susceptible впечатлительный
suspect (to) подозревать
suspense неизвестность (f.)
suspicion подозрение
suspicious подозрительный
sustain (to) выдерживать
swallow (to) глотать
swallow глоток
swamp болото
swarthy смуглый
swear (to) клясться, ругаться
sweat (to) потеть
sweat пот
sweater свитер
Swedish шведский
sweep (to) подметать
sweet сладкий
sweetness сладость (f.)
swell (to) пухнуть, опухать
swift быстрый, скорый
swim (to) плавать
swimming плавание
swimming trunks (pl.) плавки
swindle (to) обманывать
swindler мошенник, жулик
swing качать
swinging качание
Swiss швейцарский
switch выключатель (m.)
sword меч
swordfish меч-рыба
syllable слог
symbol символ

symbolic символический
symmetrical симметричный
sympathize (to) сочувствовать
sympathizer сочувствующий
sympathy сочувствие
symphony симфония
symposium симпозиум
symptom симптом, признак
synagogue синагога (f.)
synthetic искусственный
syringe шприц
syrup сироп
system система, строй (order)
systematic методический, систематический

T

table стол, таблица
  to set the table накрыть стол
tablecloth скатерть
tablespoon столовая ложка
taciturn молчаливый
tact деликатность (f.), такт
tactfully тактично
tactless бестактный
tail хвост
tailor портной
take (to) брать, принимать (medicine, advice)
  to take away убрать
  to take leave прощаться
  to take off снимать
tale история, рассказ
talent талант
talk (to) говорить (in general), разговаривать
to talk over переговорить
talk беседа, разговор
talkative разговорчивый
tall большой, высокий
tame (to) приручать
tame ручной
tangle (to) запутывать
tank бак, танк (military)
tank top майка
tap стук
tape тесьма, лента, плёнка
  tape recorder магнитофон
tar дёготь

tardy по́здний
target цель (f.)
tarnish (to) тускне́ть
task зада́ние
taste (to) про́бовать
taste вкус
tasteless безвку́сный
tasty вку́сный
tax нало́г
taxi такси́ (not declined)
tea чай (m.)
  teapot ча́йник
  teaspoon ча́йная ло́жка
teach (to) преподава́ть, учи́ть
teacher преподава́тель, -ница;
  учи́тель, -ница (m. f.)
team брига́да (work), кома́нда
  (sport)
tear (to) (cut) рвать, срыва́ть
tear слеза́ (teardrop)
tease (to) дразни́ть
technical техни́ческий
  technical school те́хникум
technician те́хник
technique те́хника
tedious ску́чный
teenager подро́сток
teeth зу́бы
telegram телегра́мма
telegraph (to) телеграфи́ровать
telephone (to) звони́ть по
  телефо́ну
telephone телефо́н
telescope телеско́п
television телеви́дение
  television series телесериа́л
  television set телеви́зор
  television show host веду́щий
  телепереда́чи
tell (to) расска́зывать
temper темпера́мент, нрав
  to lose one's temper вы́йти из
  себя́
temperate уме́ренный
temperature температу́ра
tempest бу́ря
temple висо́к (part of body), храм
temporary вре́менный
tempt (to) привлека́ть,
  соблазня́ть
temptation искуше́ние
ten де́сять

tenacious упо́рный, це́пкий
tenacity упо́рство во́ли, це́пкость
tendency тенде́нция
tender ла́сковый, не́жный,
  чувстви́тельный (feeling)
tennis те́ннис
  to play tennis игра́ть в те́ннис
tense напряжённый, вре́мя (n.)
  (grammar)
tension напряже́ние
tent пала́тка
tentative про́бный, усло́вный
tenth деся́тый
tepid теплова́тый
term срок, семе́стр (school)
terminal заключи́тельный,
  коне́чный, вокза́л (noun) (station)
terrible гро́зный, стра́шный,
  ужа́сный
terrify (to) ужаса́ть(ся)
territory террито́рия
terror у́жас
test о́пыт, про́ба
testify (to) свиде́тельство
testimony доказа́тельство
text текст
textbook уче́бник
than чем
thank (to) благодари́ть
  Thank you. Спаси́бо.
  Thanks a lot. Большо́е спаси́бо.
  thanks to благодаря́ тому́
thankful благода́рный
that (conj.) тот (та, то, те), что
  (conj.)
  in order that что́бы
  that is то есть (т. е.)
thaw (to) та́ять
the—no article in Russian
theater теа́тр
  theater notice реце́нзия
theatrical театра́льный
theft кра́жа
their, theirs их
them их, им
theme те́ма
themselves са́ми
then пото́м, тогда́, то
theory тео́рия
there там (location), туда́
  (direction)
  from there отту́да

thereafter с э́того вре́мени
thereby посре́дством э́того
therefore поэ́тому, сле́довательно
thermometer термоме́тр
these э́ти
thesis диссерта́ция, те́зис
they они́
thick густо́й (dense), то́лстый
thief вор
thigh бедро́
thimble напёрсток
thin худо́й
   to grow thin худе́ть
thing вещь (f.), шту́ка
think (to) ду́мать, мы́слить
   to think over обду́мывать,
      проду́мать
third тре́тий
thirst жа́жда
thirteen трина́дцать
thirteenth трина́дцатый
thirtieth тридца́тый
thirty три́дцать
this э́тот (э́та, э́то)
   this is э́то
thorn колю́чка, шип
thorough по́лный, совершённый
thoroughfare прое́зд
though хотя́
thought мысль (f.)
thoughtful внима́тельный,
      забо́тливый
thoughtless легкомы́сленный,
      необду́манный
thousand ты́сяча
thousandth ты́сячный
thrash (to) бить
thread ни́тка
threat угро́за
threaten (to) угрожа́ть
threatening гро́зный
three три
threshold поро́г
thrift бережли́вость (f.)
thrifty бережли́вый
thrill глубо́кое волне́ние, тре́пет
thrive (to) процвета́ть
thriving цвету́щий
throat го́рло
throb (to) си́льно би́ться
throne престо́л, трон
throng толпа́

through сквозь (acc.), че́рез (acc.)
throughout наскво́зь
throw (to) броса́ть(ся)
   to throw out выбра́сывать
thumb большо́й па́лец
thunder (to) греме́ть
thunder гром
thunderstorm гроза́
Thursday четве́рг
thus так, таки́м о́бразом
ticket биле́т
   ticket window ка́сса
tickle (to) щекота́ть
ticklish щекотли́вый (issue)
tide морско́й прили́в (incoming),
      отли́в (receding)
tidiness аккура́тность (f.)
tidy аккра́тный
tie (to) свя́зывать
tie связь (f.) (bond), га́лстук
   (necktie)
tiger тигр
tight те́сный, у́зкий
till до (gen.)
timber лесоматериа́л
time вре́мя, раз (occasion)
   It is time to go. Пора́ идти́.
   on time во́время
   to have time успе́ть
   What time is it? Кото́рый час?
timepiece часы́ (m., pl.)
timid ро́бкий
timidity ро́бость (f.)
tin о́лово, жестя́нка (can)
tiny о́чень ма́ленький
tip ко́нчик
   to give a tip дать на чай
tipsy пья́ный
tire (to) устава́ть, утомля́ть(ся)
tire ши́на
tired уста́лый
tireless неутоми́мый
tiresome надое́дливый, ску́чный
title загла́вие, назва́ние
to в (acc.), к (dat.), на (acc.)
toast тост
tobacco таба́к
today ны́не, сего́дня
toe па́лец
toenail но́готь (m.)
together вме́сте (adv.)
   to draw together сближа́ться

toil труди́ться
toilet туале́т, убо́рная
token знак
tolerable сно́сный
tolerance терпи́мость (f.)
tolerant терпи́мый
tolerate (to) выноси́ть, терпе́ть
tomato помидо́р
tomb моги́ла
tomorrow за́втра
ton то́нна
tone тон
tongue язы́к
tonight сего́дня ве́чером
too то́же (also), сли́шком, чересчу́р (much)
tool инструме́нт, ору́дие
tooth зуб
  toothbrush зубна́я щётка
  toothpaste зубна́я па́ста
top верши́на, верх
torch фа́кел
torment (to) му́чить
torment му́ка, муче́ние
torture (to) пыта́ть, му́чить
torture пы́тка, муче́ние
toss (to) кида́ть
total це́лое
totally соверше́нно
touch (to) тро́гать
touching тро́гательный
touchy оби́дчивый, чувстви́тельный
tough жёсткий
tour (to) путеше́ствовать
tour путеше́ствие, объе́зд
tourist тури́ст
tournament турни́р
toward к (dat.)
towel полоте́нце
tower ба́шня
town го́род
toy игру́шка
trace (to) черти́ть (draw), просле́живать
trace след
track след
tractor тра́ктор
trade торго́вля
tradition тради́ция
traditional традицио́нный
traffic движе́ние

tragedy траге́дия
tragic траги́ческий
train (to) воспи́тывать, трениро-ва́ть
train по́езд
training воспита́ние, трениро́вка
trait черта́
traitor изме́нник
trample (to) топта́ть
tranquil споко́йный
tranquillity споко́йствие
transaction сде́лка, де́ло
transfer (to) переноси́ть, переда-ва́ть
transform (to) преобража́ть
transformation преображе́ние
transgress (to) переступа́ть
transit прохо́д, прое́зд, перехо́д
transitional перехо́дный
translate (to) переводи́ть
translation перево́д
translator перево́дчик
transmission переда́ча
transmit (to) передава́ть
transparent прозра́чный
transport (to) перевози́ть
transportation перево́зка; пути́ сообще́ния
trap (to) лови́ть
trap лову́шка
trash отбро́сы, му́сор
  trash can ведро́ (с му́сором)
travel (to) путеше́ствовать
travel путеше́ствие
traveler путеше́ственник, пу́тник
tray подно́с
treacherous преда́тельский
treachery преда́тельство
treason изме́на
treasure драгоце́нность
treasurer казначе́й
treasury госуда́рственное казна-че́йство
treat обраща́ться, относи́ться
  to treat medically лечи́ть
treat наслажде́ние
treatment обраще́ние, обрабо́тка
treaty догово́р
tree де́рево
tremble (to) трепета́ть
trembling трепета́ние
tremendous грома́дный

trend направле́ние, тече́ние (direction)
trial про́ба, суд
triangle треуго́льник
tribe пле́мя
tribute дань (f.)
trick фо́кус
trifle ме́лочь
  a trifle немно́жко
trifling пустя́чный
trim (to) подстрига́ть (hair), украша́ть (decorate)
trimming украше́ние
trip (to) споткну́ться
trip путь, экску́рсия
triple тройно́й
triumph (to) победи́ть (win), торжествова́ть
triumph торжество́, триу́мф
trivial тривиа́льный
trolley bus тролле́йбус
tropical тропи́ческий
trot (to) е́хать ры́сью
trouble (to) беспоко́иться, хлопо-та́ть
trouble беда́, забо́та, хло́поты (fuss)
troubled беспоко́йный
trousers брю́ки
truck грузови́к
true ве́рный (faithful), пра́вильный (correct)
truly пои́стине, то́чно
trunk чемода́н, сунду́к, бага́жник (car)
trust (to) ве́рить, доверя́ть
trust ве́ра, дове́рие
trustworthy надёжный
truth и́стина, пра́вда
truthful правди́вый
try (to) про́бовать, пыта́ться, стара́ться, суди́ть (in court)
  to try on примеря́ть
T-shirt футбо́лка
Tuesday вто́рник
tumble (to) па́дать
tumult шум и кри́ки
tune мело́дия
tunnel тунне́ль
turban тюрба́н
turkey индю́к
turmoil сумато́ха

turn (to) повора́чивать(ся)
  to turn around перевора́чиваться
  to turn out получа́тся
  to turn pages перели́стывать
turn поворо́т (rotation), о́чередь (chance)
twelfth двена́дцатый
twelve двена́дцать
twentieth двадца́тый
twenty два́дцать
twice два́жды, вдво́е
twilight полусве́т, су́мрак
twin двойно́й
twins близнецы́
twist (to) крути́ть
two два (m.), две (f.)
type (to) печа́тать
typewriter пи́шущая маши́нка
typical характе́рный
typist машини́стка
tyranny деспоти́зм
tyrant тира́н, де́спот

U

ugly безобра́зный
ultimate максима́льный
umbrella зо́нтик
umpire посре́дник, ре́фери, арби́тр
unable неспосо́бный, неуме́ющий
unaffected безыску́сственный
unanimous единогла́сный
unattainable недостижи́мый
unattractive некраси́вый
unaware неожи́данно
unbearable несно́сный, нестер-пи́мый, невыноси́мый
unbelievable невероя́тный
unbreakable небью́щийся
unbutton (to) расстёгивать
uncertain неопределённый (indefinite), неуве́ренный (unsure)
uncle дя́дя
uncomfortable неудо́бный
uncommon ре́дкий
unconscious бессозна́тельный

unconsciousness беспа́мятство
uncover (to) раскрыва́ть
undecided нерешённый
undeniable несомне́нный
under под (inst.-location; acc.-direction)
underestimate (to) недооце́нивать
undergo (to) испы́тывать
underline (to) подчёркивать
underneath под (under)
understand (to) понима́ть
understandable поня́тный
understanding соглаше́ние, понима́ние
  to come to an understanding договори́ться
undertake (to) предпринима́ть
undertaker гробовщи́к
underwear ни́жнее бельё
undeserved незаслу́женный
undesirable нежела́тельный
undo (to) развя́зывать
undoubtedly безусло́вно
undress (to) раздева́ть(ся)
uneasiness трево́га
uneasy неспоко́йный
uneducated необразо́ванный
unemployed неза́нятый, безрабо́тный
unemployment безрабо́тица
unequal нера́вный
uneven неро́вный
unexpectedly неожи́данно
unfair несправедли́вый
unfaithful неве́рный
unfavorable отрица́тельный
unfeeling бесчу́вственный
unfinished недоко́нченный
unforeseen непредви́денный
unforgettable незабыва́емый
unfortunate несча́стный, неуда́чный
unfortunately к сожале́нию
unfriendly недружелю́бный
ungentlemanly непоря́дочный
ungraceful неграцио́зный
ungrateful неблагода́рный
unhappy несчастли́вый, несча́стный
unharmed невреди́мый
unhealthy боле́зненный

unheard of неслы́ханный
uniform фо́рма (n.), однообра́зный (adj.)
uniformity единообра́зие
unify (to) объединя́ть
unimportant нева́жный
unintentionally нево́льно
union сою́з, соедине́ние
unit едини́ца, едини́ца измере́ния
unite (to) соединя́ть
united соединённый
United States Соединённые Шта́ты
universal универса́льный
universe ко́смос
university университе́т
unjust несправедли́вый
unkind недо́брый
unknown неизве́стный
unlawful беззако́нный
unless е́сли . . . не
unlike неправдоподо́бный, непохо́жий
unlimited неограни́ченный
unlock (to) отпира́ть
unlocked о́тпертый
unluckily к сожале́нию
unmarried нежена́тый, холосто́й (of men), незаму́жняя (of women)
unmerciful немилосе́рдный
unnatural неесте́ственный
unnecessary ненужный
unoccupied неза́нятый, свобо́дный
unpack (to) распако́вывать(ся)
unpleasant неприя́тный
unpleasantness неприя́тность (f.)
unprecedented небыва́лый
unprofitable недохо́дный
unprotected беззащи́тный
unpublished неи́зданный
unquestionably несомне́нно, бесспо́рно
unravel (to) распу́тывать
unreal ненастоя́щий
unreasonable неразу́мный
unreliable ненадёжный
unrestrained несде́ржанный
unripe незре́лый
unroll (to) развёртывать

unsafe опа́сный

unsatisfactory неудовлетвори́-
тельный

unsatisfied неудовлетворённый

unscrupulous бессо́вестный

unselfish бескоры́стный

unsociable нелюди́мый

unsophisticated простоду́шный

unsteady неусто́йчивый

unsuccessful неуда́чный

unsuitable неподходя́щий

untidy неаккура́тный

untie (to) развя́зывать

until до (gen.)

untrue ло́жный, непра́вильный,
неве́рный (faithless)

unusual необыкнове́нный

unwell нездоро́вый

unwilling несклонный

unwillingly неохо́тно, не́хотя

unwise неблагоразу́мный

unworthy недосто́йный

up, upward наве́рх, вверх

uphold (to) подде́рживать

upkeep содержа́ние

upper ве́рхний

upright прямо́й

uprising восста́ние

upset (to) опроки́дывать,
беспоко́ить

upside down вверх дном

upstairs наверху́

urge (to) наста́ивать на,
убежда́ть

urgency настоя́тельность (f.)

urgent настойчивый, спе́шный

us нас, нам

use (to) по́льзоваться,
употребля́ть

use по́льза, употребле́ние

used to (to become) привыка́ть

useful поле́зный

useless бесполе́зный

usual обыкнове́нный

usually обыкнове́нно, обы́чно

utility поле́зность (f.), вы́годность
(f.)

utilize (to) испо́льзовать

utmost са́мый отдалённый,
кра́йний

utter (to) произноси́ть

utterly чрезвыча́йно

V

vacant неза́нятый, свобо́дный

vacation о́тпуск, кани́кулы
(school)

vaccination приви́вка

vacuum (to) пылесо́сить

vacuum пустота́

vacuum cleaner пылесо́с

vaguely неотчётливо, сму́тно

vain тщесла́вный

  in vain напра́сно, да́ром, тще́тно

valiant хра́брый

valid действи́тельный, име́ющий
си́лу

validity действи́тельность (f.)

valise чемода́н

valley доли́на

valuable це́нный

value (to) цени́ть

value це́нность (f.)

valve ве́нтиль, кла́пан

vanilla вани́ль

vanish (to) исчеза́ть

vanity суета́

vanquish (to) побежда́ть

vapor пар

variable изме́нчивый,
переме́нный

variation измене́ние, вариа́ция

varied разли́чный

variety разнообра́зие

various ра́зный, разнообра́зный

varnish (to) лакирова́ть

vary (to) меня́ть(ся)

vase ва́за

vast грома́дный

vault сейф

VCR видеомагнитофо́н

veal теля́тина

vegetables зе́лень, о́вощи

vehicle пово́зка, маши́на

veil (to) закрыва́ть покрыва́лом,
скрыва́ть (hide)

veil покрыва́ло

vein ве́на

velvet ба́рхат

venerable почте́нный

venerate (to) благогове́ть пе́ред
кем-либо

veneration почита́ние

vengeance ме́сть (f.)
ventilation прове́тривание, вентиля́ция
ventilator вентиля́тор
venture (to) рискова́ть
verb глаго́л
verbal у́стный
verdict пригово́р, осужде́ние
verge край
verification подтвержде́ние
verify (to) проверя́ть
versatile многосторо́нний
verse стих
version перево́д (translation), ве́рсия
vertical вертика́льный
very о́чень
vest жиле́т
vexation доса́да
vibrate (to) вибри́ровать
vibration вибра́ция
vice поро́к
vice versa наоборо́т
vicinity бли́зость (f.), окре́стность (f.)
vicious злой
victim же́ртва
victorious победоно́сный
victory побе́да
video ви́део
view вид
viewpoint подхо́д, то́чка зре́ния
vigorous энерги́чный
vile по́длый
village село́, дере́вня
villain подле́ц
vinegar у́ксус
violate (to) преступа́ть
violation наруше́ние
violence наси́лие
violent бе́шеный
violet фиа́лка
violet фиоле́товый (color)
violin скри́пка
violinist скрипа́ч
virtue доброде́тель, ка́чество
virtuous доброде́тельный
visa ви́за
visible ви́димый
vision зре́ние
visit (to) посеща́ть
visit визи́т, посеще́ние

visitor гость, посети́тель (m.)
visual зри́тельный
vital жи́зненный, роково́й
vitality жи́зненность (f.)
vitamin витами́н
vivacious живо́й
vivid я́ркий
vocabulary слова́рь (m.), запа́с слов
vocal голосово́й
vocation призва́ние
vodka во́дка
vogue мо́да
voice го́лос
void пустота́ (n.), пусто́й, недействи́тельный (invalid)
volt вольт
volume том
voluntary доброво́льный
volunteer доброво́лец
vote (to) голосова́ть
vote го́лос
vow кля́тва
vowel гла́сный
voyage путеше́ствие
vulgar гру́бый, вульга́рный
vulnerable уязви́мый

W

wager (to) держа́ть пари́
wager пари́
wages зарпла́та
waist та́лия
wait (to) ждать
  to wait for (expect) ожида́ть
  waiting room приёмная
waiter официа́нт, -ка (m., f.)
wake up (to) просыпа́ться
walk (to) идти́, ходи́ть
walk прогу́лка
wall стена́
wallet бума́жник
waltz вальс
wander (to) броди́ть
want (to) хоте́ть
want недоста́ток (lack), нужда́ (need)
war война́
wardrobe шкаф, гардеро́б

wares товáры, продýкты
warm (to) греть, согревáть
warm тёплый
warmth теплотá
warn (to) предупреждáть
warning предупреждéние
wash (to) мыть(ся), умывáть(ся), стирáть (clothes)
waste (to) расточáть
waste products отхóды
wasteful нерасчётливый
watch (to) наблюдáть, сторожúть
watch часы́ (pl.)
watchful бдúтельный
watchman стóрож
water водá
waterfall водопáд
watercolor акварéль (f.)
watermelon арбýз
waterproof водонепроницáемый
wave (to) махáть
wave волнá
wax воск
way дорóга, путь (road), спóсоб (manner)
we мы
weak слáбый, бессúльный
weaken (to) слабéть, ослаблять
weakness слáбость (f.)
wealth богáтство
wealthy богáтый
weapon орýжие
wear (to) носúть
weariness устáлость (f.), утомлéние
wearing утомúтельный
weary устáлый, утомлённый
weary (to) уставáть
weather погóда
weave (to) ткать
web ткань, паутúна
wedding свáдьба
Wednesday средá
weed сóрная травá
week недéля
weekend конéц недéли
weekly еженедéльный
weep (to) плáкать
weigh (to) взвéшивать(ся)
weight вес
welcome (to) приветствовать
  Welcome! Добрó пожáловать!

welcome привéтствие, рáдушный приём
welfare благосостоя́ние
well хорошó, благополýчно
well-read начúтанный
west зáпад
western зáпадный
westward на зáпад
wet мóкрый
what как, что
  what a, what kind of какóй
wheel колесó
when когдá
whenever когдá бы ни
where где, кудá
  where . . . from откýда
whereas так как
whether ли
  I don't know whether he is here.
    Я не знáю, здесь ли он.
which котóрый (ая, ое, ые)
whichever какóй угóдно, какóй бы ни
while покá
whim капрúз
whiskers усы́
whisper (to) шептáть
  in a whisper говорúть шёпотом
whistle (to) свистéть
whistle свист, (sound), свистóк (device to be blown)
white бéлый
who кто, котóрый (inter. pron.)
whole весь (вся, всё, все), цéлый
  as a whole в цéлом, целикóм
wholesale óптом
wholesome здорóвый, полéзный
wholly вполнé
whom когó, комý, о ком
whose чей (чья, чьё, чьи)
why почемý, зачéм
wicked злой
wide ширóкий, нáстежь (adv.)
widen (to) расширя́ть
widow вдовá
widower вдовéц
width ширинá
wife женá
wild дúкий
wilderness пусты́ня, дúкое мéсто
will вóля, завещáние (legal)
willing готóвый

willingly охо́тно

win (to) вы́играть, побежда́ть (a victory)

wind (to) ви́ться

wind ве́тер

window окно́

wind-surfing виндсёрфинг

windy ве́треный

wine вино́

  wineglass рю́мка, бока́л

wing крыло́

wink (to) мига́ть

winter зима́

wipe (to) вытира́ть, уничтожа́ть (wipe out)

wire про́волока, про́вод

wisdom му́дрость (f.)

wise му́дрый

wish (to) жела́ть

wish жела́ние

wit ум, ра́зум

witch ве́дьма

with с (inst.)

wither (to) вя́нуть, со́хнуть

within внутри́ (adv. and prep., gen.)

without без (gen.), снару́жи (adv.), (outside)

  without fail непреме́нно, обяза́тельно

witness (to) быть свиде́телем

witness свиде́тель (m.)

witty остроу́мный

woe го́ре

wolf волк

woman же́нщина

wonder (to) жела́ть зна́ть, удивля́ться (be surprised)

wonder чудо, удивле́ние (surprise)

wonderful изуми́тельный, чу́дный

wood де́рево

wooden деревя́нный

woods лес

wool шерсть

woolen шерстяно́й

word сло́во

work (to) рабо́тать

work труд, рабо́та, сочине́ние (composition)

worker рабо́чий

works (plant) заво́д

world мир, свет

  world outlook мировоззре́ние

worldly све́тский

worried озабо́ченный, издёрганный

worry (to) беспоко́ить(ся)

  Don't worry. Не беспоко́йтесь.

worry трево́га, забо́та

worse ху́же

worship (to) быва́ть в це́ркви, моли́ть(ся) (pray), обожа́ть (adore)

worst наиху́дший

worth цени́, досто́инство

worthless него́дный, недосто́йный

worthy досто́йный

wound (to) ра́нить

wound ра́на

wounded ра́неный

wrap (to) обёртывать, завёртывать

wrath гнев, я́рость

wreck (to) разруша́ть

wreck ава́рия, круше́ние

wrench (tool) га́ечный ключ

wretched жа́лкий, несча́стный

wring (to) выжима́ть, скру́чивать

wrinkle скла́дка, морщи́на (facial)

write (to) писа́ть

writer писа́тель (m.)

writing писа́ние (n.), пи́сьменный (adj.)

  in writing пи́сьменно

wrong непра́вильный

X

X-rays рентге́новские лучи́

Y

yacht я́хта

yard двор (courtyard)

yarn нить

yawn (to) зева́ть

yawn зево́та

year год

years   лета́, го́ды
yearly   ежего́дный
yearn (to)   тосковать
yearning   тоска́, жела́ние
yeast   дро́жжи
yell (to)   крича́ть
yellow   жёлтый
yes   да
yesterday   вчера́
yet   ещё
yield (to)   производи́ть, уступа́ть
   (give way)
yield   (harvest) урожа́й
you   вы, ты (pl. and polite, sing.)
   вас, тебя́ (acc. pl. and polite,
   sing.), вам, тебе́ (dat. pl. and
   polite, sing.)
young   молодо́й
younger   мла́дший

your, yours   ваш (а, е, и) (pl. and
   polite), твой (твоя́, твоё, твои́)
   (sing.)
youth   ю́ность (f.), молодёжь (f.,
   coll.) (young people), ю́ность (f.)
   (early years)

Z

zeal   усе́рдие
zealous   усе́рдный
zero   нуль
zinc   цинк
zipper   застёжка-мо́лния
zone   зо́на, по́яс
zoo   зоопа́рк
zoology   зооло́гия

GLOSSARY OF
GEOGRAPHICAL NAMES

Adriatic Sea Адриати́ческое
  мо́ре
Africa А́фрика
Alaska Аля́ска
Albania Алба́ния
Algeria Алжи́р
Alps, The А́льпы
America Аме́рика
Arabia Ара́вия
Argentina Аргенти́на
Asia А́зия
Astrakhan А́страхань
Atlantic Ocean Атланти́ческий
  океа́н
Australia Австра́лия
Austria А́встрия
Azerbaijan Азербайджа́н
Baikal (Lake) Байка́л
Baku Баку́
Belgium Бе́льгия
Black Sea Чёрное мо́ре
Bonn Бонн
Boston Бо́стон
Brazil Брази́лия
Brussels Брюссе́ль
Bulgaria Болга́рия
Belarus Белору́ссия
Carpathian Mountains, The Кар-
  па́тские го́ры
Caspian Sea Каспи́йское мо́ре
Caucasus (Mountains), The Кав-
  ка́з
Chicago Чика́го
Chile Чи́ли
China Кита́й
**Commonwealth of Independent
  States** Содру́жество
  Незави́симых Госуда́рств
Copenhagen Копенга́ген
Crimea Крым
Czech Republic Че́хия
Danube (River) Дуна́й
Denmark Да́ния
Detroit Детро́йт
Dnieper (River) Днепр
Don (River) Дон
Egypt Еги́пет
England А́нглия
English Channel Лама́нш

Europe Евро́па
Finland Финля́ндия
France Фра́нция
Geneva Жене́ва
Georgia Гру́зия
Germany Герма́ния
Great Britain Великобрита́ния
Hamburg Га́мбург
Helsinki Хе́льсинки
Hungary Ве́нгрия
India Индия
Iran Ира́н
Iraq Ира́к
Ireland Ирла́ндия
Israel Изра́иль
Italy Ита́лия
Japan Япо́ния
Jerusalem Иерусали́м
Jordan Иорда́ния
Kiev Ки́ев
Korea Коре́я
London Ло́ндон
Los Angeles Лос-А́нджелес
Madrid Мадри́д
Magnitogorsk Магнитого́рск
Mediterranean Sea Средизе́мное
  мо́ре
Mexico Ме́ксика
Moscow Москва́
Munich Мю́нхен
Netherlands, The Нидерла́нды
Neva (River) Нева́
New York Нью-Йо́рк
North America Се́верная
  Аме́рика
Norway Норве́гия
Odessa Оде́сса
Pacific Ocean Ти́хий океа́н
Panama Canal Пана́мский
  кана́л
Paris Пари́ж
Philadelphia Филаде́льфия
Poland По́льша
Portugal Португа́лия
Pyrenees (Mountains) Пирене́и
Rhine (River) Рейн
Rocky Mountains Скали́стые
  го́ры
Rome Рим
Russia Росси́я
Saint Petersburg Санкт-
  Петербу́рг

San Francisco Сан-Франци́ско
Scotland Шотла́ндия
Seine (River) Се́на
Siberia Сиби́рь
Slovak Republic Слова́кия
South America Ю́жная Аме́рика
Spain Испа́ния
Stockholm Стокго́льм
Sweden Шве́ция
Switzerland Швейца́рия
Syria Си́рия
Tajikistan Таджикиста́н
Tashkent Ташке́нт

Tbilisi Тбили́си
Thames (River) Те́мза
Tokyo То́кио
Turkey Ту́рция
Ukraine Украи́на
United States of America Соеди-
нённые Шта́ты Аме́рики
Urals (Mountains) Ура́л
Vladivostok Владивосто́к
Volga (River) Во́лга
Volgograd Волгогра́д
Washington Вашингто́н
Yugoslavia Югосла́вия

GLOSSARY OF
PROPER NAMES

Adelaide, Adelle Аделаи́да, Аде́ль
Agatha Ага́фья
Agnes Агне́са
Alexander Алекса́ндр
Alexandra Алекса́ндра
Alexei Алексе́й
Alfred Альфре́д
Alice Али́са
Amy Любо́вь
Anastasia Анастаси́я
Anatole Анато́лий
Andrew Андре́й
Anna А́нна
Anthony Анто́н
Arthur Арту́р
Barbara Варва́ра
Boris Бори́с
Carl Карл
Catherine Екатери́на
Charlotte Шарло́тта
Claudia Кла́вдия
Constantine Константи́н
Daniel Дании́л
David Дави́д
Dimitry Дими́трий
Dorothy Дороте́я
Edward Эдуа́рд
Eleanore Элеоно́ра
Elias, Ilya Илья́
Elizabeth Елизаве́та
Eugene Евге́ний
Eva Е́ва
George Гео́ргий
Gregory Григо́рий
Helen Еле́на
Herman Ге́рман
Irene, Irina Ири́на
Jacob, Yakov Я́ков
John, Ivan Ива́н
Joseph Ио́сиф
Julia Ю́лия
Lawrence Лавре́нтий
Leo, Lou Лёв
Leonid Леони́д
Louise, Louisa Луи́за
Ludmilla Людми́ла
Luke, Luka Лука́
Macar, Mark Мака́р
Margaret Маргари́та
Marie, Mary Мари́я
Marina Мари́на
Martha Ма́рфа
Matthew Матве́й
Maxim Макси́м
Michael Михаи́л
Nadezhda Наде́жда
Natalia Ната́лья
Nicholas, Nikolai Никола́й
Nikita Ники́та
Oleg Оле́г
Olga Ольга
Paul, Pavel Па́вел
Peter Пётр
Philip Фили́пп
Samuel Самуи́л
Sergei Серге́й
Simon Семён
Sofia Со́фья
Susan, Suzanna Суса́нна
Sviatoslaff Святосла́в
Theodore, Fyodor Фёдор
Thomas Фома́
Timothy Тимофе́й
Valentina Валенти́на
Valentine Валенти́н
Vera Ве́ра
Victor Ви́ктор
Vladimir Влади́мир
Walter Ва́льтер
William Вильге́льм
Zachary Заха́р

The **best-selling** language course
Completely revised and updated!

Words, phrases, sentences, conversations: speak a new language with confidence right from the start with our simple four-step building block approach. Designed to be effective in a short period of time, these comprehensive courses have everything you need—pronunciation, vocabulary, grammar, culture, and practice.

Each course package includes:

- A coursebook with 40 step-by-step lessons
- 4 audio CDs with all the essential course content
- An extensive grammar reference section
- Supplemental sections on e-mail and internet resources
- A learner's dictionary or a reading and writing guide

Available In:

4 CDs/Coursebook/
Reading and Writing Guide
$29.95/$34.00 Can.

Arabic: 978-1-4000-2408-7

Reading and Writing Guide
$8.99/$9.99 Can.

Arabic Script: 978-1-4000-0924-4

---

4 CDs/Coursebook/Dictionary
$29.95/$34.00 Can.

Chinese:	978-1-4000-2426-1
[Mandarin]	
French:	978-1-4000-2410-0
German:	978-1-4000-2412-4
Inglés:	978-1-4000-2414-8
Italian:	978-1-4000-2416-2
Japanese:	978-1-4000-2418-6
Portuguese:	978-1-4000-2420-9
Russian:	978-1-4000-2422-3
Spanish:	978-1-4000-2424-7

Coursebook Only
$10.95/$12.50 Can.

Arabic:	978-1-4000-1992-2
Chinese:	978-1-4000-2525-4
[Mandarin]	
French:	978-1-4000-2409-4
German:	978-1-4000-2411-7
Inglés:	978-1-4000-2413-1
Italian:	978-1-4000-2415-5
Japanese:	978-1-4000-2417-9
Portuguese:	978-1-4000-2419-3
Russian:	978-1-4000-2421-6
Spanish:	978-1-4000-2423-0

Dictionary Only
$7.95/$9.95 Can.

Chinese:	978-1-4000-2452-0
[Mandarin]	
French:	978-1-4000-2444-5
German:	978-1-4000-2445-2
Inglés:	978-1-4000-2446-9
Italian:	978-1-4000-2447-6
Japanese:	978-1-4000-2448-3
Portuguese:	978-1-4000-2449-0
Russian:	978-1-4000-2450-6
Spanish:	978-1-4000-2451-3

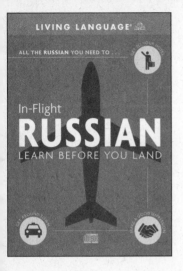

In-Flight Russian

Wondering how to make use of all that spare time on the plane while you're flying to Moscow or St. Petersburg? Between your in-flight meal and in-flight movie, brush up on your Russian! This 60-minute program covers just enough Russian to get by in every travel situation.

CD Program
978-0-609-81077-4 • $13.95/$21.00 Can.

Ultimate Russian
Beginner-Intermediate

Our most comprehensive program for serious language learners, business-people, and anyone planning to spend time abroad. This package includes a coursebook and eight 60-minute CDs.

CD Program
978-1-4000-2117-8 • $79.95/$110.00 Can.

Coursebook Only
978-1-4000-2116-1 • $18.00/$26.00 Can.